珍藏本
纪念版

汉译世界学术名著丛书

亚历山大远征记

〔古希腊〕阿里安 著

〔英〕E. 伊利夫·罗布逊 英译

李活 译

2017年·北京

Arrian

ANABASIS ALEXANDRI

London: William Heineman Ltd.

1929

本书译自英国伦敦罗布古典图书出版社 1929 年英译本

汉译世界学术名著丛书
（120年纪念版·珍藏本）
出 版 说 明

2017年2月11日，商务印书馆迎来120岁的生日。120年前，商务印书馆前贤怀揣文化救国的理想，抱持“昌明教育，开启民智”的使命，立足本土，放眼寰宇，以出版为津梁，沟通中西，为中国、为世界提供最富智慧的思想文化成果。无论世事白云苍狗，潮流左右激荡，甚至战火硝烟弥漫，始终践行学术报国之志，无改初心。

迻译世界各国学术名著，即其一端。早在20世纪初年便出版《原富》《天演论》等影响至今的代表性著作，1950年代后更致力于外国哲学和社会科学经典的译介，及至1980年代，辑为“汉译世界学术名著丛书”，汇涓为流，蔚为大观。丛书自1981年开始出版，历时三十余年，迄今已推出七百种，是我国现代出版史上规模最大、最为重要的学术翻译工程。

丛书所选之书，立场观点不囿于一派，学科领域不限于一门，皆为文明开启以来，各时代、各国家、各民族的思想与文化精粹，代表着人类已经到达过的精神境界。丛书系统译介世界学术经典，引领时代思想，为本土原创学术的发展提供丰富的文化滋养，为推动中国现代学术和现代化进程做出了突出的贡献。

为纪念商务印书馆成立120周年，我们整体推出“汉译世界学术名著丛书”120年纪念版的珍藏本，寄望既利于文化积累，又便于研读查考，同时向长期支持丛书出版的译者、编者和读者致以敬意。

两甲子后的今天，商务印书馆又站在了一个新的历史时间节点上。我们不仅要铭记先辈的身影和足迹，更须让我们的步伐充满新的时代精神。这是商务人代代相传的事业，更是与国家和民族的命运始终紧密相连的事业。我们责无旁贷，必须做好我们这代人的传承与创造，让我们的努力和成果不仅凝聚成民族文化的记忆，还能成为后来人可以接续的事业。唯此，才能不负前贤，无愧来者。

商务印书馆编辑部

2017年10月

序　言

阿里安的《亚历山大远征记》，在古代流传下来的几种有关亚历山大的著作中，是比较好的一种。

阿里安自己说，他写《远征记》所用的资料，最主要地来自托勒密·索特的作品。托勒密是亚历山大部下重要将领，他的作品是以亚历山大的"起居注"（Ephemerides，作者欧迈尼斯〔Eumenes〕，于普鲁塔克之《希腊罗马名人传》及奈波斯之《外邦名将传》中皆有传）、有关军政文书及其亲历所记为依据的。所以，尽管托勒密对亚历山大及自己均不免有粉饰之处，阿里安对托勒密的迷信也是错误的，但与一些侧重传闻的著作相比，阿里安的著作是比较有根据的。

阿里安较少记载亚历山大的奇闻轶事，注意避免那些对亚历山大的夸张不实、附会溢美之词。他也没有像"逍遥学派"和一般"斯多噶派"学者（虽然他本人在哲学上也属于"斯多噶派"）那样一味痛斥亚历山大为暴君或把亚历山大的胜利说成是靠好运气取得的。阿里安主要用意在于表彰亚历山大的所谓"勋业"，甚至以此作为写作目的（见本书卷一 7），不过他对亚历山大的某些行为也表示异议（见本书卷三 18、卷四 7、卷四 12 等）。所以，尽管阿里安并不能对亚历山大作出确当的评介，但他总是力图避免虚构并对

历史取分析态度的。

阿里安不追求华丽的辞藻，不多发议论，把主要笔墨用于记述行军作战的进程，不过，他相当善于通过事件描写人物的性格，在一些重要地方又借用历史人物之口表达出对于问题的分析和概括（见本书卷一 18、卷二 7、卷七 9—10 等），收到了寓论断于叙事的效果。

阿里安拘于写亚历山大，所记自亚历山大即位始至他去世终；又拘于写远征，故所记以军事为主，而忽略了战争双方所处社会的经济、政治诸条件。这样就使人很难看出亚历山大的东侵是在怎样的条件下发生的，又是在怎样的条件下获胜的。阿里安从历史舞台上抽去了历史人物和事件的历史背景，于是剩下的主要就是"英雄"的意志和才能对于懦夫庸人的胜利。结果，他不用夸张笔法就夸张了亚历山大，真正实现了他对自己提出的宣扬亚历山大"勋业"的要求。不过，阿里安也没有把亚历山大当作达到了最高境界的完美人物。他在叙述亚历山大酒后怒杀功臣的时候，说亚历山大未能控制自己的感情，成个"怒与醉二恶的奴隶"（见本书卷四 9）。他还破例叙述了亚历山大与一些遁世主义者交往的轶事，企图说明亚历山大能战胜敌人而不能战胜自己的欲望，而那些所谓能战胜自己欲望的人却是亚历山大所无法战胜的（见本书卷七 1—2）。这些都是他在历史领域内重复或运用他的老师埃皮基泰图斯（Epictetus）的哲学见解（见阿里安编：《师门述闻》卷四 1）。以"斯多噶派"的没落悲观的眼光观察野心勃勃的亚历山大，这是他没有更多地肯定亚历山大的根本原因。

因此，我们有必要把阿里安所写的亚历山大远征放到当时的

历史条件下来理解。希腊自公元前五世纪初叶打败波斯侵略以后,就不断蓄意东侵。公元前四世纪,希腊奴隶制城邦发生危机,各邦更加企图以东侵来缓和自己的危机;可是,由于各邦内部阶级矛盾尖锐,原先居于领导地位的斯巴达、雅典等邦的势力也在长期争霸战争中日趋陵夷,希腊已经无力实行它所企求的东侵。这时,原来处于落后状态的马其顿迅速兴起。这个新兴的奴隶制国家对希腊各邦虎视眈眈,对波斯帝国更馋涎欲滴。希腊奴隶主阶级对于正在兴起的马其顿霸权有两种态度,如雅典就有以德谟斯提尼为首的反马其顿派和以伊索克拉特为首的亲马其顿派。伊索克拉特在他许多作品中都表示希望马其顿率领希腊各邦东侵,德谟斯提尼同样也表示"我承认,他(指波斯皇帝)是一切希腊人的公敌"。(见其关于改革海军的演说《论西摩里亚》3—4)所以,希腊奴隶主阶级在反对波斯和主张东侵这一点上的根本意见是一致的。亚历山大禀受了马其顿新兴奴隶主阶级野心勃勃的侵略性,代表了全希腊奴隶主阶级东侵的意志,接受了希腊与波斯长期斗争的经验,采用了希腊的先进军事技术(如方阵等),终于率领一支不很大的马其顿和希腊人队伍征服了巨大而衰朽的波斯帝国。当时,马其顿和希腊的历史需要一柄"利剑";亚历山大在马其顿的"野蛮"性格和希腊人的"文明"精神熏陶下,被铸成了这样一柄"利剑"(参见普鲁塔克《希腊罗马名人传·亚历山大传》卷四至卷十)。马克思说:"希腊内部极盛时代是伯利克里时代,外部极盛时期是亚历山大时代。"(见《马克思恩格斯全集》第一卷第 113 页)希腊的外部极盛时代,就是通过这个带有偶然性的亚历山大而必然地到来的。

阿里安在《亚历山大远征记》(卷八 1—17)中叙述了印度河流

域和恒河流域的一些情况。西方史家最早说到“印度”的是希罗多德（见卷三，98—106），他的资料来自波斯人的传闻，所记仅限于印度河流域，而且其中海客谈瀛洲式的内容也不少。阿里安所记，则主要以亚历山大水军大将尼阿卡斯和塞琉古王国驻孔雀王朝使节米伽西尼斯的作品为依据。这两个人有些亲身经历，后者还曾到过恒河流域，他们所记一般自然比希罗多德信而有征。他们的原作早已失传，阿里安以及斯特拉波等人的著作中保存了他们作品的许多内容，这对于研究南亚次大陆古代的历史是具有很重要的意义的。但是必须指出以下两点。第一，阿里安引用米伽西尼斯的说法，认为当时整个印度地区都没有奴隶（见本书卷八 11），而当地各种传说的文献都证明奴隶制确实是存在的。曾随亚历山大远征并在印度河里为亚历山大坐舟掌舵的欧奈西克瑞塔斯也曾说印度河流域某些地方是有奴隶（见斯特拉波《地理学》卷十五）。亚历山大本人就曾经把印度河流域一些起义城市的居民卖为奴隶（见本书卷六 17）。这些情况说明，米伽西尼斯也许是把某些地方的现象当作了整个地区的现象，也许是囿于希腊人的成见而发生误解。总之，他的结论是错误的。第二，阿里安引用了米伽西尼斯的七种姓的说法（见本书卷八 11），而当地各种传统的文献都把基本种姓列为四种。在这一点上，他的说法也是不合实际的。

刘　家　和

1978 年 11 月于北京

目　　录

导　　言[①]

本书正文系以笛杜所编杜勃纳抄本为依据，而杜勃纳抄本是以巴黎手抄本为依据的。前者一般简称 A 抄本，后者简称 B 抄本。B 抄本，即十五世纪巴黎古抄本（1753 格令）和十五世纪君士坦丁堡稿本（一般简称 C 稿本），几乎可以肯定是直接根据 A 抄本原稿而来。而且因为共脱漏（卷七 12.7）实际上是 A 抄本的一整页，所以罗斯认为 A 抄本是最原始的抄本。这一点无疑是正确的。A 抄本，即十二世纪或十三世纪初的温杜包尼西斯古抄本，后曾有人校正，于是又产生了 A^2 抄本，或称 K 抄本，亦即格罗诺的"最好的佛罗伦萨古抄本"，这个抄本杜勃纳也曾利用，他极重视 B 和 K 两种抄本的一致。由于纸页散失或毁损，A 抄本有脱漏；而所谓"第二批"手抄本一般也有许多小脱漏。因此，只有将 B、C 及 K（由 A^2 而来）合并使用，才可避免脱漏（只有卷七中的共同漏页除外）。

A 和 B 两种抄本的《印度》一卷最好。阿里安企图仿效希罗多德的格调，这是值得赞赏的，但有时也有错。

因此，编辑《远征记》的工作是比较容易的；但这并不意味着就

① 这篇导言是罗布（Loeb）出版社某编辑写的。二篇都未署名。——译者

可以忽视通常的校订方法。应当指出,编者往往发生一些偏向,其中有两个是主要的:其一是,尽量使阿里安"典范化",这是很自然的。阿里安的时态往往不合规则,已完成的动作他常用未完成时;他的介词有时用得很奇怪,甚至用 κατὰ表示"上溯"①,他的 τε 和 γε 用得不是地方,而且 δὲ也不是经常和它的 μέν 一致。克勒格和辛提尼斯为了纠正他这些错误下过很大工夫。他们所以这样校订的基本思想是,他们认为希腊人一贯运用他们完美的语言工具。此外,阿里安还常常为了把话说明白,写了许多不必要的、重复的字句。这样就形成了大批"相同的语尾",于是有时造成混乱(参见卷一〔十二〕),有时容易使人怀疑有遗漏——尽管这些遗漏一般都是很小的。由于他的 τε 和 μέν② 和一般用法不同,也引起同样的怀疑。总的说来,我反对编者在原著中插入一些语句,我更完全反对任何"典范化"的倾向。如上所述,B、C 和 K 三种稿本结合使用,已可以避免"第二批"抄本中的许多脱漏。在缺少 A 抄本的情况下,我们改用和它相同的 A^2 抄本(即 K 稿本)与 B 抄本,加上 L 稿本(十五世纪劳润田抄本,据罗斯说,它是"第二批"手抄本中最好的代表本),就不致发生错误。诚然,我曾尽量利用罗斯的考证材料(1907 年小杜卜诺编)。不过,他有些建议虽然很有意思,但根据罗斯本人对抄本的估价看来,并不是有必要的,因此我并未采用。对专名的各种变异(除所指系不同的人之外——如卷四〔十九〕2、〔二十一〕1、〔二十二〕1)也是这样。对苏伊达斯和攸斯塔西

① 卷二(一)3。——罗布出版社编者

② 参见卷一(七)2。——罗布出版社编者

亚斯提供的证据，对在坡利欧塞提卡发现的不一致的材料（卷二〔十五〕和〔二十五〕，围攻提尔和加沙）我照例也都未采用。再者，字形的准确当然是重要的，但当人们无法断定的地方（例如卷一〔二十一〕4 关于 ἠρίφθη 和 ἠρειφθη），而且译文也并非不自然时，我都未离开手抄本。因此，阿里安的过去完成时就成了愿意打笔墨官司的人们争论的重点。不过，不论科伯特还是洛伯克，除了说阿里安应当这样或那样写之外，并未给我们更能令人信服的东西。此外，至少有一个专名的写法也弄错了（卷二〔十二〕2 里的 πολυσπέρχων），还有些人的父亲的名字不对，有些历史和地理情况的解释也有错误。这些错看来属于阿里安的，并不是抄稿的人抄错的。抄稿的人也偶尔把数字抄错（如卷二〔二十七〕3）。

谁想得到整个考证资料，就可以参考罗斯整理的那些。我在这里特地对他表示感谢。他的考证（包括波拉克的考证）中具有扎实的、而且往往是高明的见解。但由于这样的校订本是不可能翻译的，至少是很难翻译的，而阿里安这本"远征记"在校订艺术方面也并不是引人入胜的，也只得以这个不完整、不准确的形式问世。

我只对卷一（一）段 6 节提出了我个人的意见。

版本、译本及其他

《远征记》的版本，除格罗诺版本外，还有阿比其特 1875 和 1889 年版本，克勒格 1835 年版本，辛提尼斯 1867 年版本，罗斯（小杜卜诺编）1907 年版本。H. W. 奥顿（布莱克伍德）还编写了卷一、二的学生版（1902 年），否则，这么有意思的一位名家就没有学生版。秦诺克(E. J.)的《远征记》和《印度》译本,附有一些有用的注释,但现已绝版。在巴黎出版的一套很好的名著(原文和译文,G. 布德学会编)中,也有《印度》这一部。

在 J. W. 麦克润德所著《古印度史》五卷中,大段大段地摘录了《远征记》和《印度》中的文字,译文很好。还可参见《剑桥古代史》卷六(W. W. 塔恩著)、《剑桥印度史》以及《英国历史杂志》1896 年十月号中白尔汉姆的文章。在一般学术杂志和年鉴中,阿里安不大引起学者注意。近年出版的卜西安年鉴只提到几句。《希腊研究杂志》近几年来有过一些有意思的摘要(W. W. 塔恩在 48 期〔2〕,L. R. 太勒在 47 期〔1〕和 48 期〔1〕有一篇叫"波斯王的精灵";A. D. 诺克在 48 期〔1〕有一篇文章,探讨亚历山大以前的"对统治者的崇拜"即关于"匍匐礼"的问题。这下子当然引起了争论。但我们可以怀疑,就连亚历山大本人也不见得很明白这种事会招致什么后果,或可能招致什么后果)。关于阿里安著作一般是否可靠的问题,在这些文章里也进行了大量的讨论。

阿里安(Flavus Arrianus)

阿里安一生的经历比较简单。他是希腊人,约于公元 96 年出生于尼考米地亚。因此,当哈德良、安敦尼 · 庇护和马可 · 奥理略[①]在位时,正是他在世的时期。哈德良曾委任他为卡帕多西亚总督(公元 131—137 年)。对一个希腊人来说,这个职位已是最高

① 他们都是罗马帝国的皇帝,当时希腊已是罗马帝国的一部分。——译者

的荣誉。147 年他在雅典当执政官。大约死于 180 年。由于他曾在部队服役过，所以写这部远征记还是一位行家。作为艾皮克提塔斯[①]的学生，他曾把老师的讲话记录下来编写成书，即《师门述闻》。在他的老师的学说方面，他算是一位重要权威。

他写的这部亚历山大历史的价值取决于当时的官方史料是否准确。而官方史料是否准确这个问题却是无法解决的（正像 W. W. 塔恩在《剑桥古代史》卷六中指出的那样）。因为阿里安并不隐瞒他写的这部书是以托勒密和阿瑞斯托布拉斯二人的记述作为主要的依据。关于前者，他还曾天真地说出他的看法，认为托勒密作为国王不至于说谎；甚至还说，托勒密写书时亚历山大已经死去，他再吹拍谄媚也不会得到什么好处。阿里安这个看法只能说明他尊敬帝王，也许这一点是值得赞扬的；但同时也说明他缺乏批判精神。亚历山大死后，托勒密把他自己在远征中扮演的角色加以美化，满可以从中得到很大的好处。马哈菲在他的《希腊生活和思想》第 205 页上说："在托勒密的记述中……很明显，他对自己的成就毫不挑剔，也毫不遗漏。"在同页的脚注中还补充说："作为一位作家，托勒密（苏特）的命运是稀奇古怪的。一方面有阿里安夸奖他的《亚历山大回忆录》是一部最严肃、最真实的著作；另一方面，有人杜撰了一些故事，冒用卡利西尼斯[②]的名义发表，后来在书前还加上托勒密的名字。而且，在 C. 米勒所著《伪卡利西尼斯考》一书的序言第 27 页上，还有一位中世纪的读者写的一首讽刺短诗，

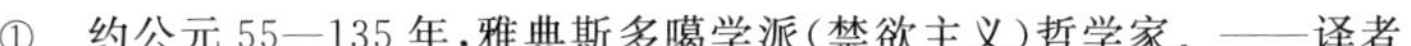

① 约公元 55—135 年，雅典斯多噶学派（禁欲主义）哲学家。——译者

② 亚历山大的随军御史，朝廷大事和远征情况都由他编写。——译者

描绘托勒密的无知和欺诈。”

托勒密究竟是不是一只寻觅狮子吃剩的残肉碎骨以果腹的豺狼，我们可以先不去管它，也可以认为中世纪那些讽刺短诗不足为凭；但问题并非就此结束。假如说托勒密所记述的亚历山大的进军和胜利应是准确的官方史书的话，那么，从我们今天的观点看，是否仍然是准确的呢？而阿里安写的历史显然是以托勒密作为主要的根据。

读者对这个问题将有机会得出自己的看法。因为在阿里安的著作中，读者可以读到他那些小小的自我流露和他自己发表的意见。当他感到义不容辞时，他能毫无顾忌地对亚历山大本人进行严厉的批评，这是值得赞扬的。在军事方面，虽然他有些专长，而且把亚历山大惯常的军事调度写得很清楚，但一出现不平常的情况，他写的东西就有些含糊不清。一般说来，他写的历史还是读得下去的，只是有些单调沉闷。但当他根据两种或更多的史料编写时，往往不能把它们很好地糅合在一起。当然，这是古代史作家的通病。

他对亚历山大一生中那些浪漫主义色彩的东西，大部分都清醒地避开了。考虑到这么伟大的军事业绩只有少得可怜的文献记录时，他这样做的确是难能可贵的。

亚历山大的部队、战术和阿里安的术语

我们感到幸运的是，亚历山大的战术属于最简单的一类，但颇

有效力，特别在对付“土著”部队时是这样。他的兵力重心是“方阵”，右翼是装备最重的骑兵精锐，左翼是其他骑兵。在右翼外侧（也许在左翼外侧）是弓箭手和其他轻装部队。全部兵力的实际运用因地形不同而各异。但在一般的地形上，亚历山大通常可以自由选择自己的位置时，左翼开始时只是坚守阵地，中央作为右翼的坚强枢纽，右翼则冲击敌人的左翼（或叫“盾牌一边”），甚至常把敌人赶到中央受方阵长矛杀伤，或赶到左翼受到骑兵长枪的冲刺。阵线中央的方阵对付敌人主力，但一般不前进太远，除非右翼惯常的迂回受阻或发生异常情况。

但阿里安对亚历山大的部队和战术的描述并不是十分清楚的。而且他确实也不是在同样情况下用同样的术语。他常用的专门术语，按顺序说就是 οτρατός，στρατόπεδον 和 φάλαγξ。原义应该是部队一部，即持长矛的步兵，但有时他又用以代表全军。φάλαγξ 的下属建制就是 τάξεις，这个字有时用作专门术语，有时则不然。这些 τάξεις 可能是按部队招来的不同地区组织的。ἑταῖροι 这个字特别麻烦。它显然常常没有什么特定的意义。在上边引用的复合字里，它的意思就像我国“本土部队”，指部队人员互相都认识，都是同伴或同乡。但这种部队当中有一部分（实际上都是由真正马其顿出生的人组成的部队）配属亚历山大本人，作为他的近卫队的一部分。阿里安用“伙友”这个字眼时是否想让我们理解为“（亚历山大的）伙友”，这一点还搞不清楚。但他用 ἑταῖροι 这个字又作为一种头衔，就像他用 ἑταῖροι 或 παῖδες βασιλικοί 似的，意即“国王扈从”，也许是“（马其顿）贵族子弟”。除ἑταῖροι 这个字根外，不论

πεsὲταιροι 或 ἀσθὲταιροι，都有 πὲλτασταί，这个名词一般指的是轻装（护身装备较轻的）部队，也指某种附属部队（以其特殊名称表示），但也包括 ξένοι 或雇佣兵，即由塞萨利、包欧提亚等地的人组成的部队，特别值得注意的是由阿格瑞安人组成的部队，他们是了不起的山地战和前哨战的能手。

现在我们谈谈一种规模很大的部队，也涉及 ὑπασπισταὶ。这种部队组成亚历山大的卫队和实际上的近卫人员。最近身的可能是“扈从”，这些人也形成他的幕僚。再就是精选的 φὺλακεs，再就是（从广义上说还有 ἑταῖροι）σωματοφὺλακεs，叫作 τὸ ἄγημα τὸ βασιλικόν，也许和 ἀργσρά σπιδεs 相同。但这支叫作“近卫”和“卫队”的大部队，并不只是保卫他们那位英勇的、甚至是鲁莽的领袖，而宁可说是形成一支特殊的突击队，极其机动灵活，随时准备突然急行军或去完成危险的突击任务。

军队的调度是这样。方阵即使不是永远成方形，至少也是成长方形的。在下图中可以看到这几个专门名词：

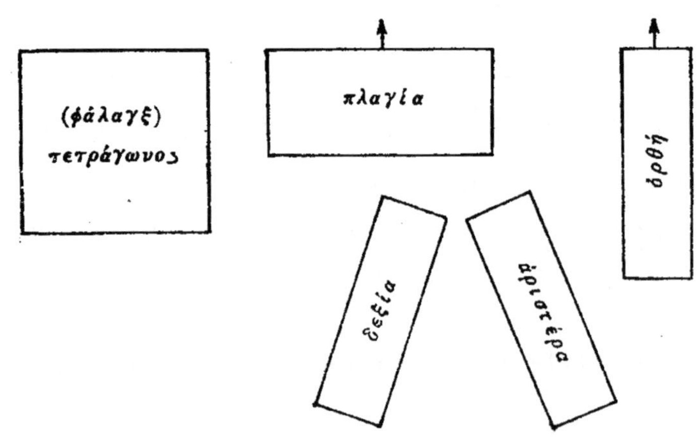

方阵并不是像历史家所说的那样，只是一个僵化的队形。它可以像上图所示的那样拉长（πλαγία 就是这个意思），成为长方形，也就是形成摆好的阵势；也可以收缩（όρθή），以便突破敌阵。

但是，如果估计敌人要包抄，方阵就可以拉得很长（就像在高伽米拉战役中那样）。中央可以向前突出，从而形成两个正面（左右两个斜面）。如果方阵本身准备包抄敌人，则中央又可成凹形。方阵有时还可以成楔形或箭头形，ἔμβολος，但必须记住，不能成封闭的楔形。最紧密的队形是 συνασπισμός，“盾牌挨盾牌”。

侯加斯博士在他的《腓力和亚历山大》一书中对马其顿部队有一段有价值的描述，对他较早出的一本小册子里的说法作了些修改。

本社所组译出版的《埃涅阿斯·泰克提克斯》（*Aenaeas Tacticus*）等书可能提供一些帮助，但参考时要谨慎。这些书并不能确切地代表我们的时代。

地 理 注 释

在任何一本严肃认真的地图上，亚历山大远征路线的大部分都能找出来。至于他为什么选择这些路线则并不总是容易理解的。

奥瑞尔·斯太因爵士在《地理杂志》1927 年 11 和 12 月号上发表的文章和所著《亚历山大向印度河进军的路线》一书（1929 年麦克米兰版）中，都说他发现了阿尔诺斯山的确切地点。这件事近来引起了很大兴趣。他说这座山在皮尔萨尔（Pir-s’ar）山脉上，在印度河的一个河湾内，河道西边（即右岸），在干南加尔正北，卡克达拉东北。

这条山脉很符合阿里安描述的情形，只是(对一个没见过实况的读者说来)那地方似乎养活不了像阿里安所说的那么多人口。

更严重的问题是，阿里安的描述是否准确。我们一直感到亚历山大沿印度河向上游走这么远似无必要。倒是有人怀疑他往北走可能是为了寻找某个山谷或关口，但未能找到，反而被某一好战部族拦住。他们守住自己的卫城，亚历山大费了事先没有估计到的很长时间才把他们"轰跑"。后来他又回到南边。于是他那些耍笔杆子的追随者们就不得不为他的部队转变方向和受到阻拦的情形找借口，因此就为亚历山大攻击这个特殊的山杜撰了许多特殊的理由。

我们也许只能这样说：假如阿里安所说的情况是准确的话，那么奥瑞尔·斯太因爵士指出的这个地址几乎就可以完全肯定是没有错的。

亚历山大远征记

卷　一

前　言

托勒密（拉加斯之子）和阿瑞斯托布拉斯（阿瑞斯托布拉斯之子）都曾撰写过亚历山大①（腓力②之子）的历史。他们二人所叙述一致的事迹，我都作为相当准确的材料记载在我这本书里；不一致的地方，我就选用我认为比较接近事实、比较有记述价值的东西。关于亚历山大的事迹，别的人也有许多撰述。事实上，还没有一个人物像他那样有这么多历史家进行记述，所记内容又这么不一致。我认为托勒密和阿瑞斯托布拉斯二人的记述较为可靠。因为阿瑞斯托布拉斯曾随国王亚历山大转战各地，托勒密则不但有同样经历，而且他本人也是个国王③。对他来说，撒谎比别人更不光彩。

---

① 亚历山大（公元前356—前323年）336年即位，334年出征波斯帝国，沿地中海东岸南下，直抵埃及（当时这一带皆属波斯），331年回兵小亚细亚，东征波斯本土，直至印度西北部（相当今日巴基斯坦全境）。回兵途中，于323年病死巴比伦。——译者

② 腓力二世（公元前382—前336年）359年即马其顿王位。随即平定内乱、扩充军备、开拓疆土，势力遍及全希腊。后为全希腊统帅，准备远征波斯。出征前夕，于336年遇刺身死。遗志由其子亚历山大完成。——译者

③ 托勒密系亚历山大名将之一，曾随亚历山大度过整个远征过程。亚历山大死后，埃及地区即由托勒密统治，后即称埃及王。——译者

此外,他们二人撰写亚历山大历史的时候,既然他已经死了,就再不可能有什么力量强制他们说假话,而他们自己也不会因为说假话得到什么好处。至于别人撰述中那些我认为值得记下而且并非完全不可靠的材料,我也采用了,作为流传下来的关于亚历山大的史料的一部分。如果有人奇怪:觉得既然已经有这么多人撰写亚历山大的历史,怎么我还会想到要写这一部呢?那就请他暂时按捺一下,先把他们的著作加以研究,对我这本书也有了认识之后再说。

(一)据记载,腓力死时,在雅典正值皮索德马斯执政。腓力的儿子、当时约二十岁的亚历山大继位。亚历山大即位后,随即来到伯罗奔尼撒地区,把当地希腊首要人物召集起来,要他们在出征波斯时服从他的领导——这一点他们早就答应过腓力了。大家都同意。只有拉斯地蒙人说,他们国家的习惯不允许他们服从别人,他们的习惯是领导别人。雅典也有些搞叛乱的迹象。但亚历山大带兵一到,他们就都垮台了,还答应给他比原先给予腓力的更加崇高的地位。然后亚历山大就回到马其顿,开始了远征亚洲的准备工作。

春天,他朝色雷斯方向进军,要去特利巴利人和伊利瑞亚人那里,因为听说他们有些搞叛乱的迹象。更重要的是,他们常在他的边界上行军。他认为,当他离开本国进行远征时,把他们留在背后很不妥当,只有先把他们彻底降服才行。他从安菲坡利斯出发侵入色雷斯(即独立的色雷斯人的国土)。进军中,菲利比和欧布拉斯山在他的左边。据历史家记载,他随后就渡过尼萨斯河,十天之后到达希马斯山。部队到达进山的隘路时,发现很多武装的商人

和独立的色雷斯人占领了希马斯山上的制高点，并且全都做好准备，要阻挡远征军前进，而这个制高点又是远征必经之处。他们集中了车辆，推倒在阵前，打算在受到攻击时就用这些车辆作屏障据以防守；他们的计谋的另一部分是，当马其顿方阵部队爬到山坡上最陡处时，就把车辆滚下去。他们认为方阵越密集，翻滚下山的车辆的猛力冲撞就越容易把它冲散。

不过，亚历山大也在考虑怎样才能最完全地通过山脊。他认识到，既然并无其他道路可走，这个险是非冒不可了。于是就下令全军：不论什么时候那些车辆从山坡上向他们冲下来，凡是当时在平地上的部队都可以改变队形，向左右分开，给车辆让开一条路；凡是在峡谷中被冲的，都要把队伍集结紧密；那些实际上已经受冲倒地的，就要把盾牌紧紧地互相连接起来，这样，那些由于加速下冲而估计要从他们身上砸过去的车辆就不致造成伤害。事情果如亚历山大所料的那样发生了；部队也都按他的命令执行了。结果，一部分人把方阵分开了，没受到冲撞；而那些从另一部分人的盾牌上滚过去的车辆也都为害不大，并无一人死于车下。马其顿人发现这些极其可怕的滚车无能为害时，都兴高采烈、勇气倍增，大声呼喊着向色雷斯人冲上去。亚历山大把弓箭手从右翼调到另一方阵前边——这边用箭更为得力。只要色雷斯人出击，就从这边射他们。他亲自率领突击队、步卫队和由阿格瑞安人组成的部队[1]到左翼；有弓箭手射住阵脚，色雷斯人不能前进一步；因而方阵得

① 以下简称“阿格瑞安部队”，是由山地人组成的轻装部队，善于进行突击战、前哨战。亚历山大打仗时，常常把他们带在身边。是一支十分得力的部队。——译者

以逼近敌阵，没经过严重困难就把那些轻装的、武器不良的高原人从他们的阵地上赶跑了。事实上，没等亚历山大从左翼率部队打来，他们就慌忙扔掉武器，狼狈地逃下山去。有一千五百人被消灭；生擒极少，因为他们地形熟、跑得快。不过，跟他们来的妇女和小孩，连同行李等物，都被俘获。

（二）亚历山大指定利散尼亚斯和菲罗塔斯负责把战利品送回后方沿海各城镇。然后他自己率领部队越过山脊，穿过希马斯山地向特利巴利人进军，中途到达莱金纳斯河。以路程计，到希马斯山之后，再行军三天就可到伊斯特河①。特利巴利国王塞马斯早已获悉亚历山大进军的消息，事先已把妇孺送到伊斯特河，并命令她们渡到河心一个叫庇斯的岛上。与特利巴利相邻的色雷斯人在亚历山大来到时，也纷纷逃到这个岛上。塞马斯和他的随从也来了。但后来特利巴利人又成群地逃回一天前亚历山大经过的那条河那里。

听到他们移动的消息之后，亚历山大就回兵追击这些特利巴利人，发现他们已经在扎营。这批人，既然已经被追上，就只好在河边的峡谷附近把阵势摆开。亚历山大把方阵变成纵深队形，亲自率领跟他们对阵；命令弓箭手和使用投石器的人先去进行前哨接触，向这些部落兵射箭投石，看是否能把他们从峡谷中引诱到开阔地上来。当他们进入射程向这些特利巴利人箭石齐发时，这些部落兵知道弓箭手身边无利器，于是就冲上来跟他们肉搏。但是，亚历山大既然已经把他们从峡谷里引了出来，就命令菲罗塔斯率

① 即今多瑙河。——译者

领马其顿骑兵打击他们冲到最前边来的右翼;命令希拉克雷狄斯和索波利斯率领由博提亚和安菲坡利斯来的骑兵打击其左翼;他亲自率领步兵方阵以及已调到方阵前边的其余的骑兵,攻打敌人的中央。两军在远距离对战时,特利巴利人还能坚守。但当方阵以密集队形向他们勇猛冲杀,骑兵也不再射箭,而是真的用战马冲他们,这里一冲,那里一撞,到处都猛冲乱撞的时候,敌人招架不住,掉头就跑,穿过峡谷奔往河边去了。在溃逃中有三千人被打死,活捉的只有少许,这是因为河边树林茂密,夜幕又已降临,马其顿人不能穷追的缘故。据托勒密记述,马其顿方面只有十一名骑兵和四十来名步兵阵亡。

(三)这次战役之后又过了三天,亚历山大就进抵伊斯特河。这是欧洲最大的一条河,流域极为广阔,并形成抵御各好战部族的屏障。这些部族中最多的是凯尔特人,最远的是夸地族和马科曼尼族。伊斯特河发源于凯尔特地区,然后流经索罗马太族的一支亚组芝族地区、自称长生不死的革太族地区和索罗马太族大部地区,最后经西徐亚族①地区分五支入黑海。亚历山大抵河口时发现有从拜占庭②出发经黑海开来的战船参加他的远征。他就用这些战船载上他的弓箭手和重骑兵朝特利巴利人和色雷斯人避难的那个岛驶去,力图强攻登陆。但是,只要船一靠岸,这些部族就从高处冲到水边。由于战船很少,所载部队也有限,而且岛岸大多陡峭难登,岛边水道又极狭窄,水流自然湍急,不易对付。

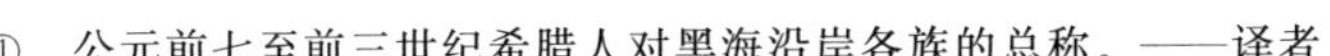

① 公元前七至前三世纪希腊人对黑海沿岸各族的总称。——译者

② 即今伊斯坦布尔(Istanbul),先此名为君士坦丁堡(Constantinople)。——译者

因此,亚历山大把部队撤走,并决定渡过伊斯特河攻击定居在对岸的革太族。这一方面是因为他看见革太族有一支很大的部队集结在对岸(大约有四千骑兵和一万多步兵),如果亚历山大过河,他们就要把他打退;另一方面是因为他已经有了一个强烈的愿望,非到对岸去不可。于是他亲自过问船队的事,叫人把兽皮做的帐篷顶装上干草做成皮筏,还尽可能从乡间搜罗了许多小船(独木舟,乡间到处都有,因为两岸居民都用这种船捕鱼,或结伙到上游去征讨,甚至更多的是为了偷盗),他就利用这些工具把尽可能多的部队渡过河去。跟他过河的大约有一千五百骑兵和四千步兵。

(四)渡河是在夜间,在对岸有长得很高的麦子的地方进行的;部队紧靠河岸行进,麦田形成很好的遮蔽。快天亮时,亚历山大带领部队通过麦田,命令步兵斜持长矛把麦子按倒,这样把部队带到未耕种过的空地上。方阵在麦田里通过的时候,骑兵在后面跟随。一出麦田,亚历山大就亲自把骑兵由后边带到右翼;命令尼卡诺把方阵变成长方形[①]带上来。革太人甚至连骑兵的第一次冲锋都抵挡不住。亚历山大如此大胆的突然袭击弄得他们异常震惊。他们万没想到,在一夜之间,甚至连桥都不用搭,他就渡过了最大的河流伊斯特河;而且方阵坚强可怕,骑兵冲杀凶猛。敌人先是逃到距伊斯特河约一帕拉桑[②]的城市里躲避。后来看见亚历山大把他的方阵沿河带过来了,骑兵在前,步兵在后,以致革太人无法对步兵

① 在开阔地各部队都自成方形,整个方阵却成长方形(κατὰ κέρας)前进,横宽纵浅。参见导言。——罗布出版社编者

② 古波斯的长度名(约三英里)。——译者

进行任何伏击，而城防工事又很弱，于是他们就又把城市放弃了。逃走时，尽所有马匹所能驮载，把妇孺驮在马屁股上，离开这条河到遥远的荒凉的地方去了。亚历山大占领了城市，夺取了革太人未能带走的一切。他命令迈立杰和菲利普把这些俘获送到后方，把全城夷为平地，然后在伊斯特河边向保护神宙斯①、赫丘力士②和允许他渡河的伊斯特河神献祭。天亮以后，就率领全军安然无恙地返回营地。

就在这时，伊斯特河沿岸其他自治部族派大员前来谒见亚历山大；特利巴利国王西马斯以及定居在爱奥尼亚海湾地区的凯尔特人也都有特使到来。凯尔特人傲慢自大，但都表示了要和亚历山大修好的愿望。于是他和他们之间互相都作了适当的保证。他问凯尔特人，人间一切，他们最怕的是什么；心想他自己的伟大名声必然早已传到遥远的凯尔特人那里，甚至更远的地方了，希望他们承认他们最怕的就是他自己，再没什么别的了。但是，他们的回答却出乎他的所料，他们说他们最怕的就是天塌下来砸他们。这是因为他们居住在离亚历山大十分遥远的苦地方，而且也看得出他的侵略矛头明明指向别处。亚历山大宣布他们是他的朋友，跟他们结了盟，送他们回到家园，还漫不经心地说："这些凯尔特人，真会吹牛！"

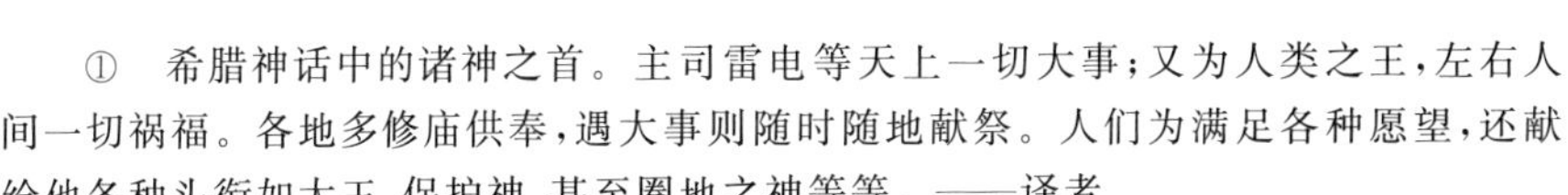

① 希腊神话中的诸神之首。主司雷电等天上一切大事；又为人类之王，左右人间一切祸福。各地多修庙供奉，遇大事则随时随地献祭。人们为满足各种愿望，还献给他各种头衔如大王、保护神、甚至圈地之神等等。——译者

② 赫丘力士，或译海格利斯，据传他原来是人，是最著名的英雄，后被神化，传系宙斯之子，力大无穷。地中海沿岸诸国都各有自己的赫丘力士，修庙供奉者颇多。——译者

（五）然后他就向阿格瑞安人和培欧尼亚人所住地区前进。忽然接到消息说克雷塔斯（巴狄利斯之子）造反了；还说陶兰提亚国王格劳西亚斯也参加了叛乱。送信来的人还告诉他说，奥塔瑞亚特人正打算趁他行军之际进行袭击。由于这些原因，经考虑认为以尽速转移为上策。人们知道，阿格瑞安国王兰加罗斯甚至在腓力还活着的时候就曾向亚历山大表示过好感，还曾亲自派使节晋谒亚历山大；这时，他正在亚历山大近卫队（亚历山大最精锐的装备最好的部队）中做侍从。当他听说亚历山大正在打听这些奥塔瑞亚特人是些什么人、数目有多少时，他告诉亚历山大不要担心，说他们是那一带各部族中最不能打仗的。他愿意亲自前往讨伐，让他们自顾不暇。亚历山大同意后，他就领兵侵入他们的国土，所到之处大肆破坏。

这样，奥塔瑞亚特人果然自顾不暇了。兰加罗斯得到亚历山大授予的很高的荣誉和马其顿朝廷认为最高的奖赏。此外，亚历山大还允许他回到培拉[①]时，把他自己的妹妹苏娜嫁给他。

不过，兰加罗斯回到基地之后就得病死去。亚历山大沿埃瑞贡河向坡利亚进军。这个城市在这一带是最牢固的，因此已被克雷塔斯占据。亚历山大到达后就在奥代卡斯河边宿营，决定第二天攻城。不过克雷塔斯的部队已据守城外四周的高地，不但居高临下，而且林木茂密。如果马其顿人发动进攻，他们可以从四面八方进行阻击。当时陶兰提亚国王格劳西亚斯还没到达。亚历山大发动了进攻。于是敌方杀死童男童女各三人及黑羊三只祭神，然

① 马其顿首都（腓力二世和亚历山大时期）。——译者

后冲下山来阻击马其顿右翼。但当希腊人逼近时，他们就放弃了原来据守的牢固的阵地逃跑了。刚才杀的人和牲口还躺在原处。

那天，亚历山大把他们赶进城里，自己则靠近城墙扎营，准备另修壁垒进行围困。但第二天陶兰提亚国王率领大军出现了，因此亚历山大放弃了用当时有限的兵力夺城的计划。因为城里早有许多勇武的战士埋伏，如果他攻城，格劳西亚斯的强大部队也会向他扑来。所以他就派菲罗塔斯以必要的骑兵为掩护，带领所有辎重牲口由营地出发去征集草料。格劳西亚斯得知菲罗塔斯的动向之后，就领兵向他的人马冲来，并把菲罗塔斯计划取得草料的那片平原四周的高地占领了。有人向亚历山大汇报说黑夜到来时，那些骑兵和辎重牲口都将遇到很大危险。于是亚历山大立即率领他的近卫队、弓箭手、阿格瑞安部队和四百名骑兵全速前往营救；其余部队留在城边，因为如果把全部兵力都撤走，恐怕城里的敌人会冲出来和格劳西亚斯的部队会合。格劳西亚斯看见亚历山大来了，就放弃了那些高地，于是菲罗塔斯就率领他的运输队安全返回营地。即使如此，克雷塔斯和格劳西亚斯所率部队看起来仍然把亚历山大置于不利地位。因为他们据守的是居高临下的高地，又有那么多的骑兵、标枪手、使用投石器的人以及相当多的重骑兵，而且城里的兵力也准备等亚历山大一撤退，就立即追击。而亚历山大必须路过的地方既狭窄又多沼泽，一边有河水阻挡，另一边是一座大山，山旁又都是起伏的丘陵。因此，部队只能成四路纵队通过。

（六）在这种情况下，亚历山大只好把方阵全部疏开形成一百二十纵列，两翼各部署二百名骑兵。命令他们保持肃静。这个命

令他们执行得很出色。还命令重骑兵先把长矛直竖，然后，听到命令立即把矛头向前作冲锋姿势，一排排的矛头先向右、后向左摆。方阵本身，在他亲自指挥下，前进时步法矫健、军容严整；然后又向左右两翼交替回旋。他就是这样，在很短的时间里表演了各种队形变换；然后命令左翼突出一部作为尖兵，亲自率领他们发动进攻。敌人看到他的部队调度灵活、纪律森严，早已目瞪口呆，未等这些希腊人靠近，就放弃了头一排山丘逃走了。亚历山大命令马其顿部队高喊杀声，用矛头敲打盾牌，陶兰提亚人闻声更加丧胆，匆忙撤回城内。

亚历山大看见他的必经之路旁边的一座小山上还有少数敌人把守，就命令一些卫士和扈从持盾牌上马，攻打那座小山。到山根时，以为敌人会固守，就准备叫一半人下马和骑在马上的人配合作战。守敌看见亚历山大的人马猛冲，就放弃小山，向斜侧方的两座大山逃去。亚历山大和他的扈从随即把小山占领。派人把阿格瑞安部队和弓箭手共二千人调来。命令卫队渡河撤走，马其顿部队尾随于后。规定上岸后立即向左翼疏开，以便方阵一上岸就成密集队形。他本人率领前卫在小山上监视敌人动向。敌人看见他的部队过河，就从山坡上冲下来，企图趁亚历山大的卫队最后撤走时进行截击，敌军逼近时，亚历山大率部向敌方冲击，方阵也从河里高喊杀声扑了过来。在两面夹攻之下，敌人四散逃窜。这时亚历山大命令阿格瑞安部队和弓箭手快步开到河边。他自己最先渡过河去。但因看见敌人逼近他的后卫，就下令在河岸架起礌石器，以最大射程将各种投射物射去。更厉害的是，他又命令正在河中奋勇抢渡的弓箭手就在水里发射排箭。格劳西亚斯的部队没敢进入

射程。这时马其顿部队已安全渡河完毕。在撤退中并未损失一人。

三天之后，亚历山大得悉克雷塔斯和格劳西亚斯的部队宿营随便，哨兵设置不按规定，既未设栅栏又未挖壕沟。他们的防线也拉得太长。原来他们以为亚历山大是仓皇溃退的，因而才这么疏忽大意。于是亚历山大在黑夜掩护下，带着他的卫队、阿格瑞安部队、弓箭手，以及坡狄卡斯和科那斯的部队，又渡河到彼岸。还曾命令其他部队随后跟来。但看到当时已是进攻的大好时机，未等全部兵力集中，就下令所有弓箭手和阿格瑞安部队发动了进攻。他们这次突袭是以纵队形式进行，这种队形适于对敌人最弱之点进行最猛的冲击。他们砍杀了一些还在睡梦中的敌人，又顺手捉住了一些逃跑的人。当时当地就捉了杀了不少。大批仓皇逃遁的也遭到同样命运，砍杀生擒众多。亚历山大率部一直追到陶兰提亚群山之中。那些确实逃脱出来的，只是因为丢弃了武器。克雷塔斯先逃进城里，放火把城烧了，然后就跟陶兰提亚人一起逃到格劳西亚斯那里。

（七）与此同时，有些底比斯籍的逃亡官兵趁黑夜溜回底比斯城里。有些人邀请他们进城，想利用他们搞暴动。这些逃亡者在城里把阿明塔斯和提摩劳斯二人捉住杀了。这两个人属于驻守卡德米亚[1]的马其顿部队。当时他们并未怀疑到会有人从城外溜进来搞阴谋活动。这些逃亡者后来又在议会上露面，鼓动底比斯人造亚历山大的反。还用“解放”、“言论自由”等长期以来就使人向

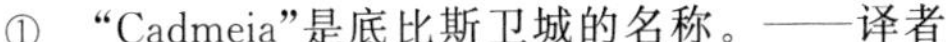

① “Cadmeia”是底比斯卫城的名称。——译者

往的口号相引诱，并宣称要把多年来马其顿人强加在底比斯人身上的沉重枷锁最后甩掉。他们还一口咬定亚历山大已经死在伊利瑞亚，这样他们就得到更多群众的附和。关于亚历山大的死讯，当时已成街谈巷议，而且来源很多。他离乡已久，而且一直杳无音信。因此，在对事实真相毫无所知的情况下，他们猜测，一定是发生了他们渴望发生的事情。当然，这种事是常有的。

亚历山大了解到底比斯的事态之后，非常重视。因为长期来他就担心：假如叛逆的火种扩散到拉斯地蒙（那里的人心早已反叛）和伯罗奔尼撒其他地区（更不用说那些本来就不可靠的埃托利亚人），那么，雅典就会出事，底比斯人也会捣鬼。于是，他立即率领部队沿欧达亚、埃利苗提斯二河，通过斯台菲和巴拉韦二高地，第七天就到达塞萨利境内的柏林纳。从那里出发又走了六天就进入包欧提亚[①]境内。因此，当他率领全军抵达昂科斯塔斯时，底比斯人才知道他已经过了关。于是那些造反的人就说，是安提培特[②]从马其顿带兵来的。仍然一口咬定亚历山大已死。任何人向他们汇报亚历山大本人确实带部队来了，他们就不高兴，还说那是另一个亚历山大，是埃罗帕斯的儿子。

亚历山大离开昂科斯塔斯的第二天就来到底比斯，在埃欧劳斯围墙附近扎营，给底比斯人一段体面的时间，心想也许他们会改悔，派使节来见他。但底比斯人毫无屈从之意，不可能跟他们达成什么协议。相反，他们派了一批骑兵和轻装部队冲向亚历山大的

① 希腊一地区，底比斯属于这个地区。——译者

② 亚历山大出征时，把马其顿政务交安提培特总揽。——译者

营地，从远距离向外围哨兵射箭投石，甚至杀伤了一些马其顿士兵。于是亚历山大就派了一些轻装部队和弓箭手去抵挡，很容易地就把他们顶了回去，这些底比斯人当时确已冲近营地。第二天亚历山大率领全部兵力绕道来到通向伊留西瑞和阿提卡二地的城门。甚至到这时他还不攻城，而是在距卫城不远处扎营，以便容易支援据守卫城的马其顿部队。因为这时底比斯人正在围困这个卫城，在四周修起了双重栅栏，使外边的人无法支援被围在里边的人，里边的人也无法冲出来跟底比斯的敌人里应外合攻打底比斯人。在这种情况下，亚历山大仍然希望做底比斯人的朋友，而不想当他们的敌人。所以他还是等待，在卫城附近的营地按兵不动。后来底比斯有一些热心公益的公民便急于要找亚历山大，替全体底比斯市民请罪，请求他饶恕他们这次造反。但是那些逃亡者和邀请他们进城的人不愿接受亚历山大任何宽恕。特别是他们当中有些是包欧提亚同盟①的官员。因此，他们千方百计鼓动人们打亚历山大。虽然如此，亚历山大仍不进攻。

（八）据托勒密（拉加斯之子）记述，虽然亚历山大的态度是这样，但坡狄卡斯（分遣队长兼营地警卫部队指挥官，他的驻地离敌人栅栏很近）不等亚历山大的进攻号令，就率领手下部队首先发动进攻，把栅栏捣毁，冲了进去，直扑底比斯部队前卫。阿明塔斯（安德罗米尼斯之子）的部下和坡狄卡斯的部队编在一起，看到他带兵冲入栅栏，立刻也带着自己的分队跟了上去。亚历山大看到这个局势，担心他们陷入困境，受到底比斯人的控制，也就率领其余部

① 包欧提亚曾两次与斯巴达等城邦结盟反对马其顿及其他一些城邦。——译者

队攻去。命令弓箭手和阿格瑞安部队在栅栏内作牵制性的攻击，仍令突击队和卫队留在外边。后来坡狄卡斯在冲入第二道栅栏时负伤倒地。在伤势危急中被抬回营地，经过很大困难才把伤治好。他的部队和亚历山大的弓箭手会合，把底比斯人围困在由赫丘力士庙往下的一条道沟之中。底比斯人朝赫丘力士庙方向撤退时，马其顿部队在后面追击。突然间，底比斯人掉转头来，狂吼猛打，作困兽之斗。马其顿人只好转身逃命。弓箭手指挥官攸瑞包塔斯（克里特人）就是在这时牺牲的。他的部下也有七十名上下阵亡。其余的人逃到马其顿精锐部队和皇家卫队那里得到掩护。这时，亚历山大看到他的部队在逃跑，但底比斯追兵队列松散，于是他就率领方阵以战斗队形向他们冲击。底比斯人被赶回城里，他们在溃逃中惊惶混乱，涌进城门时，未及时把城门关上。因此，那些紧紧追赶的马其顿部队实际上也跟他们一起进了城门。由于马其顿先头部队进城太多，城墙无人防守。城外部队由竞技场进入卫城，然后和卫城守军一起进入城区。由于随溃军入城的马其顿部队已占领城墙，城根队伍就翻过城墙冲向市场。底比斯人曾一度在竞技场一带抵抗。但当马其顿部队由四面八方逼来，亚历山大又时而在这里，时而在那里出现，底比斯骑兵就从城里冲杀出来，涌到城外平原。他们的步兵则更是狼奔豕突、溃不成军。于是，马其顿部队，尤其是由福西亚人、普拉太人和包欧提亚地区其他各族组成的部队，怀着愤激情绪，到处屠杀停止抵抗的底比斯人。被杀的人里，有的正在家里，有的稍事抵抗，有些则正在庙里祈祷，但都不能幸免；连妇女和孩子也不放过。

（九）这次希腊大劫，由于遭劫的城邦之大和屠杀之残酷性，尤其是由于胜利者和遭殃者感到事件的突如其来，以致引起参与者和希腊其他城邦极大的恐怖。这次大劫跟雅典人在西西里岛遭受的惨祸[①]比较，单就被屠杀的人数讲，二者近似；不过，那次雅典军的覆没是在远离本土的地方；而且那支部队多数是由同盟者组成，只有少数是雅典市民。他们自己的城邦并未遭殃。因此，他们在对斯巴达及其盟邦以及对波斯的战争中，都能坚持一些时日。我再说一遍，那次西西里惨祸还没有使遭难者感到像底比斯这次浩劫这么惊心动魄；对希腊各城邦来说，也不像这次这样使他们感到大难临头，惊惶失措。或者再与雅典人在伊格斯波塔密的失败[②]比较：那次战役是在海上进行的。战后雅典被迫拆毁它的长城，交出大部战船，失掉主权。这确实使盛极一时的雅典城邦威风扫地。但雅典市仍保有旧貌，不久之后就又恢复了往日的强大，长城也真的重建起来，再次取得了海上的权威。而且，在某种程度上，还从极端危险中拯救了拉斯地蒙人，正是这些拉斯地蒙人，当时实在可怕，差点毁灭了雅典。至于拉斯地蒙人自己在留克特拉和曼提尼亚两地的失败[③]，对他们来说，震动确实不小，主要因为人祸来得过于突然，倒不是因为被杀的人数太多。埃帕梅农达斯率领包欧提亚部队和阿卡地亚部队猛攻斯巴达，使斯巴达人和他们的盟友吃惊不小，主要因为进攻者的外观奇特，而不是由于危险的严重

① 指公元前 415 年，雅典新领导人阿西比亚狄斯派海陆大军去西西里攻打亲斯巴达的苏拉库斯城，结果全军覆灭。这个战役是伯罗奔尼撒战争的一部分。——译者

② 指公元前 405 年，雅典跟斯巴达在赫勒斯滂海峡中伊格斯波塔密河口附近的战役。雅典海军全部毁灭。此役亦系伯罗奔尼撒战争诸大战役之一。——译者

③ 公元前 371 年，斯巴达进攻以底比斯为首的包欧提亚联盟，激战于留克特拉等地。斯巴达大败。拉斯地蒙部队是斯巴达的盟军。——译者

性。再如普拉太的被攻占[①]，事情并不太严重，因为在城内被俘的人很少，大部分市民早就逃到雅典去了。最后，例如米罗斯和西欧尼的被攻占，这二地只是筑有堡垒的小岛，只能叫人感到占领者可耻，而不致引起全希腊人的巨大震动。

可是底比斯这次灾难却大不相同。底比斯人起事之仓促，合理政策之缺乏，被攻占之突然；马其顿人取胜之轻易，如同近缘部族之间报千年仇雪万年恨那样的大屠杀，全城邦幸存者一律沦为奴隶；而当时在全希腊，底比斯城邦之富强、军事威望之高，都是数一数二的，等等等等。这一切如此异乎寻常，很自然地使人们把它看作神谴天罚。人们说，底比斯终于偿还了千年的老债：在希腊和波斯之间历次战争中，底比斯一再背叛全希腊的神圣事业；在休战期间，他们还乘机侵占了普拉太，把普拉太人全部贬为奴隶，对归顺斯巴达而不归顺底比斯的人实行大屠杀——这是底比斯人干的，不能说是希腊人干的；还在普拉太农村大肆烧杀，而正是在这一带农村中，全希腊各族曾并肩抗击波斯侵略者，打退了全希腊共同的敌人；最后一件事，是当斯巴达的盟友们讨论把雅典全市公民都贬为奴隶的提案时，底比斯曾投票赞成把雅典毁灭。人们说在底比斯这次大祸到来之前早就有征兆，有神明的许多预示，只是当时人们没有注意而已。事后回想当初那些现象，使人们不得不承认先兆确实早已有了，现在才算被事件本身所证实。

亚历山大把底比斯问题的最后解决交给参加攻城的盟军决定。大家决议在底比斯卫城驻军；但把全城夷为平地；底比斯的领

① 公元前 429 年，普拉太被斯巴达围困二年之后被攻占。——译者

土，除圣地外，由各盟邦瓜分；所有妇孺和幸存的男子一律贬为奴隶。只有过去和腓力或亚历山大友好的或赞助马其顿的人除外。据说因为亚历山大尊重大诗人品达，因而他的家宅和后代幸免于难。此外，盟军还决定重建并加固奥科米纳斯和普拉太二城。

（十）底比斯的结局通告希腊各地之后，阿卡地亚那些离开家乡去支援底比斯的人就把原先教唆他们干这件事的人都判了死刑。埃利亚人接回了他们的逃亡者，这些人原先是因为和亚历山大要好才逃亡的。伊托利亚各部族陆续派使者来乞求饶恕，申述他们造反只是因为听信了从底比斯传来的消息。雅典人在底比斯出事的时候正在举行大规模的宗教庆祝仪式，突然有难民从底比斯战地飞驰而回。他们在惊惶中急忙中止了庆祝活动，立即把各种物品从郊外搬进城里。他们召开了大会，并根据德马狄斯的建议，在全体市民中选派了十个著名的、跟亚历山大关系最好的人当使者去见他，庆贺他从伊利瑞亚和特利巴利安全归来和对底比斯叛乱镇压的成功。不过这件事办得有些不合时宜。亚历山大向使者致的答词大部分还是友好的。但他还给雅典城邦写了一封信，要求他们交出狄莫西尼斯和莱克伽斯[1]的追随者，以及希坡瑞狄斯、坡留克塔斯、卡瑞斯、卡瑞狄马斯、埃菲亚提斯、狄欧提马斯、毛罗克利斯等人。他认为这些人应该对凯罗尼亚流血事件[2]负责，

① 前者是雅典大演说家，他反对腓力。后者是前者的支持者。——译者

② 公元前338年，马其顿王腓力二世派兵进抵凯罗尼亚，雅典派兵前往攻打马其顿人，底比斯也派兵帮助雅典，马其顿部队当时由十八岁的王子亚历山大率领，一举消灭雅典等城邦部队，从而扑灭希腊最大的反马其顿势力，全希腊随即公推腓力为远征亚洲（指波斯帝国）的统帅。至此，雅典、斯巴达和底比斯多年来试图统一希腊而未成的事业，终于由马其顿完成。——译者

也应对在腓力逝世时反对腓力和亚历山大本人的罪行负责。他还说明，在底比斯暴乱中，这些人应负的罪责并不亚于底比斯叛乱分子。雅典人未把这些人交出来，而是另派一个使团到亚历山大那里，乞求他对这些人息怒。亚历山大同意这样做了——或是出于他对雅典的尊重，或是因为他急于远征亚洲，不愿意在希腊树敌过多留下后患。不过，在他要求交出而未能得到的那些人当中，倒有卡瑞狄马斯这一个人，他下令放逐。后来这个人就逃到亚洲，在大流士国王的宫廷避难。

（十一）这些事情都安排就绪之后，亚历山大就回到马其顿。举行了起初由阿克雷亚斯创始的传统的祭典，祭祀奥林匹斯山主神宙斯；并在埃盖[①]举行了奥林匹亚运动会。还有人说，为了向掌管音乐、绘画、文艺的诸女神致敬，也举行了文艺竞赛大会。这时，消息传来，说色雷斯人欧菲亚斯[②]（欧阿格拉斯之子）在庇瑞亚的雕像不停地出汗。占卜者各有解释。只有太米萨斯人阿瑞斯坦德要亚历山大高兴。他说这个现象预示：史诗、合唱诗、颂歌等作者将为歌颂亚历山大和他的功绩而辛劳流汗。

初春[③]，亚历山大把马其顿和希腊事务交给安提培特总揽，自己率领部队进抵赫勒斯滂[④]海峡。他带去的步兵有轻装部队和弓箭手，总共三万多；还有骑兵五千多。行军路线是经过朝安菲坡利斯方向的色新奈提斯湖和斯特莱蒙河三角洲；渡过斯特莱蒙河，越

① 马其顿故都。——译者

② 希腊神话中传说他是竖琴名家，他弹的琴甚至能感动木石。——译者

③ 公元前 334 年，亚历山大开始远征波斯帝国。——译者

④ 即今达达尼尔。——译者

过潘加伊安山，向希腊沿海城市阿布德拉和马罗尼亚前进；从那里再到赫布拉斯河，很容易地就渡了过去；又穿越培太克抵达黑河，渡河后到达塞斯塔斯。从本国出发行军至此共计二十天。到达埃雷昂时，在普罗太西劳斯的坟墓上向死者献祭，因为死者据说是跟随阿格门农去特洛伊[①]打仗的希腊人里第一个登上亚洲土地的。亚历山大向他献祭的目的是：他自己这次在亚洲土地上登陆，前途会比普罗太西劳斯那次更为顺遂。

亚历山大指定帕曼纽负责照管把大部分步兵和骑兵从塞斯塔斯渡过海峡到阿布达斯。这些部队是用一百六十艘战船和一大批货船渡过海峡的。多数史家说亚历山大是从埃雷昂乘船到阿卡安港，曾亲自在旗舰上掌舵，经过海峡时，还宰了一头牛向普塞顿[②]献祭；还用一只金碗把酒洒到海里献给海神娘娘。此外，还有传说讲，他是全军第一个登上亚洲大陆，当时他全身披挂，并下令在他从欧洲出发的地点和在亚洲登陆的地点同时都筑起祭坛，向保佑他安全登陆的宙斯以及雅典娜[③]、赫丘力士献祭。后来他又登上伊利亚城[④]，向伊利亚的雅典娜献祭，把自己的全副盔甲奉献，放在庙里；把过去在特洛伊战争中有些人奉献的、但仍放在庙里的武器从原处取走。据说后来他打仗的时候，就叫他的卫士在他前边捧着这些武器走上战场。然后，据传他又在圈地之神

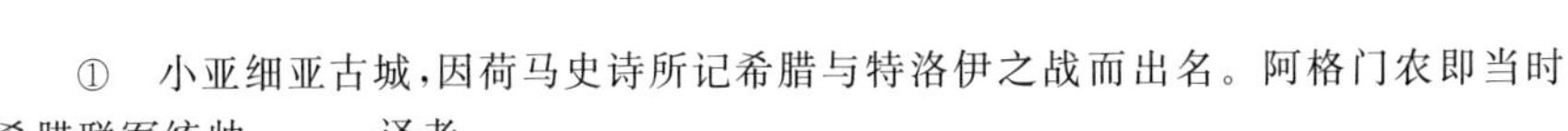

① 小亚细亚古城，因荷马史诗所记希腊与特洛伊之战而出名。阿格门农即当时希腊联军统帅。——译者

② 希腊神话中的海神。——译者

③ 雅典女神，司掌智慧、技术、学问、战争的女神。——译者

④ 即特洛伊古城旧址上建的新城，该城地势可能较高，故云“登上”，非登上城墙之意。——译者

宙斯[①]的祭坛上向普瑞亚[②]献祭，乞求普瑞亚不要对纽多利马斯[③]的后裔震怒降灾，因为亚历山大就是他的后裔之一。

（十二）亚历山大到达伊利亚时，领航员迈诺卡斯给他戴上一个金色的花冠；雅典人卡瑞斯也给他戴上一个。这个人是从塞吉亚跟别的希腊人或本地人一起来的。后来，据说赫菲斯提昂在帕特卢克拉斯[④]的坟墓上献了一个花圈，亚历山大在阿基利斯[⑤]的坟墓上也献了一个。据说亚历山大认为阿基利斯是幸运的，因为他死后有荷马[⑥]替他传名，从而使他流芳百世。亚历山大确实可以认为阿基利斯在这方面是幸运的。因为，亚历山大在其他方面运气虽都不错，但在这方面却有很大缺陷。他的功绩一直也没有很像样地传诵四方。无人用散文记述，也无人用韵文歌颂。甚至像海柔、杰罗、西柔等人以及其他许多比亚历山大渺小得多的人物都有人写合唱抒情诗歌颂，而亚历山大却没有。因此，亚历山大的功绩反而远远不如历代较渺小的事迹流传得广泛。不是吗，关于居鲁士[⑦]率领

① 详见（四）段注释，此处又把宙斯封为圈地之神。——译者

② 据荷马史诗所记史前传说，普瑞亚是特洛伊王劳米东之子，后继承父亲为王。在特洛伊战争中，他曾大显身手。——译者

③ 阿基利斯（参见此页注⑥）之子。——译者

④ 据荷马史诗，他是阿基利斯之友，在特洛伊战争中被杀，激起阿基利斯狂怒，替他报仇，把特洛伊毁灭。——译者

⑤ 塞萨利王培利亚斯之子。据荷马史诗，他是特洛伊战争中著名的英雄。据传他刚出生时，他母亲把他倒提着在冥河中浸泡，后来除了未经水浸的脚踵之外，全身都刀枪不入。——译者

⑥ 古希腊诗人。曾收集希腊史前传说，写成依利亚特和奥德赛两部史诗。——译者

⑦ 死于公元前 401 年，是阿太薛西斯的弟弟。并非历史上最出名的波斯帝国创建人居鲁士大帝（死于公元前 529 年）。——译者

一万人远征阿太薛西斯[①]的事，克立卡斯以及跟他同时被俘的战友们所受的痛苦，他们怎样由色诺芬带领着下到海里等等这些情况，多谢色诺芬[②]有书记载，因而都比亚历山大和他的功绩有名得多了。但是，亚历山大却不只是跟着别人上战场，没有在大王[③]面前逃跑，也不只是战胜了那些企图阻止他向海岸进军的人。不论在希腊还是在东方，还没有一个人有过这么多、这么惊人的业绩，在数量方面和伟大方面都是如此。我向读者声明，这就是我为什么动笔写这部历史的原因。我并不认为我不配把亚历山大的业绩在全人类面前加以表彰。不管我是个什么样的人，至少下边这一点我知道是对我有利的：我用不着把我的姓名全写出来，因为人们并不是不知道；我也用不着把我的家乡、家庭以及我在我的同胞们当中曾经担任过什么职务都一一写明。但下边这一点我还是要写在纸上：这部历史过去和现在都和我的童年、我的家乡、我的家庭和我的职务密切相连。这就是为什么当有必要把我自己和希腊语文大师们并列在一起时，我并不畏缩不前，因为我这部书的主人公是许多希腊战争大师中为首的人。

① 阿太薛西斯二世（死于公元前 361 年）波斯王，其弟居鲁士（当时为小亚细亚总督）反叛，搜罗当时在小亚细亚的几万希腊籍雇佣兵，开到底格里斯和幼发拉底二河汇流处与阿太薛西斯交战，居鲁士被杀，他所带部队几乎全军覆没。幸存的一万希腊籍雇佣兵，急忙逃离战场，公推色诺芬等三人为指挥官，率领这一万人，历尽艰险，逃至黑海边，一路战胜土著部族，返回希腊。这批部队后即被誉为“色诺芬和他的一万远征军”，留名后世。

这段文字所说“克立卡斯以及跟他同时被俘的战友们”即指被阿太薛西斯俘虏的那部分希腊人。——译者

② 即注①所说的那个色诺芬。他回希腊后曾作书描写他带领那一万人一路所历艰险。因而又成了历史作家。——译者

③ 指波斯王。——译者

亚历山大从伊利亚来到阿瑞斯比。他率领全军渡过赫勒斯滂海峡之后，就在这里宿营。第二天到达坡考特；再一天，通过兰普萨卡斯，在普拉克提亚斯河边宿营。这条河发源于伊达山，在赫勒斯滂海峡和攸克塞因海[①]之间入海。从那里出发经过科罗内到达赫摩托斯。他派侦察队在大部队之前先行，领队是阿明塔斯（阿拉巴亚斯之子），配以阿波罗尼亚地方武装一中队，队长是苏格拉底（萨松之子），还有四个中队的所谓先头侦察兵。在路过普瑞帕斯城时，市民向亚历山大表示献城归顺。他派帕瑞高拉斯（利卡高拉斯之子）率领一支地方部队去接管。

波斯方面的指挥官有阿萨米斯、罗米色瑞斯、拍提尼斯、尼发提斯，还有利地亚和爱奥尼亚二地的督办斯皮色瑞达提斯以及赫勒斯滂地区的福瑞古亚的总督阿西提斯。他们率领的波斯骑兵和希腊籍雇佣兵已在泽雷亚城外扎营。获悉亚历山大已渡过海峡之后，他们就召开了作战会议。罗德岛人迈农在会议上劝他们不要冒险跟马其顿人打仗，因为他们的步兵比波斯的强得多；特别是有亚历山大御驾亲征，而波斯王大流士则远在后方。因此，波斯方面最好把部队转移；用骑兵践踏粮草，全部毁掉；放火焚烧地里庄稼，甚至连城市也别留下。这样，到处没粮没草，亚历山大就无法在这一带立足。但是，据说在这次波斯将领会议上，阿西提斯发言说，他绝不允许自己人的房子有一间被烧。出席会议的人支持阿西提斯，因为他们怀疑迈农是为了保住国王封给他的官位才有意地拖延战争。

① 即今黑海。——译者

（十三）这时，亚历山大率领全军正向格拉尼卡斯河挺进，作好了战斗准备：已把骑兵部署在两翼，还把步兵方阵加强了；前面有赫格罗卡斯指挥的侦察队和一些搜索班、骑兵和五百轻装部队；后边跟着运输队。亚历山大率部推进至距离格拉尼卡斯河不远处，就接到飞马驰回的侦察兵的报告，说波斯部队已在河对岸摆好了阵势。于是亚历山大就把部队调动成战斗队形。这时帕曼纽走向前来对他说：

“陛下，我的意见是，我军马上就在河这边扎营。我相信，由于敌军步兵比我军少，必然不敢在我军附近露营。因此，我军等拂晓时再渡河必无困难。在敌军还未部署就绪时，我军就可渡河完毕。根据目前情况，我觉得，如果我军立即采取行动必然会冒极大危险。因为我军不能在这样宽广的正面一齐渡河。可以看得出来，河道有不少地方水很深；而且，您看得见，河岸也很高，有些地方简直像悬崖一般。如果我军以最易受攻击的疏开队形无秩序地在敌前出现，敌军骑兵必将以较好的密集队形向我冲击。出师首战失利，对目前来说，后果将很严重，对战争全局来说，将更为有害。”

可是，亚历山大却回答说：“这我知道，帕曼纽。可是，在我们这样轻易地渡过了赫勒斯滂海峡之后，如果让这条小河沟子（他就是这样看不起这条格拉尼卡斯河）就在目前情况下挡住咱们的去路，我觉得这是可耻的。不论就马其顿人的威望，还是就我自己迅速对付危险的能力来讲，我认为都不妥。我相信，波斯人以为他们自己是和马其顿人一样的好战士，因而可能会鼓足勇气，但这不过是因为他们到现在为止还没有经受过使他们吃惊的事情罢了。”

（十四）亚历山大说完之后，立即派帕曼纽去指挥左翼，他自己则到右翼去了。他早已指派菲罗塔斯(帕曼纽之子)为右翼司令,部下有地方骑兵、弓箭手以及阿格瑞安部队和标枪手等。配属给菲罗塔斯的,还有阿明塔斯(阿拉巴亚斯之子)所部标枪手、培欧尼亚部队和苏格拉底中队;挨着他们部署的是尼卡诺(帕曼纽之子)所率地方部队。他们一旁还有坡狄卡斯(欧戎提斯之子)的方阵、科那斯(坡利摩克拉提斯之子)、克拉特拉斯(亚历山大[①]之子)和阿明塔斯(安德罗米尼斯之子)所率各方阵以及菲利普(阿明塔斯之子)所部。在左翼,为首的是卡利斯(哈帕拉斯之子)指挥的塞萨利骑兵,挨下去是菲利普(迈尼劳斯之子)指挥的联合骑兵队,然后是阿格索率领的色雷斯部队;他们右边是步兵,即克拉特拉斯、迈立杰和菲利普等人指挥的诸方阵,直到全军中央。

波斯方面约有骑兵二万以及稍小于此数的步兵和外籍雇佣兵。他们的部署是:骑兵沿河列队,形成一个拉长了的方阵;步兵在后。河岸以上的地很高,形成居高临下之势。在他们左翼的对岸,他们发现了亚历山大本人——由于他的盔甲光耀夺目,随从人员对他的奉承姿态,一眼就看出是他,于是他们就在河岸这一段集中了大批骑兵中队。

在一段时间内,两军隔河对峙,一动不动,鸦雀无声,都不敢猛然挑起大战。波斯方面是在等待,如果马其顿人企图强渡、在河面上一露头,就向他们冲杀。这时,亚历山大一跃上马,召唤随从跟上,要他们表现自己的忠勇,命令第一线由阿明塔斯(阿拉巴亚斯之子)指挥的侦察兵、培欧尼亚部队和一纵列步兵向前推进,直扑

① 这个亚历山大是艾柔帕斯之子。——译者

河中。在这些部队之前，还派了由托勒密（菲利普之子）指挥的苏格拉底中队——按当天的战勤次序，由这个骑兵中队担任前锋。然后他亲自率领右翼各部，吹起号角，向战神高呼响彻云霄的战斗口号，奋勇冲入河中，部队与水流方向成斜角前进，使波斯人不能在拉长了的战线上一齐向他的部队冲击；而他的部队却可以用尽可能密集的队形攻击波斯人。

（十五）在阿明塔斯和苏格拉底率领的先锋部队把守河防的地方，波军从高高的对岸往下射排箭，有的在稍靠后一些的高地上往下投标枪，有些在较低的地方，有些甚至冲到水边来了。于是河岸上展开了一场骑兵大混战。希腊人拼命要登上彼岸，波斯人则千方百计阻拦。波军标枪如滂沱大雨，铺天盖地；马其顿人的长矛似万道金蛇，左刺右扎。但马其顿人终因寡不敌众，首战失利。这也是因为敌人阵地坚强，居高临下；马其顿部队则地势不利，位于低处。此外，波斯骑兵的精华就部署在强渡地点。而且，迈农指挥部队厮杀时还亲自带着他的儿子们首当其冲。首批和波军交锋的马其顿部队，在表现了他们那种非凡的忠勇之后，几乎全部牺牲。只有少数在亚历山大到来时撤到他跟前去了。这时亚历山大已率领右翼部队逼来，冲击波军。就在双方骑兵绞作一团，也就是波军首领所在之地，亚历山大身先士卒，头一个杀入敌阵。于是在他周围立即展开了猛烈的厮杀。这时，马其顿部队一队接一队陆续过河，现在过河已不困难。战斗虽然是在步兵战线上进行的，但却是一场骑兵大战。鞍上人斗人，脚绊拳击；鞍下马战马，冲撞奔腾，酣战如狂，难解难分。希腊人要一股劲把波斯人从河岸推开，赶到平地；波斯人则千方百计阻挡他们登陆，拼命把他们赶回河里。不

过,亚历山大这时已率领卫队步步得手。这不只是因为他们英勇顽强、纪律严格,也是因为他们用的武器较好,是用坚固的山茱萸木制成的长矛,而波斯人使用的则是短标枪。

在混战中,亚历山大的长矛折断了。他招呼他的御侍武官阿瑞提斯另给他一杆。可是阿瑞提斯自己那杆也折断了,正在用剩下的那半截儿奋勇招架向他紧紧逼来的敌人。他把手里这半截武器举起来给亚历山大看,向他大声喊叫,要他另找一个侍从要武器。正在这时,亚历山大的一个扈从科林斯人德马拉塔斯把自己的长矛给了他。亚历山大接过长矛,一眼发现大流士的女婿米色瑞达提斯骑在马上带着呈楔形的一些骑兵冲了过来,已远远离开了他们的战线,他自己冲在最前头。亚历山大直挺长矛一下子就扎到他脸上,把他甩在地上。这时罗萨西斯拍马朝亚历山大冲来,举起大刀劈在他头上,把他的盔砍掉一块,但这顶盔总算挡住了这一刀。亚历山大随即把他也甩倒地上,用长矛刺透他的胸甲扎入心窝。这时,斯皮色瑞达提斯已经举起他的短弯刀向亚历山大劈来。说时迟那时快,克雷塔斯(德罗皮第斯之子)忽然乘机闪入,大刀起处,斯皮色瑞达提斯的肩膀早已削掉。这时骑兵不断从河岸飞驰而来,加入了亚历山大周围那一伙。

(十六)现在,波斯人四面八方都在受折磨了。人脸马面都吃上长矛。他们被追赶时,走在骑兵前面,轻装部队碍手碍脚,骑兵又跟轻装部队纠缠一起,搞得全军乱作一团。因此,他们开始撤退,最先撤走的是混战时亚历山大首当其冲的那个地方。当他们阵线中央开始后陷时,两翼的骑兵也被突破,于是急切的逃命开始了。只有一千多波斯骑兵被消灭,这是因为亚历山大对骑兵并未

穷追猛打，而是他转而进攻外籍雇佣部队。这群雇佣兵坚守阵地，好像生了根似的。不过，与其说他们真有防守决心，倒不如说他们被这个突如其来的大祸吓呆了。亚历山大率领方阵向他们冲击，还命令骑兵从四面八方扑去，很快就把他们包围起来，砍杀净尽，没有一个逃掉——也许有个别从死尸堆里溜走，生俘约两千。在波斯将领中，死掉的有尼发提斯、拍提尼斯、利地亚督办斯皮色瑞达提斯、卡坡多西亚部队指挥官米西罗布赞、大流士的女婿米色瑞达提斯、大流士的儿子阿布帕利斯、阿太薛西斯的儿子大流士的小舅子发那西斯以及外籍雇佣军司令欧马瑞斯。阿西提斯从战场上逃到福瑞吉亚，据说在那里自杀了。因为波斯的失败似乎要归咎于他。

马其顿方面，在第一次冲锋中，地方部队有二十五名阵亡。亚历山大命令在地亚穆给他们铸铜像。这件事是叫莱西帕斯承办的（他曾和许多人竞相承铸亚历山大的铜像，最后是由他承铸的）。此外还有骑兵六十人、步兵三十人阵亡。第二天，亚历山大把所有这些人，连同他们的武器和其他装备一起埋葬了。他下令国内对他们的父母子女一律豁免地方税、财产税和一切劳役。他对伤员也表示了极大的关怀，亲自看望每一个人，查看伤情，询问他们受到的照顾好不好，还鼓励每个人详细叙述甚至夸耀自己的功劳。他还埋葬了所有战死的波斯将领以及死在敌人行列里的那些希腊籍雇佣兵。那些被俘的希腊人，都戴上手铐送回马其顿去做苦工，因为他们违背了希腊的公众舆论，和东方的敌人一起打自己人。他还把三百套波斯盔甲送到雅典向雅典娜献礼，并附有如下献词："谨献上从亚洲波斯人手中俘获的这些战利品。腓力和全希腊人

(拉斯地蒙人除外)[1]之子亚历山大敬献。”

(十七)后来亚历山大任命卡拉斯为原来由阿西提斯管辖的那个州的督办。命令当地居民交纳和过去交给大流士同样数量的捐税。从山区下来投诚的那些人,他又叫他们回家乡去。对则雷亚城,他免予追究,因为他知道他们是被迫帮助波斯打仗的。他还派帕曼纽去接管达塞利昂,因为驻在那里的卫戍部队已撤走。帕曼纽遵命去办了。

然后亚历山大率部向萨地斯挺进。当他距城还有七十斯台地[2]时,驻守该市卫城的部队指挥官米色瑞尼斯带着该城的主要人物来向亚历山大献城,还献出堡垒和财宝。亚历山大本人率部在距城约二十斯台地的赫马斯河岸宿营,派阿明塔斯(安德罗米尼斯之子)到萨地斯去接管堡垒。把米色瑞尼斯带在身边,保留他原职和荣誉。他允许萨地斯人和其他利地亚人保持他们原有的风俗习惯,并把他们都放走。亚历山大亲自登上堡垒——即原来波军驻守之地,对这个要塞的强固相当赞赏,地势高而陡峭,还围以三重卫墙加固防御。有人提醒亚历山大应当在高地上给奥林匹斯山主神宙斯修一座庙,附近再设一祭坛。但正当他在高地上视察,打算找一个最好的庙址时,突然狂风暴雨席卷而来——当时正值炎夏——就在利地亚国王的宫殿上空,雷电交加,大雨如注。亚历山大认为这一定是神明暗示给他应当把宙斯的庙修在何处,于是他就按神的旨意下了命令。他把地方部队一军官鲍散尼亚斯留下当

① 即斯巴达。——译者

② 长度名,等于 202 码,约合 180 公尺。——译者

堡垒司令，尼西亚斯当税务、捐献和贡品督察，阿散德拉斯（菲罗塔斯之子）任利地亚和斯皮色瑞达提斯原辖地区其余部分的总督，并拨给他当时需要的一部分骑兵和轻装部队。派卡拉斯和亚历山大（埃罗帕斯之子）带着伯罗奔尼撒部队和盟军大部到迈农的家乡一带，把阿高斯人留在萨地斯守卫堡垒。

与此同时，当骑兵大战的消息传开之后，守卫埃菲萨斯的雇佣军带着该城的两只战船逃跑了。原来为了躲避亚历山大，从马其顿逃到这里来的阿明塔斯（安求卡斯之子）也跟他们一起逃跑。这并不是因为亚历山大办过什么有损于他的事，而是因为他不喜欢亚历山大，不愿在他手下办事而招致不快。第四天亚历山大到达埃菲萨斯，把所有为了他而被放逐的人都找回来，取消了寡头政治，恢复了民主。命令居民为阿提米斯[①]庙捐款，数目跟他们过去捐给波斯人的一样。埃菲萨斯人由于解除了对寡头政治的恐惧，马上就把招来迈农的有关人等全部处决；把所有参加洗劫阿提米斯庙的人、把庙里腓力的雕像推倒的人，以及把市场附近该城的原解放者希罗派提斯的坟墓挖了的人，通通都处以极刑。他们还从庙里把塞尔发克斯、他儿子波拉贡和他的弟兄们的孩子一起都拉出来用石头砸死。但亚历山大禁止他们进一步追究和惩办，知道此戒一开，他们就会把某些无罪的人跟有罪的一起处死，有些人就会发生公报私仇、谋财害命之事。亚历山大对埃菲萨斯人这样处理极得人心，这在过去还是不多见的。

（十八）大概就在这时，马格尼西亚和特拉利斯两地也派代表

① 即狄安娜，月亮与狩猎之女神。——译者

来向亚历山大献城。他派帕曼纽带领联军步兵和马其顿部队各二千五百人以及地方骑兵二百前往接管。又派阿基马卡斯(阿伽索克利斯之子)率领同样大的一支部队去伊欧利亚各城镇以及爱奥尼亚地区仍臣服波斯的各城镇。命令他们把各地的寡头政权摧毁,建立民主政权;各地可以制定自己的法律,并继续交纳和过去交给波斯的同样数目的捐税。亚历山大留在埃菲萨斯向阿提米斯献祭,并率领全军以全副武装的战斗队形进行大规模的祝捷游行。

第二天,他率领剩下的步兵、弓箭手、阿格瑞安部队、色雷斯骑兵、皇家地方骑兵中队,外加三个中队,向米莱塔斯挺进。在进军中一举占领了他们所谓的外城——驻军已撤走——,并就地扎营,决定围困内城。原来,米莱塔斯驻军司令、大流士的部下赫格西斯特拉塔斯早有预见,事先即曾派人给亚历山大送信献城;但后来因为波军尚未撤远,他又鼓起勇气,想替波斯保住城市。但这时尼卡诺已把希腊舰队开过来了,比波斯舰队早三天到达米莱塔斯,把一百六十只战船停泊在该城对面的雷德岛。波斯舰队姗姗来迟。当他们的指挥官获悉尼卡诺已经到达雷德岛时,他们就在迈卡尔山下抛锚了。这是因为亚历山大不但用他的舰队抢先占领了雷德岛,而且还把色雷斯部队和其他雇佣军四千人运过去了。波斯舰队共有船只四百艘。

双方海军兵力尽管这样悬殊,帕曼纽还是劝亚历山大发动进攻。这不只是因为他估计希腊必胜,也是因为有一个预兆:人们看见有一只鹰落在亚历山大的船尾后边的海岸上。帕曼纽说,如果这一仗打胜了,对整个远征将有很大的好处;万一打败了,影响也不太大,因为反正波斯海军本来就掌握着制海权。他说他准备亲

自登船和海军共命运。可是，亚历山大说帕曼纽的判断是错误的；他对那个预兆的解释也不一样。用一支小舰队去碰一支大得多的舰队，用他那些连海上训练都还没完成的水兵去对付久经训练的由塞浦路斯和腓尼基水手组成的海军，那简直是发疯。在毫无把握战胜波斯海军的情况下，他不想拿马其顿人的武艺和勇气去冒险。如果打败了，那对他们过去的作战威望将是极大的打击。而且，有些希腊人早就准备好了，一旦有海军失利的风声，马上就要搞暴乱。他讲了这些道理就弄清楚了那时还不该动手。他还说他对那个预兆也有不同的解释：不错，那只鹰确实是站在他这一边。不过，人们看见它的时候，它既是落在陆地上的，他认为那就意味着他将从陆地上打败波斯海军。

（十九）这时，米莱塔斯市民和雇佣军（守城主力）派了一位重要人物名叫格劳西帕斯的来见亚历山大，声明全市已准备把城市和海港同时向亚历山大和波斯人开放；还提出要求说，在上述条件下，亚历山大应该解除对该城的包围。亚历山大听完他的话，便叫他赶快回去告诉市民们准备好明天拂晓打仗。亚历山大亲自指挥把礌石器安装好准备攻城，一部分从近距离轰击，另一部分从远距离攻打。他还把部队调来，准备从轰塌或震裂的城墙处冲入城内。驻在迈卡尔的波斯部队离这里不远，几乎可以看到他们的友军和盟军被围攻的情景。

当时，在雷德岛的尼卡诺的舰队看见亚历山大攻城了，就驶入米莱塔斯海港，沿岸行驶，后来在港口最窄的地方，船头朝大海，把港口堵住，使波斯舰队不能驶入，从而割断了他们对米莱塔斯的支援。在这种情况下，米莱塔斯人和那些雇佣兵，由于四面都受到马其顿部队的压力，有的就跳进海里，用盾牌当小船，划到离城不远的一个无名小岛上去了。有些人乘小艇急急忙忙想窜到马其顿战船前边溜掉，在港口也被捉住。绝大多数在城里被消灭。

城市既已到手，亚历山大就乘船去攻打那些逃到小岛上的人，下令船头竖起梯子，以便攀登岛岸的峭壁，就和攀登城墙的方法一样。但当他看到岛上的人真的要进行殊死战时，他心里就很同情他们，觉得他们不愧是忠诚而高尚的战士。因而跟他们讲好条件，叫他们加入他的部队。这样加入的大约有三百名希腊雇佣兵。至于岛上那些米莱塔斯人，除了在最后一次冲锋中死去的以外，他都放了，给他们自由。

波斯海军以迈卡尔为基地，白天常常朝希腊海军驶来，打算挑起战斗。但一到晚上，他们在迈卡尔并不自在，因为还必须到相当远的米延德河口去取淡水。亚历山大用舰队把守米莱塔斯海港，使波斯海军不能冲入；又派菲罗塔斯带领骑兵和三个纵队步兵到迈卡尔去阻止波斯水兵上岸。因此，波斯海军既缺水又无其他供应，简直等于被围困在船中。于是他们就开到萨摩斯去，在那里取得供应之后，又朝米莱塔斯开来。大批船只在港口对面的海面停下来，摆开一字阵，企图把马其顿舰队从港内招惹出来，在开阔的海面上交战。另派五只舰艇从雷德岛和营地之间的空隙里溜进港内，企图俘获希腊舰队里那些无人管的舰艇。因为他们事先已探悉希腊舰艇上大部分官兵已经上岸，有的去找燃料，有的去供应站，有的被分派去搜集草料。确实有一定数目的官兵离开了船。但亚历山大命令手头现有的人配备在十艘舰艇上，等那五只波斯船靠近时，立即下令这十只舰艇向他们全速冲去，迎头猛撞。那五

艘波斯船上的水手们万没想到马其顿人突然向他们冲来，于是趁还在射程以外时，马上就掉头回驶，去跟舰队主力会合。其中只有一只由伊阿西亚人掌握的慢船，在撤退中连人带船都被俘了。其余四只都安全回到自己的舰队。结果，波斯海军就这样无所作为地离开了米莱塔斯。

（二十）亚历山大现在决定解散他的海军。一方面因为当时财政困难，另一方面也是因为他发觉他的海军不能和波斯海军作战。即使是他的武装力量的一部分，他也不打算拿去冒险。而且，他还考虑到，他现在既然已经用陆军控制了亚洲，再也用不着海军了，只要把沿海波军基地都占领，也就等于打垮了他们的舰队。因为他们那些舰艇将无处招募补充兵员。而且事实上亚洲再也没有他们的海港了。他就是这样解释那只鹰的预兆：从陆地上征服波斯舰队。

把这个问题解决之后，亚历山大又向卡瑞亚进军，因为他获悉在哈利卡纳萨斯集中了大批波斯部队和雇佣军。他在进军中占领了米莱塔斯和哈利卡纳萨斯两地之间的城镇。最后在距哈利卡纳萨斯五斯台地处，面向该城安营扎寨，准备长期围困。因为该城地势险要易守难攻。此外，所有能够进一步加强城防的办法，迈农早在大流士任命他为下亚细亚地区和整个舰队的总指挥时，就已经亲自办好了。城内驻有大批波斯部队和雇佣军。港口有战船驻守，这样，水兵对守城也可能起很大作用。

头一天，亚历山大逼近通向迈拉萨的城门附近的城墙时，城内曾派兵出击并射出排箭，但马其顿部队不在射程以内。后来亚历山大通过反击，未费多大气力就把他们顶住，随即赶回城里，牢牢围住。

几天之后，亚历山大率领他的卫队、地方骑兵，阿明塔斯、坡狄卡斯和迈立杰各步兵营以及弓箭手和阿格瑞安部队，绕城到达朝向明达斯的那边。他是想看看也许那边的城墙更容易攻破，也想看看能否用突袭的办法占领明达斯。他认为占领明达斯对围攻哈利卡纳萨斯一定有很大好处。明达斯先曾派人来献城，条件是亚历山大必须在夜间到达。于是他就依约在半夜前后到达明达斯。但发现一点投降的迹象都没有。礌石器和梯子又都留在后方未带来——当然，他本来就不是来攻城，而是接受这个城市的暗中投降的。不过，他还是把马其顿方阵带来叫他们挖墙脚。一座城上堡楼被挖倒了，但城墙并没有跟着倒塌，守军顽强抵抗。这时大批敌军已从哈利卡纳萨斯乘船到达，阻止了亚历山大对明达斯的奇袭。亚历山大因为计划失败，只好撤走，再回去继续围困哈利卡纳萨斯。

他先把护城河（守城部队原先在城外挖的，大约有三十库比特[①]宽，十五库比特深）填平，便于搬运礌石塔，打算从塔上发射大批石弹等物攻打守城敌军；同时用别的礌石器轰击城墙。不久，护城河很容易地填平了，礌石塔也竖起来。但是，哈利卡纳萨斯守军搞了一次夜袭，想把已竖起来的礌石塔和礌石器以及那些已就位即将竖起来的都烧掉。不过，这些突击手很容易地就被马其顿卫队赶回城里——另一些马其顿部队在打响后惊醒了，就飞快驰援。守城敌军损失一百七十人，其中包括纽普托利马斯，他是阿拉巴亚

① 一库比特约合二市尺。——译者

斯之子,阿明塔斯的弟弟。阿明塔斯是那些开小差投奔大流士的人当中的一个。亚历山大的部队死了十六人,但有三百人负伤,这是因为突袭发生在黑夜,他们当时防身之物较少,易于受伤的缘故。

(二十一)未过多少天之后,坡狄卡斯那个营里有两个住在一起的马其顿士兵,俩人一块儿喝酒,各自吹嘘自己的本领和功劳,争持不下。再加上酒酣耳热,于是越争越烈,不可开交。最后俩人一起拿起武器跑到面对迈拉萨的高地旁边去攻打城墙。目的是要比试比试看谁棒,并没有想强迫敌人打一场生死的遭遇战。城里有人看见这一对鲁莽家伙走向城墙,等他们走近时,就冲出来把他们两人砍死,然后又向较远处的马其顿部队射箭投石。他们很自信,认为自己人多、地势又好。哈利卡纳萨斯守军确实以居高临下之势,冲锋、射箭、投石都很有利。坡狄卡斯营更多的士兵紧急出击,其他一些敌人也从城里冲出来。于是一场激烈的战斗就在城根展开。马其顿部队又一次把出击者打回城里。实际上这座城差一点就陷落了。因为,当时城墙上的防守并不严,而且有两座堡楼和楼间的障壁都已倒塌。假如全军一起攻城,很容易接近城墙。而且第三座堡楼也已经摇摇欲坠,如挖其墙脚,也就很容易地把它撂倒。不过,被围的敌军从里边很敏捷地在突破口外面筑起了一堵月牙形的砖墙。因为他们的泥瓦匠很多,轻易地就把这堵墙砌好了。

第二天亚历山大把礌石器竖起来轰击这道墙。守军立即发动了一次冲锋,企图把礌石器烧掉。城墙附近的部分掩蔽屏障和一座木制礌石塔被烧。其余的被负责保护它们的菲罗塔斯和赫拉尼

卡斯的部队保住了。但当亚历山大本人也在攻城部队中出现时，敌人就把他们从城里带出来的火把扔掉，多数人连武器都抛弃，逃进城去。不过在这次战斗开始时，守军曾以居高临下之势，颇为得手。不但从全线朝各礌石器的前卫射箭投石，而且从突破口两侧仍然残留的堡楼上向马其顿两翼射击，甚至连进抵新墙附近的部队的后卫几乎也都能射到。

（二十二）几天以后，亚历山大又把他的礌石器朝着内城的砖墙安好，亲自指挥攻城。于是守军倾巢出击。一部分冲向突破口附近亚历山大所在地；另一部分冲到马其顿人最没估计到的三座门附近。有些人向攻城礌石器扔火把以及任何其他引火物，以便把火势尽量烧旺。但就近增援亚历山大的部队发动了猛烈反击，无数大卵石从塔上擂过去，弹丸如雨。敌军相当容易地就被击退，逃进城里。他们损失重大，跟他们出击的人数和胆量大小成正比例。有些是在跟马其顿人肉搏中丧命；有些则死在坍塌的城墙附近，因为城墙的缺口太窄，这么多人一下子通不过，而且在坍塌的城墙上走过去也非常困难。

至于从三座门冲出来的那些敌人，则是由亚历山大的卫队长托勒密[①]把阿达亚斯和提曼德各营和一些轻装部队调来进行迎击。他们也是轻而易举地把出击者赶回去了。这些敌军在通过护城河上一座窄桥撤退时大吃苦头。桥上人太多，把桥压垮了，很多人掉进河里。有些被同伴踩死，有些被马其顿部队由上往下射死。最大的屠杀是在那三座门附近发生的。因为守门的人丧魂落魄，

① 这个托勒密不是阿里安写书主要依据的那个托勒密。——译者

生怕追击溃兵的马其顿人也进入城内，过早地把城门关上，于是把不少友军关在城外，被追兵在城墙外屠杀。如果不是亚历山大命令吹起收兵号，这个城市本来已是唾手可得。亚历山大之所以撤兵，是因为他在即使胜利在即的时刻，仍然希望哈利卡纳萨斯市民能不战而降，以便把全城保全下来。敌军死亡近千；亚历山大方面约有四十人阵亡。其中有卫队长托勒密、弓箭手指挥官克利卡斯、千人队长阿达亚斯以及其他一些著名人物。

（二十三）面对这个局势，波斯将领欧戎托巴提斯和迈农开会，认定他们在这个局势下，难以久守。因为他们看到城墙的一部分已不存在，另一部分也已百孔千疮；在几次出击中，兵员损失为数不少，大批伤员也已失去战斗力。鉴于这些情况，他们大约在当晚二更天，就烧毁了用以对付敌人礌石器的木塔和若干军械库；城墙附近的民房也都放火烧毁。由于木塔和各军械库猛烈燃烧，风又大，顺风头的其他民房也都着起火来。至于部队，一部分撤到岛上的堡垒里，一部分撤到名叫萨马基斯的高地上。席卷全城的火灾发生后，有人逃出，把消息告诉了亚历山大。亚历山大自己也亲眼看到蔓延的大火。虽然在深更半夜，他仍然把马其顿部队立即叫起来，命令他们去抓纵火犯。不管是谁，当场抓住，当场就杀。他还叫他们不论在屋里遇到任何老百姓都要抢救。

天方破晓，亚历山大观察了波斯部队和雇佣军所占高地，决定不去围攻了。他考虑，由于地形不好，把这些高地围起来要耽误很多时间；而且全城既已到手，再围攻那些高地已无多大好处。于是，他把在夜战中阵亡的人都埋了，命令被分派运走礌石器的部队把攻城用的礌石器撤到特拉利斯去，然后把全城夷平。留下一些

部队驻守残城和全卡瑞亚地区。派托勒密率领三千雇佣步兵和二百骑兵到福瑞吉亚去。任命阿达为全卡瑞亚督办。阿达是海卡托诺斯的女儿，希德利亚斯的妻子。按卡瑞亚风俗，希德利亚斯既是她哥哥又是她丈夫。他临死时曾把政务交给她掌管。从塞米拉米斯往前，亚洲人一向习惯于女人统治。后来皮克索达拉斯曾把她赶走，自己登上了宝座。他死后，他的内弟欧戎托巴提斯以波斯王使者的身份继位。当时阿达只占有阿林达一地，这地方倒是卡瑞亚境内一个强固的要塞。亚历山大进入卡瑞亚境内时，她就曾前往拜会，献出阿林达，并认亚历山大为干儿子。后来亚历山大就把阿林达交还阿达治理，也并不拒绝当她的干儿子。占领哈利卡纳萨斯和卡瑞亚境内其余地区之后，就任命她统辖全境。

（二十四）亚历山大部下的一些马其顿人曾在出征前不久结了婚。他考虑他应当关心这些人。于是就叫他们从卡瑞亚回到马其顿和他们的妻子团聚，度过冬天。派皇家警卫队员托勒密（塞留卡斯之子）领队，并指定其中两个军官科那斯（坡利摩克拉提斯之子）和迈立杰（纽普托利马斯之子）辅佐。这几个人也都是新郎。亚历山大指示他们，当他们带着运输队回来时，沿路在乡间招收骑兵和步兵，越多越好。亚历山大办的这件事在马其顿人当中深得人心，不亚于他办的任何其他好事。他还派克连德（坡利摩克拉提斯之子）到伯罗奔尼撒去招兵。

他把帕曼纽派到萨地斯去，给他一个地方骑兵中队，塞萨利骑兵队以及其他盟军和战车等。命令他到萨地斯后再向福瑞吉亚进军。他本人则向利夏和潘菲利亚推进。目的是占领沿海地带，使敌人的海军起不了作用。在大进军途中，他首先一举占领了海帕纳，这个城池坚固，原由雇佣军驻守。他们接受条件后，就从城堡里开走了。进入利夏境内以后，他降服了太米萨斯人。渡过赞萨斯河，沿途接管了前来归顺的品纳拉、赞萨斯城和帕塔拉以及三十个较小的城堡。

这些事都办完之后，正值严冬。他进攻一个叫米利亚的地方。该地本属大福瑞吉亚范围，但当时按波斯王的规定，算是利夏的一部分。这时，有从发西利斯来的使者说他们愿意跟亚历山大修好，还献给他一顶金王冠。在他们的带动下，利夏大部地区也都派代表来了。亚历山大命令发西利斯和利夏两地的代表把他们的城市交给他派去的人接管，后来他们都照办了。不久之后，他就来到发西利斯。在占领这些地方的同时，还占领了一个强固的前哨据点。这个据点原来是皮西地亚人为了威胁这个地区而修建的。当地人常从这个据点去骚扰在田间耕作的发西利斯人。

（二十五）正当亚历山大忙于发西利斯的事务时，有消息传来说埃罗帕斯之子、也叫亚历山大的那个人正阴谋造反。他是亚历山大的“伙友”之一，当时担任色雷斯骑兵司令。这个亚历山大是跟谋杀腓力案件有牵连的赫罗米尼斯和阿拉巴亚斯的弟兄。当时他自己虽然也受到谴责，但亚历山大暂时未予处分。因为腓力死后，他是亚历山大的朋友当中，头一批团结在他周围的人，他还曾披上胸甲陪亚历山大进入宫中。后来亚历山大甚至还曾给他一个近身的荣誉职位，并派他到色雷斯去当指挥官。当色雷斯骑兵司令卡拉斯被调走去当督办时，亚历山大就派他接任骑兵司令。关于他谋叛的情节据说是这样：

阿明塔斯逃到大流士那里去的时候，带去了这位渺小的亚历山大向大流士表示的好意和一封信。大流士接信后就从他的随从中派了一个亲信叫西西尼斯的波斯人到海岸去，伪称他要到福瑞吉亚去拜访督办阿提组斯，实际上是要会见这位亚历山大，准备向他提出保证，假如他杀死国王亚历山大，波斯国王就封他为马其顿王，另外还给他一千金塔仑[①]。西西尼斯后来落入帕曼纽手中，向他坦白了他的使命。后来帕曼纽派人把他押解到亚历山大处，亚历山大又听到他供出的同样情节。于是他就召集他的朋友们开会，研究应该怎样处置这个卖国贼。他的伙友们认为亚历山大当时把最好的骑兵交给一个不可靠的军官指挥是不智的。现在只有趁他还未跟色雷斯人搞得太火热并带领他们造反以前，尽快把他除掉。还有一个兆头使他们不安。事情是这样：亚历山大正在围困哈利卡纳萨斯城时，有一回他正睡午觉，一只燕子在他头上兜来兜去呢喃不休，一会儿落在他床的这一边，一会儿又落在那一边。它的叫声跟平常燕子的叫声不同，好像有些惊惶。亚历山大因为太疲倦睡得太死，未被吵醒。但在睡梦中感到燕子叫得讨厌，曾轻轻地把它推开，但燕子被他摸到时也不飞走，偏偏落在亚历山大的头上叫个不停，直到把他完全叫醒。亚历山大很重视这件事，就向太米萨斯占卜师阿瑞斯坦德说了。占卜师说这件事说明有某个朋友谋反，同时也说明阴谋将败露。因为燕子属于与人友善的家鸟，又比别的鸟儿呢喃多语。

亚历山大把这事和那个波斯人招供的情节联系起来研究后，就派那个亚历山大的儿子、也就是克拉特拉斯的弟弟安福特拉斯

① 古希腊货币名。——译者

跟着一些坡伽向导到帕曼纽那里去了。安福特拉斯穿着当地人的服装，以便沿路不致被人识破，因而能安全地到达帕曼纽处。他并未从亚历山大国王那里带来任何书信，因为办这种事情，白纸上写黑字当然是不智的。他只按指示把口信告诉了帕曼纽。这样那个亚历山大就被捕关押起来。

（二十六）离开发西利斯时，亚历山大派一部分部队通过山口向坡伽推进。色雷斯人为他的部队开了一条路，因为这一带不好走，往返路途又太长。他自己则带着他的直属部队沿海岸前进。这条路只有刮北风时才能走，一刮南风沿岸就不能通行。不久前一直在刮强劲的南风，但后来果然刮起北风，使行军顺利而迅速。亚历山大和他的将领们都认为这是天意。他离开坡伽一路行军时，阿斯潘达斯城派了全权代表前来献城，但乞求不要在城内驻军。对这一点亚历山大答应了他们，但强制他们献出五十金塔仑作军费，还要他们把为了向波斯王进贡而饲养的马匹都交出来。他们答应交出这两样，随后就回去了。

于是亚历山大就向塞德进军。那里的居民是从伊欧利斯地区的塞米城来的塞米人。他们自我介绍说，他们是第一批从塞米乘船来此地殖民的。一到这个地方就把家乡话忘了，马上改用一种外乡话。不是当地人说的波斯官话，而是他们自己的土话，实际上是一种新方言。从那时起，在塞德市民中早就有了许多外乡人，他们跟邻近居民的风俗习惯大不相同。亚历山大留下部队驻守塞德，继续向塞利亚推进。塞利亚是一个设防城市，由一些雇佣兵跟本地部队一起驻守。但他未能顺利占领这一城市，而且在进军中，他还听说阿斯潘达斯人不想履行他们的诺言，不但不把马匹交给

派去接收的那些人，而且连款都不交。相反，他们把日用物品从乡间搬进城里，关上城门，不叫亚历山大的使者进去。还正在修缮城墙上不坚固的地方。亚历山大听到这个情况后，立即向阿斯潘达斯进军。

（二十七）这座城大部分建筑在一个难攻的高岗上，十分陡峭，可俯瞰攸瑞米敦河。高地以外的平原上也有一些房屋，用一堵矮墙围着。居民听说亚历山大率领大军到来，立即放弃了这堵矮墙和他们认为保不住的那些平地上盖的房子，所有的人都逃到高地上躲避。亚历山大率全军来到之后，进入无人把守的矮墙，就在那些空房子里宿营。市民们万没想到亚历山大会御驾亲征。一看见他真来了，而且他的部队已把他们团团围住，于是就派出代表乞求按原订条件投降。亚历山大看到他们据守的阵地很牢固，而且他也不打算长期进行围困，于是就同意他们投降，但不能按原订条件。他要求把他们最有权势的那些人交出来当人质，把原先答应交出的马匹全部交出，还要交款一百塔仑，而不是原订的五十了。此外，还要求他们服从他指派的督办，每年向马其顿进贡。而且，还要调查他们毗邻地区的领土，因为人家控告他们，说他们把毗邻地区的领土强占了，至今仍未归还。

这回一切都满意地解决了。然后亚历山大移兵坡伽，从那里再向福瑞吉亚进军。路过太米萨斯。太米萨斯人是庇西地亚人的后代，尚未开化。他们占据的地方十分险峻，四周极其陡峭。在城边通过的道路也崎岖难行。有一个高岗从城内一直延伸到城外的路边，对面也是一个陡峭的高岗。这两个高岗形成这条道路上的天然关隘，真是一夫当关，万夫莫开。太米萨斯人看到大军向他们

逼近,就倾巢而出据守两个高岗。亚历山大看到这个情形,就下令马其顿部队就地宿营。他心想,太米萨斯人一看见他们宿营,准不会把全部兵力都留在高岗上,大多数将就近溜进城里,高岗上只会留下一些值勤岗哨。他的猜测后来证明完全正确。太米萨斯部队大都撤走,只留下岗哨。于是亚历山大立刻把弓箭手、各标枪营、轻装部队等集合起来,指挥他们向敌人冲杀。在首批排箭和标枪发射之后,敌人就放弃阵地逃走。亚历山大就通过隘口,在城边扎营。

(二十八)正在这时,塞吉亚城派代表来见。他们也是当地的皮西地亚人,极其勇猛善战,他们这座城市也很大。因为他们近来跟太米萨斯人不和,才派代表来跟亚历山大修好。亚历山大答应了他们的要求,发现他们是完全可靠的盟友。他判断对太米萨斯的围困将很持久,于是就移兵进逼萨伽拉萨斯。这也是一个相当大的城市,那里住着皮西地亚人。他们是这个好战的部族中最好战的一支。当时他们据守在城前的小山上。这个小山极其险要易守,简直和城墙一样。因此,亚历山大把马其顿方阵作了如下部署:他自己在右翼,有他的近卫队,挨着他们的是地方步兵,一直伸展到与左翼相连,都按当日值勤营长顺序分别率领。在左翼,他指派阿明塔斯(阿拉巴亚斯之子)为指挥官。然后,在右翼前边又部置了弓箭手和阿格瑞安部队;在左翼前边部署了西塔西斯指挥的色雷斯标枪手。没有部署骑兵,因为在这么狭窄的地形中,骑兵施展不开。跟皮西地亚人一起守卫的是前来支援的太米萨斯部队。

亚历山大的直属部队已经冲上皮西地亚人据守的高地,现在正在山坡最陡之处往上攻。这时皮西地亚人在他们最有利的两翼

进行伏击,因而马其顿部队受到很大阻力。已冲到最前边的护身甲最差的弓箭手被敌人赶下坡来。但阿格瑞安部队却毫不退让。因为这时马其顿方阵已爬上坡来,而且可以看见亚历山大走在最前头。战斗已进入肉搏,手无寸铁的当地土人在同希腊甲兵搏斗中负伤倒地,到处乱滚,最后敌人还是退走了。只有五百来人被消灭。因为他们是轻装、熟悉地形,所以很容易跑掉。而马其顿部队身披沉重盔甲、地形生疏,因而无心追赶。不过亚历山大却带了一批人穷追溃军并猛攻城墙。弓箭手指挥官克连德和其他二十来个人牺牲了。然后亚历山大又率部攻打剩下的皮西地亚人。攻占了他们许多堡垒,其余的也都投降。

(二十九)亚历山大从那里进入福瑞吉亚地区。路上曾经过阿斯伽尼亚湖。湖边产天然食盐,可供当地人取用,因此他们不需海盐。五天之后,亚历山大到达塞拉那,那里有一座高峻的卫城。卫城驻军是福瑞吉亚督办指挥的一千卡瑞亚部队和一百希腊籍雇佣兵。他们派代表来见亚历山大,说如果援军到约定日期仍然不来,他们就献出阵地投降。那个日期他们也讲清楚了。亚历山大认为答应这个条件比围困这个难以攻下的阵地好些。于是他就留下一千五百人看守塞拉那。然后在那里等了十五天,并任命安提贡纳斯(菲利普之子)为督办,他的盟军司令原职由巴拉克拉斯(阿明塔斯之子)接替。然后他就出发向高地亚进军。命令帕曼纽率部在那里跟他会合。后来帕曼纽照指示办了。不久前回马其顿探亲的那些刚结过婚的人,也在原指定地点高地亚集中。跟他们一起来的还有一支新征召的部队,分别由托勒密(塞留卡斯之子)、科那斯(坡利摩克拉提斯之子)和迈立杰(纽普托利马斯之子)率领。共计有马其顿步兵三千、骑兵四百，塞萨利骑兵二百，还有由埃利亚人阿西亚斯率领的埃利亚兵一百五十名。

读者一定知道，高地亚是在赫勒斯滂海峡地区的福瑞吉亚境内的桑加瑞亚斯河上。这条河发源于福瑞吉亚境内，流经比西尼亚人居住的色雷斯地区，注入攸克塞因海。这时又有雅典派来的代表乞求亚历山大，把在格拉尼卡斯战役中从波方俘虏的、现在正在马其顿和那二千名俘虏关押在一起的那些雅典人放回给他们。他们的要求未被同意，于是他们就回去了。亚历山大认为，在对波战争还在进行之际，放松对这些希腊人的恐怖是不智的，实际上，这些希腊人过去就曾和外国人一起来打希腊。但是，他曾对他们说，当情况令人满意时，他们可以再来找他商谈这个问题。

卷　二

（一）上述这些事情发生后，被大流士任命为海军和沿海军区总司令的迈农打算把战争引到马其顿和希腊去。于是他就用阴谋手段夺取了开俄斯岛，从那里又率海军驶抵累斯博斯岛。虽然米提利尼并未归顺，但累斯博斯岛上其他各城镇都算属于他了[①]。他把这些地方的事情处理之后，就率领舰队开入米提利尼，在城市外边修了双重栅栏，从海边到海边把城市围住。然后又在五个战略要点修了营房，从而顺利地控制了整个岛屿。以舰队一部把守米提利尼海港，派其余战船到累斯博斯海角上的西格瑞亚，因为从开俄斯、格瑞斯塔斯、马利亚等地来的货船经常在那里停泊。他叫舰艇在海岸巡逻，防止有人从海上支援米提利尼。就在办理这些事情的过程中，迈农病死了。这是在这个时期对波斯的前途最严重的打击。迈农临死时，把他的总司令职务暂时托付给奥托夫拉达提斯和发那巴扎斯（阿塔巴扎斯之子，迈农的外甥），等大流士有了进一步的安排时再说。二人受托后仍积极封锁米提利尼。就这样，米提利尼在陆地上完全被截断，在海上也被封锁港口的舰队监视着，于是就派人去见发那巴扎斯，向波斯方

① 米提利尼为累斯博斯岛上最大城市。——译者

面保证:把亚历山大原先派去帮助他们打仗的雇佣军全部遣散;把刻有米提利尼亚历山大协定条文的石柱搬走;并在过去与大流士国王联合签署的安塔西达斯和约的基础上和大流士结盟;还保证归还流放者被没收的财产的半数。这些就是米提利尼代表和波方所签订的协定条文。但是,发那巴扎斯和奥托夫拉达提斯一旦进城,就把一批军队调进城里,任命罗德岛人利科米狄斯为驻军司令,并扶植一个流放者代欧格尼斯为全城独裁者;还勒索赔款,一部分从富裕的市民中强行摊派,其余的则从一般市民中抽统一税。

(二)这些事情安排完毕后,发那巴扎斯就率领雇佣军乘船去利夏,奥托夫拉达提斯则到其他海岛。这时大流士派塞蒙达斯(门托之子)从发那巴扎斯手中接管雇佣军,然后把他们带到大流士那里去。命令发那巴扎斯接替迈农原职。发那巴扎斯按谕旨将雇佣军交给塞蒙达斯,然后就乘船到奥托夫拉达提斯处与舰队会合。二人会合后,就派波斯人达塔米斯率领十只战船去塞克拉地斯;他们自己则率战船一百艘驶往提尼多斯。到达提尼多斯"北港"后,就派人进城,命令该城把他们与亚历山大和希腊人签订的、刻在石柱上的协定毁掉;要他们遵守原先与大流士签订的安塔西达斯和约。提尼多斯全城是倾向亚历山大和希腊的。但它当时似无别的出路,为了苟安,只好接受波斯人的条件。因为,赫格罗卡斯虽然又接到亚历山大的命令去集合一支舰队,但他没有获得足够的兵力,因而不能希望得到他及时的帮助。就这样,只是由于恐惧而不是出于自愿,提尼多斯岛才向发那巴扎斯投降了。

与此同时,在安提培特指示下,普罗提亚斯(安德罗尼卡斯之

子)从攸卑亚[1]和伯罗奔尼撒搜罗了一批战船,用以守卫希腊本土和诸岛屿,防止波军登陆,据报波军确实有这种意图。但当他获悉达塔米斯率波斯战船十艘在锡夫诺斯岛附近抛锚时,就趁黑夜亲自率领战船十五艘从攸瑞帕斯岛上的卡尔西斯驶出,天亮时驶入塞斯那斯岛海面,白天在那里停泊,进一步刺探那十只敌船的准确情报,准备夜间向这些由腓尼基[2]人掌握的舰只猛扑过去,这样就更加出其不意。在确实弄清楚达塔米斯的舰只是在锡夫诺斯停泊之后,就在夜间起锚出发,天刚亮时到达,在敌军毫无戒备的情况下发起了攻击。俘虏敌船八艘(包括船上官兵)。在普罗提亚斯战船首次冲击中,达塔米斯就带着两只战船逃跑,未被发觉。后来他们安全地与其他波斯舰队会合。

(三)这时,亚历山大已到达高地亚。他忽然产生了一个强烈的愿望要登上卫城,因为那里边有高地亚斯和他儿子迈达斯[3]的宫殿。他极想看看高地亚斯的战车和车轭上的绳扣。关于这辆战车,在这一带乡间,广泛流传着一个故事。说高地亚斯是古时福瑞吉亚一个穷人,种着一小片贫瘠的土地;只有两对牛,一对牛耕田,另一对拉车。有一回,他正在耕地,忽然有一只老鹰落在他的牛轭上,老是在那里落着不走,直到卸牛的时候才飞去。高地亚斯很惊讶,以为这一定是个什么兆头。于是他就去太米萨斯找预言家占卜。太米萨斯人善解疑难怪异,连妇女和小孩子都有解疑的本事。高地亚斯走到一个太米萨斯村庄,遇见一个打水的姑娘,就把那只

① 即今埃维厄岛。——译者
② 指地中海东岸面对塞浦路斯岛的一个狭长地区。——译者
③ 传说国王迈达斯贪心不足,求神赐给他点物成金之术。——译者

老鹰的事讲给她听了。这位姑娘也会解疑。她告诉他要回到现场向宙斯大王献祭。于是高地亚斯就请她一起去帮他祭祀。回去后，他就在她的指导下在现场进行了祭祀。事后高地亚斯就娶她为妻。后来生了个儿子叫迈达斯。福瑞吉亚苦于内战时，迈达斯已长大成人，俊美而高尚。福瑞吉亚人得到神谕说将有一辆战车给他们载来一位国王，他将能制止内战。果然不假，正当他们议论这件事的时候，迈达斯就驾着战车，带着他的父母，一直赶到他们这群人当中。这些福瑞吉亚人当时正在解释这个神谕，于是就断定来的这个人准就是神谕中所说的那个要坐着战车来的人，于是就封他为王，他也就制止了内战。后来他把他父亲的战车放在卫城中作为向宙斯大王的谢礼，感谢他派那只神鹰下凡。此外，关于那辆战车还有另一个故事。说是谁要是能把车轭上的绳扣解开，他就应当成为亚洲的霸主。这个扣是用山茱萸树的皮拧成的绳子结的，谁也看不出绳子的头和尾。亚历山大也想不出什么法子把绳扣解开，可又舍不得留下这个解不开的绳扣就离去，怕这样会在老百姓当中引起一些骚动。于是他就用宝剑把绳扣砸开，大声叫喊："我把它解开了！"——至少有些人是这么传说的。但阿瑞斯托布拉斯的说法不一样。他说亚历山大是把辕杆上的木栓取了出来（木栓就是穿过辕杆的一根一头细的木棍，是它使绳扣结在一起的），从而从辕杆上把轭卸下来了。至于亚历山大究竟是怎样把绳扣解开的，我并不想说得多么准确。不管他是怎么解的吧，反正当他和他的随从离开那辆战车时，给人留下的印象是：关于解开绳扣的事已经按神谕的要求办到。毫无疑问，当晚真的雷电交加，以示证实。于是第二天亚历山大就向诸神献祭，感谢他们事先示谕，事

后证实。

（四）次日，亚历山大率部出发朝伽拉提亚地区的安塞拉推进。路上遇见帕夫拉高尼亚人派来的使者表示其部族愿意归顺并接受条件，但乞求亚历山大不要派大军进境。亚历山大指示他们要服从福瑞吉亚督办卡拉斯的管理。他率部继续推进到卡帕多西亚，接受了哈利斯河这边整个地区和彼岸广大地区的归顺。他任命萨比克塔斯为卡帕多西亚的督办。随即向西里西亚关口推进。到达居鲁士（这个人曾和色诺芬一起打过仗）的营地时，看到关口有重兵把守，就把那些重装步兵营留下由帕曼纽掌握，而自己则在一更天就率领近卫队、弓箭手和阿格瑞安部队，趁黑夜向关口挺进，想出其不意地攻打守军。但他的行动被发觉了。虽然如此，他的计划还是得到了成功，因为那些守军发现他亲自率部进攻时，就放弃阵地逃跑。次日拂晓，他率领全军过关后即直下西里西亚。这时听说阿萨米斯（此人过去一直热心为波斯保卫塔萨斯城）得悉他已进关，有意弃城逃走。因此，塔萨斯市民担心他在逃走以前洗劫全城。亚历山大了解到这个情况之后，立即率领骑兵和轻装机动部队全速前进。阿萨米斯听说他急促逼来，还未及进行破坏就逃到大流士国王那里去了。

这时，亚历山大因过度疲劳病倒。这件事，至少阿瑞斯托布拉斯是这么说的。别人有的说他是因为跳进西德那斯河游泳而病。因为他当时又累又热，急于要去洗个澡。这条西德那斯河穿过市区。它发源于陶拉斯山，流经平地，河水清凉。因此，亚历山大在水里抽筋，后来发高烧、失眠。所有的医生都认为病入膏肓，不能治了。只有一位阿卡那人叫菲利普的大夫护理他。这位大夫不但

医术高明，而且还是战场勇士。他建议吃猛药大泻。亚历山大叫他就这么办，于是他就配好了一剂药。刚好在这时，有人把帕曼纽写来的条子交给亚历山大，上边写着："小心菲利普！我听说他被大流士收买了，要害死你。"亚历山大一只手拿着这张条子念着，另一只手就接过盛药的杯。念完就把条子递给菲利普，叫他念。就在菲利普念条子的同时，亚历山大把药喝下去了。菲利普当即说明他的药方并无问题，他读信后并无内疚，只是要亚历山大按他的规定继续治疗，按大夫的指导去做才能痊愈。大泻起了作用，病情好转。亚历山大办的这件事证明他是菲利普靠得住的朋友，这同时也在所有随从面前证明：他信任而不是怀疑他的朋友。这件事还证明，在死亡面前，他表现了勇敢无畏。

（五）病好后，他就派帕曼纽到西里西亚和亚述交界处去夺占其余那些关口。拨给他的部队有联军步兵、希腊雇佣兵、西塔西斯率领的色雷斯部队和塞萨利骑兵。不久他就离开塔萨斯，行军一日抵达安治拉斯。据传说，安治拉斯是亚述人萨达那帕拉斯修建的。从城墙的基础和四周的广袤看，这座城初建时就很大，后来成为一个强大的城邦。萨达那帕拉斯的坟墓就在城边，墓上有他的雕像，两手相贴，好像鼓掌。还有一篇用亚述文写的墓志，亚述人说是用韵文写的。不管是否韵文，内容大意是："阿那昆达拉克西斯之子萨达那帕拉斯在一日之内同时建成了安治拉斯和塔萨斯二城[①]。过路人，请你尽情吃喝玩乐吧，因为人间其他的事情值不得

① 请参见阿瑞斯托布拉斯的"斯特拉波"672 页，"雅典尼乌斯"529 页，此处阿里安似系根据托勒密的记述。——英译者

这样。”——意指鼓掌钦佩。据说“玩乐”二字在亚述文中的原意并不很雅。

亚历山大从安洽拉斯出发到达索利，率领卫队入城。罚了该城二百银塔仑[①]，因为他们仍然倾向波斯。然后又从那里率领马其顿步兵三个营、所有的弓箭手和阿格瑞安部队，向守卫在高地上的西里西亚人挺进。只用了七天，就把他们一部分赶走，剩下的都投降了。随后他又回到索利。他获悉托勒密和阿散德罗斯已经打败了波斯大将欧戎托巴提斯。欧戎托巴提斯原来在哈利卡那萨斯卫城驻军，并据有明达斯、坎那斯、西拉和卡利坡利斯等地。托勒密等除已攻占这些地方外，还争取到科斯岛和特利欧皮亚。他们的来信说，在一次激烈的战斗中，他们把欧戎托巴提斯打败了，打死他的步兵七百、骑兵五十，还俘虏了至少一千人。亚历山大在索利向阿斯克利皮亚斯[②]献祭，检阅全军，并举行了火炬接力赛，体育和文艺竞赛。他允许索利继续实行民主政治，然后向塔萨斯进军并派骑兵到菲罗塔斯处，去带领他的部队通过阿莱安平原到皮拉马斯河。他自己则率步兵和皇家大队到马伽萨斯，并向该城雅典娜献祭。然后又到马拉斯，向安菲罗库斯[③]献了适当的祭礼，把他当一位英雄对待。他发现马拉斯人在搞内讧，就把它压下去了。因为马拉斯是阿戈斯的殖民地，亚历山大宣称他本人也是阿戈斯人赫丘力士的后代，所以就豁免了马拉斯过去按例付给大流士的那份贡金。

---

① 约合九分之一金塔仑。——译者

② 希腊神话中的医疗之神。——译者

③ 希腊传说中的一位占卜师。——译者

（六）亚历山大还在马拉斯时，就有消息传来说大流士率领全军驻扎在索契。索契在亚述境内，从亚述关口行军两天就可到达。于是亚历山大就把他的将领们召集在一起，把大流士的情况告诉他们，并说他决定进军。大家都催促他立即率军出发。他对大家表示感谢，然后散会。第二天就率部出发，作出要进攻大流士和波斯部队的姿态。两天之后就过了关口，在米瑞安德拉斯附近扎营。当晚来了一场疾风暴雨，把亚历山大和他的部队困在营里。

这时，大流士正在和他的官兵嬉戏度日，因为他已经在亚述地区选了一块平地，一望无际，这对他的浩荡大军颇为适宜，对他骑兵的调度也极方便。原先从亚历山大那里逃到他这里来的阿明塔斯（安提欧卡斯之子）劝他不要离开这片平原。他说，波斯部队数量大、装备多，这地方颇有活动余地，因而有利。于是大流士就在原地按兵不动。但是，亚历山大因病已在塔萨斯待了不少时间；在索利又忙着祭祀、阅兵等事；又用了一些日子去袭击西里西亚山区土人。他这样一拖再拖就叫大流士沉不住气、难下决心。而且，大流士的主观愿望往往影响他的意图，他又常有追求比较舒快的想法。而成天跟着他屁股转的那些奸佞贼臣诱他作出这样的判断：亚历山大已经不想继续前进了。他们说，实际上亚历山大听到大流士大王御驾亲征的消息之后，已经迟疑动摇等等。他们围着他巧言怂恿，竟然对他说，只用大王的骑兵就可以把亚历山大全军置于死地。只有阿明塔斯坚持认为，亚历山大只要发现大流士在哪里，他准就追到哪里。他劝大流士还是留在原地。不过，听来顺耳的、但又糟糕的主意，占了上风。更坏的是，竟然有一位害人精把大流士引入了这样的绝境：在那里，他的骑兵不能发挥作用；而且

他那数量上的优势和大批的标枪兵和弓箭手肯定也不会有用武之地。百万雄师无从发挥其赫赫神威，只能拱手把胜利奉送给亚历山大统率的部队。命运之神已经作出了决定：波斯应当把亚洲霸权输给马其顿，就像早先米地亚输给波斯，甚至更早时亚述输给米地亚一样。

（七）于是，大流士通过亚美尼亚关口，越过高地，向伊萨斯进军，未被发觉就溜到亚历山大背后去了。攻占伊萨斯时，他把留在那里的马其顿伤病员捉住，砍头断肢，屠宰净尽，惨不忍睹。第二天进抵品那拉斯河。亚历山大听说大流士已在他的背后，不大相信。于是他派了一些地方部队坐上一只三十桨大船驶回伊萨斯去把情况证实一下。坐那只船去的人看见波斯人在那里扎营的情景，因为那里的海岸像个海湾，很容易看清。他们回来报告亚历山大，说大流士已经近在眼前了。

亚历山大随即把各军司令、中队长和联军指挥官都召集起来，要他们鼓起勇气，因为过去遇到的艰难险阻他们都胜利地克服了。而且，在即将到来的大战中，交战的一方是已经证明了的胜利者——他们自己，另一方则是一度当过他们手下败将的波斯人。尤其重要的是，老天这个更好的战略家，已经站在他们一边，因为它已经把这一败局放进大流士的脑袋里：他把自己的兵力禁闭在一个狭窄不利的地形中，却把后面的开阔地留给了马其顿部队，这片地方正好够他们的方阵调度之用。反之，波军人数虽多，却不见得有利，因为他们的士兵，他们的士气，都不是希腊人的对手。他接着说："我们马其顿人就要跟波斯人和米地亚人打仗了。他们长期以来沉浸在舒适享乐之中；我们却在长期的战斗和无数的艰难

险阻中锻炼得更加坚强了。最重要的是，这一仗将是自由人和奴隶之间的大搏斗。战争只要是在希腊人内部进行的，我们就缺少这一条正义的道理。跟着大流士打仗的人是为拿钱而卖命，而拿到的钱也少得可怜；我们的部队却都是为希腊而战的志愿军。至于我们的外籍部队——由色雷斯人、培欧尼亚人、伊利瑞亚人、阿格瑞安人组成的部队，则又都是欧洲最勇猛善战的战士，他们的对手却是亚洲最软弱无能的乌合之众。而且，在战略上，你们有亚历山大和大流士决一雌雄。"就这样，他把他们在即将到来的大战中那些有利条件都列举出来。但他也谈到他们面临的艰险也是巨大的。他们现在要制服的不再是大流士那些督办，不再是沿格拉尼卡斯河列阵的那些骑兵，也不再是那两万外籍部队；而是波斯、米地亚和他们的亚洲各附属国的精华。还有波斯大王御驾亲征。这是最后一场大战。这一仗打完之后，剩下的只是在全亚洲称霸，把大家作出的许多英雄业绩作一结束。此外，亚历山大还追述了大家为了共同事业已经取得的那些辉煌的胜利。对每件英勇崇高的个人功绩，他都一一列举；对人和事都讲得一清二楚。他还含蓄地提到他自己在历次战役中亲身经受的危险。据说他还间接地提到色诺芬和他那一万人，数量比他们现在少得多，威望比他们低得多，也没有骑兵，不论是包欧提亚的、伯罗奔尼撒的、马其顿的还是色雷斯的或其他骑兵，一概都没有，远远不如他们现在强；而且，色诺芬既无弓箭手又无使用投石器的人，只有少数克里特人和罗德岛人有弓箭和投石器，但这些只不过是色诺芬在陷入困境时仓促搜罗的。尽管如此，这一万人还是就在巴比仑城门口把大王本人[①]赶

① 指阿太薛西斯二世（Antaxerxes II）。——译者

跑了;而且还在他们向攸克塞因海进军途中,把企图阻拦他们的那些部族都打垮了。亚历山大把这些事都给他们讲了,还讲了一些别的,都是在面临危急关头,一个英明的统帅应当向勇敢的战士们讲述的鼓舞士气的话。讲完后,将领们把他围起来,紧紧地握住国王的手,向他高声欢呼,要他率领他们前进。

(八)不过,当时亚历山大叫他的部队先吃饭。同时派了一些骑兵和弓箭手去侦察他们背后通往关口的道路。夜幕降临时,他才率领全军去夺关。夜半时分,关口果然又夺回来了。后半夜叫部队在山岩上休息,四外先妥善地安排了警戒哨。天刚亮,他就率部下山沿大路前进。在窄路上行进时队伍成纵队;路渐宽时,就改为方阵前进。这样一营接一营地把部队调上来。右边伸到山边,左边已达海岸。骑兵原来一直跟在步兵后边。但一到开阔地,他立即把全军摆成战斗队形;首先在伸向山边的右翼前方部署了步兵精锐部队和近卫部队,由尼卡诺(帕曼纽之子)指挥;然后是科那斯营,再挨下去是坡狄卡斯营。这些部队从右向左一直到阵线中央。在左翼,首先是阿明塔斯营,接下去是托勒密营和迈立杰营。克拉特拉斯为左翼步兵的指挥。帕曼纽为左翼总指挥。亚历山大命令,不准左翼在前进中渐渐离开海岸,以防波军从侧翼包抄。因为波军人多,很可能把战线向侧翼延伸,包抄希腊部队。

在大流士那方面,当他知道亚历山大正以战斗队形向他逼来时,他就先派骑兵约三万去品那拉斯河,配以轻装步兵二万,以便腾出手来调动其余部队。他从他那些重装部队中抽出三万名希腊籍雇佣兵部署在最前方,面对马其顿方阵;然后,在两翼各部署六万卡达克部队,这些也都是重装部队。他们当时所占的阵地也只

能容纳这么多部队。他还在他左翼的山边，面对亚历山大右翼部署了两万兵力。这些部队有些实际上已伸到亚历山大部队的后方，因为他们进驻的山脊，绵延曲折，有些地方往里收，像个海湾；有些地方又往外鼓，因此他们在那些高地上的阵地实际上就在亚历山大右翼的后边。他们那些重装和轻装部队，大部分是按各单位所来自地区的不同分别部署的，而且纵深太大，起不了作用。这些部队都摆在希腊雇佣军和波斯军诸方阵之后。史家估计，大流士的作战兵力大约有六十万人。

亚历山大在进军中看到地形越来越开阔，就把他的骑兵和所谓"战友"部队，塞萨利部队和马其顿部队都调来，部署在右翼，由自己指挥。所有的伯罗奔尼撒部队和其他联军部队都派往左翼，由帕曼纽指挥。

大流士那方面，当方阵部署完毕后，就用信号调回原来派到河边正面去的骑兵，以掩护他调度其他部队。他把大部分骑兵部署在靠近海边的右翼，面对帕曼纽，因为那边地形便于骑兵活动。还把另一部分骑兵派往左翼靠近山边的地方。但后来因为那边地形狭窄，骑兵施展不开，他又下令将其大部调回右翼。大流士本人掌握大军中央。波斯历代国王出战都在这个位置。关于波斯历来兵力部署的大致情况，色诺芬(格瑞拉斯之子)已有准确的描述[①]。

(九)这时，亚历山大观察到几乎所有的波斯骑兵都调到他的左翼，在海边休息。而他自己这一翼却只有伯罗奔尼撒和其他联军骑兵。于是他命令塞萨利骑兵全速行军到左翼，叫他们不要从

---

① 见色诺芬《远征记》(一 8,21)。——英译者

阵前通过，免被敌军发觉，而要从他的方阵背后迅速通过。他下令右翼普罗托马卡斯率领的骑兵巡逻队向前推进。又下令安提欧卡斯率领的培欧尼亚部队、阿塔拉斯率领的阿格瑞安部队以及一部分骑兵和弓箭手朝与战线成锐角的方向飞奔后方那些小山。这样，他的右翼一线就分为二股，形成叉状，一股面对河对面的波军主力和大流士本人；另一股朝向占据了他的后方一些小山的敌军。在左翼，步兵中最前面的是西塔西斯率领的克里特部队和色雷斯部队。左翼的骑兵在他们前边走。外籍雇佣兵则分别配属到各个部队。但由于右翼一线似乎不太强固，波军可能会包抄他们的一大部分。因此，他又从中央抽调两个地方中队，一个从安西马斯来的、由皮罗狄斯（米尼西亚斯之子）率领的中队以及一个由潘托达那斯（克连德之子）率领的所谓留伽斯中队。已传令上述各部队暗中调往右翼。亚历山大亲自率领弓箭手、阿格瑞安部队一部和一些希腊雇佣兵到他右翼的前方，并且把右翼延伸，以包抄波军侧翼。既然占领了小山头的敌军还未下山，亚历山大就派了一些阿格瑞安部队和少数弓箭手进行袭击，很容易地把他们赶到了大山顶。亚历山大懂得，他可以利用原来派去牵制那些敌人的部队增大方阵的纵深。为了把守那些小山，他估计派三百名骑兵就够了。

（十）亚历山大把部队这样调度妥当之后，就率领他们前进。在一段时间里，他们进进停停，看起来颇为悠闲。因为大流士尚未率领波军前进，仍然在何岸上保持着原来的阵势。河岸大多陡峭，有些易于突破的地方，他们都设了栅栏。就是在这个地方，亚历山大的将领们看出大流士是个窝囊废。当两军接近时，亚历山大在阵前乘马飞驰，号召将士们要做忠诚的男子汉，高喊他们的姓名，准确地说出他们的级别和职务。他不但呼喊指挥官的姓名，而且连中队长、连长以及雇佣军中任何级别较高、功绩较大的人，他都能叫出姓名。官兵从四面八方扯开嗓子向他呼应，叫他别再耽误时间，快下令冲击敌人。他继续率领部队整齐前进。虽然大流士的人马已经历历在目，起初他慢慢前进，以便在速度加快前进时，方阵的任何部分都不致紊乱，整个方阵也不致分裂。但一进入射程以内，亚历山大立即率领随身部队从右翼的位置快速前进，猛扑河边，以其雷霆万钧之攻势恫吓波军，同时力图在尽快进入混战状态后减少波方排箭造成的损失。一切都像亚历山大预料的那样发生了。交战一开始，波军左翼就顶不住而后撤，因此亚历山大和紧随身后的部队打了一个胜仗。但大流士的希腊籍雇佣军赶到马其顿方阵出现空隙的地方——由于亚历山大火急冲向河边，方阵向右摆，因而出现缺口。这时亚历山大已开始与波军肉搏并就地把他们打退，但马其顿阵线中央还未炽烈地投入战斗。而且由于河岸许多地方十分陡峭，因而未能保持阵线完整——我再说一遍，就是在这个地方，波方的希腊籍雇佣军看到马其顿的战线开了大口，就冲了过来。这地方战斗异常激烈。希腊籍雇佣军竭力要把马其顿部队推到河里，把波军正在退却中的一翼已失掉的胜利再夺回来。但马其顿部队看到亚历山大已胜利在握，绝不甘心落后一步，更不能叫他们的威望和那“战无不胜”的美名受到任何损失。而且当中还夹杂着希腊人和马其顿人两个民族之间的争雄情绪。在这次战斗中，托勒密（塞留卡斯之子）牺牲了，他不愧是一个真正的男子汉，还有大约一百二十名马其顿卓越人物阵亡。

（十一）现在右翼各营，看见对面的波军已掉头后退，就朝斜前方大流士的雇佣军和本军阵线受到重大压力的中央前进。他们把敌军从河边赶走，然后包抄已被击破的波军左翼，又斜插过去攻打雇佣军，转眼间就把他们砍杀一片。不过，在塞萨利骑兵对面的波斯骑兵，在战斗中并不只是保住他们在河床上的阵地，而是勇猛地冲过河来，向塞萨利骑兵各中队冲击，于是这里就展开了一场骑兵殊死战。波军起初寸步不让，后来他们看见大流士跑了，他们的雇佣军也被切断并被马其顿方阵像割草那样大批撂倒，这时他们就不干了。于是，大溃退才公开地、全面地开始。在溃退中，波军的马匹由于骑在他们身上的波斯兵装备太重而疲惫不堪。骑兵也是这样，惊恐万状的大批人马挤在狭路之中胡冲乱撞，被自己的人马踩死的和被敌军踩死的几乎一般多。在塞萨利骑兵穷追猛打之下，溃败的步兵和骑兵所受到的砍杀也不相上下。

大流士本人刚一看见他的左翼被亚历山大的猛扑吓破了胆，又看见他们和其他部队的联系已被切断，马上驱车（他当时正坐在车上）逃跑，走在溃兵的最前头。只要能找到平地，他就驱车拼命逃跑。遇上峡谷和崎岖的山路，他就弃车逃奔，把盾牌和大斗篷也都扔掉。还不只如此，他竟把弓都扔在车上不要了，一跃上马，逃之夭夭。幸而迅速降临的夜幕把他救了，没有当上亚历山大的俘虏。天黑以前，亚历山大确曾拼命追赶；但天一黑，由于不辨路途，只好收兵回营。不过，他还是把大流士的战车和车上的盾牌、斗篷，还有那张弓都带了回来。事实上，他开始时就追得晚了些，因为当方阵被敌人冲破时，他自己立刻撤回来救援，当时不能去追赶大流士，一直等看到河边波方雇佣军和骑兵都被打退时，他才开始追赶。

战死在格拉尼卡斯河畔的波方骑兵指挥官有阿萨米斯、罗米色瑞斯和阿提载义斯；此外还有埃及督办萨巴基斯和波斯皇亲布巴基斯。至于士兵，大约有十万人战死，其中包括一万多骑兵，所以当时跟随亚历山大征战的托勒密（拉加斯之子）曾这样叙述过：追赶大流士的马其顿部队在半路上遇到一条深沟，里边都是波军尸体，他们就是在死尸上踩过去的。他们后来又攻占了大流士的营地。在营地把大流士的母亲、妻子（同时也是他的妹妹）和婴儿都一起捉住。此外还捉住了他的两个女儿和她们的几个随从贵妇。其他波斯将领早已把女眷和行李送到大马士革去了。大流士事先也把大部分钱财和其他随驾什物送到那里　波斯大王甚至在战役进行中还随带大批各式物品以满足他的穷奢极侈。因此，他们在营地发现了超不过三千塔仑的现金。不过，他存在大马士革的那些财物不久之后也被帕曼纽夺占——帕曼纽是奉命特地去办这件事的。这场大战就这样结束了。时值尼科克拉提斯在雅典执政期间的十一月。[①]

（十二）第二天，亚历山大不顾自己大腿上的刀伤，亲自去探视伤员。他并把战死者收集起来，把全军摆成雄壮威武的战斗队形，为死者举行了隆重的军事葬礼。他还表扬了所有他曾亲眼看到的和经过核实知道的、在战役中英勇立功的人。对每个功臣，一个不漏地都按功劳大小发给适当的奖品，以资鼓励。他还任命皇家近卫队员巴拉克拉斯（尼卡诺之子）为西里西亚督办；挑选米尼斯（狄

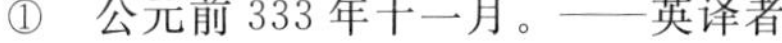

① 公元前 333 年十一月。——英译者

俄尼西亚斯之子)接替他的位置。还派坡利斯坡康(西米亚斯之子)接替战死的托勒密(塞留卡斯之子)当他那个营的营长。对索利市民,他还豁免了他们拖欠的五十塔仑罚款,并把他们的人质放回。

亚历山大对大流士的母亲、王后和她的孩子们也没有忽视。有些人写的亚历山大传记上说,他追赶大流士回来以后的那天晚上,进到大流士原来的大帐篷(当时已拨出供亚历山大使用)时,听到附近有女人悲痛而惶恐的声音。他就问旁边的人,这些女人是干什么的,为什么安置在离他这么近的地方。他们回答说:"大王,那是大流士的母亲、妻子和孩子们。她们听说大流士的弓和那件皇帝斗篷都被您占有,他的盾牌也已取回,就以为他死了,所以就哭起来。"于是亚历山大就派他的一位伙友利昂那塔斯到她们那里,告诉她们大流士还活着;还告诉她们大流士逃跑时把武器和斗篷留在战车里了,亚历山大只得到了这些东西。利昂那塔斯进了她们的帐篷,把亚历山大关于大流士情况的话转告她们;还说亚历山大允许她们保留皇家的地位和一切皇家特有的东西以及皇亲公主等头衔。因为他和大流士打仗不是出于个人恩怨,而是依法为亚洲的主权而战。这就是托勒密和阿瑞斯托布拉斯二人记述的情况。不过,另外还有一段故事说亚历山大第二天只带着他的侍从赫菲斯提昂进了她们的帐篷。大流士的母亲看错了人(因为二人穿戴完全一样),以为赫菲斯提昂是国王(因为他身材较高),于是就在他面前匍匐施礼。赫菲斯提昂急忙往后退。这位太后的一个侍从指着亚历山大说,那才是国王呢。于是大流士的母亲知道自己错认了,便慌慌张张地也往后退。但亚历山大却说她没有搞错,

因为赫菲斯提昂也是一个亚历山大。[1] 我把这件事也记下来并不是认为它一定真实，但也不能说它完全不可靠。假如真有其事，那我只能赞扬亚历山大对这些女人的同情，对他的战友的信任和尊重。假如这只是历史家主观上认为亚历山大可能这样说，这样做，因而就写了这么一段故事，那我仍然只有赞扬亚历山大。

（十三）这时候，大流士正带着他的一小撮随从人员星夜逃命。白天，他们就纠集了沿路逃命的波军和外籍雇佣军的残兵败将。后来总共带着大约四千人马飞奔幼发拉底河，企图尽快形成和亚历山大隔河对峙的局面。可是，原先开小差来投奔大流士的那些将领，像阿明塔斯（安提欧卡斯之子）、塞蒙达斯（门托之子）、阿瑞斯托米第斯（菲瑞人）和皮亚诺（阿卡那尼亚人）等，都带着他们自己的部队——当初摆阵时总共有八千人——直奔山区，到达腓尼基境内的特利坡利斯[2]了。在那里，他们把原先从累斯博斯岛把他们运到此地而已拖到陆地上的那些船只收集起来，然后把足够装运他们这些人员和装备的船只放回水里，其余的都集中在船坞里烧了，免得被敌人用来更快地追赶他们。他们上船后先去塞浦路斯，然后又去埃及。不久之后，阿明塔斯因鼓动骚乱被埃及人杀了。

至于发那巴扎斯和奥托夫拉达提斯二人，他们正在开俄斯岛等待。留下一部兵力驻守，派一部分战船去科斯岛和哈利卡那萨斯。他们自己则率领一百艘快船出海，到锡夫诺斯岛。斯巴达国

① 估计亚历山大是他名字的语源，意指“驱人者”或“人类的保护者”，后者当然更切合于上下文的意思。赫菲斯提昂是他的心腹之友。——英译者

② 黎巴嫩山一支脉上的城镇。——英译者

王阿基斯乘一艘战船前来向他们乞讨战费，还要求他们把尽可能多的船只和部队派到伯罗奔尼撒去交给他。正在这时，伊萨斯大战的消息传来了。发那巴扎斯吓得目瞪口呆、魂不附体，带着十二艘战船和一千五百名雇佣兵向开俄斯岛驶去，唯恐开俄斯人听到他们打败仗的消息后起来造反。这时阿基斯从奥托夫拉达提斯处得到三十银塔仑和十只战船，派希皮亚斯把它们带到太那拉交给他弟弟阿格西雷亚斯，叫他告诉阿格西雷亚斯给船员发全饷，抄近路驶往克里特岛，把岛上的乱子镇压下去。阿基斯暂时先在诸岛逗留，后来才在哈利卡那萨斯跟奥托夫拉达提斯会合。

亚历山大任命米农（科狄马斯之子）为下叙利亚督办，拨给他联军骑兵驻守。他本人则向腓尼基进军。半路上斯特拉唐（格罗斯特拉塔斯之子）来迎接。他是阿拉达斯岛及附近地区的族长。他父亲格罗斯特拉塔斯跟奥托夫拉达提斯乘船逃走了，其他腓尼基诸王子和塞浦路斯岛上诸王也跟他一起驶走。但斯特拉唐见了亚历山大，却把一顶金冠戴在他头上，还献给他阿拉达斯岛和岛对面的陆地上一个繁华的大城市马拉萨斯，还把属于他势力范围的塞贡和马瑞亚尼以及其他一些地方也都献了出来。

（十四）亚历山大还在马拉萨斯时，大流士就曾派使者带着他的一封信请求亚历山大把他的母亲、妻子和孩子们放回给他。大流士的信中说：腓力和阿太薛西斯曾和平相处并曾结盟，但在阿太薛西斯的儿子阿西斯继承王位后，是腓力首先对阿西斯国王采取了错误的步骤，事先阿西斯并未对他无礼。自从大流士继位为波斯国王之后，亚历山大也并未派使者到他那里去重修两国旧谊和盟约，反而率领全军越界侵入亚洲，已给波斯臣民造成极大危害。

因此，大流士不得已才率军前来保卫国土和祖传的主权。战事有如鬼使神差地发生了。现在，他作为一个国王，向另一个国王请求把他那被俘的母亲、妻子和孩子们放回，并愿意和亚历山大修好结盟。为了办理这些事情，他请求亚历山大派全权代表跟着波斯派去的使者曼尼斯卡斯和阿西米斯一起到他那里去，接受他提出的保证；同时也代表亚历山大向他作出保证。

亚历山大对这件事是这样处理的：派塞西帕斯跟大流士的使者回去，带一封信给大流士，但不和他讨论任何问题。亚历山大的信是这样写的：

“虽然我国从来都未曾侵略过你们的祖先，但你的祖先却侵略过马其顿和希腊其他地区[①]，对我为害极大。我已经正式被任命为全希腊总司令，并已率军进入亚洲，目的是攻打波斯，报仇雪耻。但坏事还是你们先挑起来的。你曾帮助坡任萨斯[②]作恶，为害我父亲；欧卡斯曾派兵侵入属于我们主权范围的色雷斯；你还曾指使阴谋家刺杀我父亲，这件事你们竟然还在信件中向全世界公开吹嘘；你还曾借助巴果斯之手[③]暗杀阿西斯，以不正当的手段篡夺王位。按照波斯法律，这是非法的，对波斯国民也是莫大的污辱。你还给希腊人写黑信，教唆他们向我宣战。你还向拉斯地蒙人以及其他某些希腊人送大批钱，除拉斯地蒙人外，其他城邦都未接受你

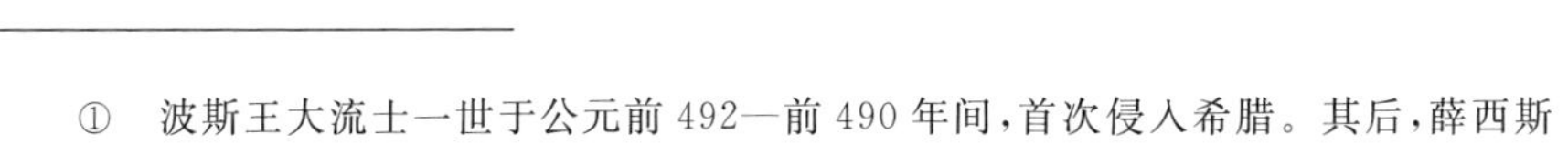

① 波斯王大流士一世于公元前492—前490年间，首次侵入希腊。其后，薛西斯又于480年再次入侵。——译者

② 城邦名，曾反对腓力。——译者

③ 亚历山大的说法似不准确。巴果斯杀害阿西斯，显然是他自己主动干的，然后才扶植大流士为王，事后又企图毒死大流士。但他“作法自毙”，被迫自己服毒自尽。——英译者

的贿赂。最后你竟然派使者收买并腐蚀我的朋友，妄想破坏我在全希腊促成的和平局面。这时，我才忍无可忍，拿起武器来对付你。挑起争端的是你。现在，既然我已经在战场上先把你的众将领和督办征服，这回又把你自己和你的部队击溃，从而占领了这一带的土地，这是天意。既然我打胜了，我就应当对你那些未战死沙场而投奔到我这里来的所有官兵负责。确实，他们投奔到我这里完全是出于自愿，而且还自愿在我部队服役。因此，你应当尊我为亚洲霸主，前来拜谒。如果你担心来到之后我会对你无礼，那你就可以先派你的亲信前来接受适当的保证。等你前来拜谒时，提出请求，就可以领回你的母亲、妻子和孩子以及你希望得到的其他东西。只要我认为你提的要求合理，就都可以给你。将来，不论你派人来还是送信来，都要承认我是亚洲的最高霸主。不论你向我提出什么要求，都不能以平等地位相称，要承认我是你的一切的主宰。不然，我就会把你当作一个行为不正的人对待。如果你想要回你的国土，那你就应当据守阵地，为你的国土而战，不能逃跑。因为，不论你逃到哪里，我总是要追的。”

（十五）这就是亚历山大给大流士的信。他听说大流士派科芬（阿塔巴扎斯之子）送到大马士革的钱以及留在那里看管其余皇室行装的波斯人连同行装等已全部被俘获之后，马上就命令帕曼纽把所有虏获都送回大马士革看守。至于在战役发生之前就已到达大流士那里的希腊代表，当他听说这些人也被俘时，就命令把他们带到他面前。这批人当中有斯巴达人攸塞克利斯，底比斯人塞萨利斯卡斯（伊斯曼尼亚斯之子）和狄俄尼西多拉斯（奥林匹亚运动会得胜者）和雅典人伊菲克拉提斯（伊菲克拉提斯将军之子）。这些使者一到亚历山大面前，他马上就把塞萨利斯卡斯和狄俄尼西多拉斯放走。虽然他们都是底比斯人，但一方面由于亚历山大对底比斯有同情，另一方面因为他们二人的行动情有可原，因为他们的城邦市民都被马其顿人贬为奴隶，他们是为他们自己、也是为他们全城邦来找大流士，想取得波斯的帮助。因此，亚历山大对他们二人的行动采取了体谅的态度。但他私下却对人说，他释放塞萨利斯卡斯是为了照顾他的家庭，因为他家是底比斯贵族；释放狄俄尼西多拉斯是因为他曾在奥林匹亚运动会上取得优胜。而雅典人伊菲克拉提斯，由于亚历山大想对雅典表示友谊并念及他父亲的名声，虽然把人留下，但给予特殊照顾。后来伊菲克拉提斯死了，他还把他的遗骨送回雅典交给他的亲戚。但攸塞克利斯，因为是个拉斯地蒙人[①]，而拉斯地蒙当时又是亚历山大的死对头，他自己又说不出任何可以饶恕的道理来，所以当时就把他公开逮捕。但后来胜利接踵而至，也把他放走。

亚历山大从马拉萨斯率部出发，一路接受了比布拉斯和西顿归降。西顿人是自己主动迎接亚历山大进城的，因为他们极其厌恶波斯人和大流士。从那里他又向提尔进军，半路上遇上提尔的代表来迎，他们说提尔全体市民已决定接受亚历山大的治理。他称赞他们的城市，也称赞这些代表，因为他们当中不但有提尔的贵族，而且还有他们国王的公子——国王本人当时正在海上和奥托夫拉达提斯的舰队在一起。亚历山大叫代表们回去告诉市民，说

---

① 斯巴达城属拉斯地蒙地区。故上段说他是斯巴达人，此段又说是拉斯地蒙人。——译者

他打算到提尔去向赫丘力士献祭。

（十六）读者一定知道，提尔有一座最古老的赫丘力士庙[1]，有人记述过它。这个赫丘力士不是那个阿戈斯人赫丘力士（阿尔曼娜之子）。因为在卡德马斯[2]从腓尼基出海并占领底比斯和有了女儿西米丽（西米丽和宙斯生了狄俄尼索斯）之前，提尔人就已经世代供奉这个赫丘力士了。狄俄尼索斯应是卡德马斯的第三代。这条线是这样：卡德马斯的儿子是坡利多拉斯，坡利多拉斯的儿子是拉布达卡斯。而那个阿戈斯人赫丘力士的血统则可能是雷亚斯之子埃狄帕斯[3]传下来的。埃及人供奉的则又是另外一个赫丘力士，跟提尔的和希腊的都不一样。希罗多德说埃及人认为他是十二神之一，就像雅典人崇拜另一个狄俄尼索斯（宙斯和库尔生的儿子）一样。那首奥妙的赞美诗"伊阿卡斯"就是赞美他的（不是底比斯那个狄俄尼索斯）。因此，我认为伊比瑞亚人在塔太萨斯——就是那个所谓"赫丘力士石柱"[4]所在之地——供奉的那个赫丘力士就是提尔人供奉的那个，因为塔太萨斯是腓尼基的属地，而且那里那座赫丘力士庙的建筑是腓尼基式的，献祭时也是用腓尼基仪式。而且，格瑞昂尼斯（攸瑞西亚斯曾派阿戈斯人赫丘力士到他那里去抢牛，把牛带到迈西尼）和伊比利亚没关系——至少编年史作者赫卡塔亚斯是这么说的。据他说，赫丘力士并未被送到大海以

① 名"迈尔卡斯"。——英译者

② 传说公元前十四世纪时的腓尼基（或克里特，或埃及）王子，创建底比斯城。曾拔下龙牙种植土中，长成战士，后即为底比斯王族祖先。——译者

③ 底比斯王，曾因误会弑父娶母，知情后弃位逃亡。——译者

④ 即直布罗陀海峡两岸高山，传说系赫丘力士所立石柱。——译者

外的那个叫埃瑞西亚的岛上，而是说格瑞昂尼斯是安布拉西亚和安菲罗格一带大陆上的国王。赫丘力士就是从这里的陆地上把那些牛赶走的。这件事本身就是不小的功劳[①]。我自己知道，甚至今天，大陆的这一带仍然是极好的牧场，养的牛极好。我认为很可能是攸瑞西亚斯风闻这带地方所产的牛以及国王格瑞昂尼斯的名声。但我确信，攸瑞西亚斯不可能知道远在欧洲顶端的伊比利亚国王的名字，也不可能知道那一带有没有好牛。除非是有人愿意操心把赫拉[②]搬出来，叫她通过攸瑞西亚斯把那个地区的消息传给赫丘力士，从而用神话掩盖这个故事的虚假。

亚历山大想在提尔祭祀的，就是提尔的那个赫丘力士。当提尔的代表们回去把这件事向提尔市民宣布时，提尔人说他们愿意接受亚历山大一切命令，但绝不能允许任何波斯人或马其顿人进城。鉴于战局未定，他们认为他们的这个决定在当时来讲是最光荣的，对将来的命运也是最妥善的。亚历山大得到这样的回答之后，非常恼火，叫提尔的代表回去，而后召集了“伙友”们、部队司令以及营长、中队长等等，向他们发表了下面的讲话：

（十七）“朋友们，盟友们！只要波斯仍然掌握着制海权，我就看不出我们怎么能够安全地进军埃及。提尔现在态度暧昧，如果把它留在我们背后，同时埃及和塞浦路斯又仍在波斯手中，特别是由于希腊当前的局势，我们在这种情况下去追击大流士显然很不妥当。恐怕当我们率领全军进逼巴比仑和追赶大流士的时候，波

① 传说赫丘力士赶着这些牛越过阿尔卑斯山，经过意大利，然后又过海，把它们交给攸瑞西亚斯。——译者

② 宙斯之妻。——译者

斯部队很可能再把沿海地区占领，然后还要用更大的兵力把战争推向希腊。而在希腊，眼下拉斯地蒙人正与我作战；雅典目前虽然还算安分，但也只是因为惧怕我方而不是亲近我方。不过，一旦我战胜提尔，就能占有整个腓尼基；而且波斯海军中最强大、最精锐的腓尼基这部分就有很大可能转到我方。因为就腓尼基的橹工和水兵来说，当他们的城镇已入我手之时，就不可能有勇气再为别人出海冒险。再进一步，塞浦路斯或者主动投降我方，或者我以海军袭击轻易地把它占领。到那时，如果我方以马其顿舰队加上腓尼基海军控制海面，而且塞浦路斯又已在掌中，我方将稳操制海权。在这种情况下，我军再远征埃及将如探囊取物。得到埃及之后，即不必再担心希腊和我本国。到那时，国内既已安定，又有我们日益增长的威望，整个大海又和波斯以及幼发拉底河此岸广大地区完全隔绝，我们远征巴比仑即可毫无后顾之忧矣。”

（十八）亚历山大这番话很容易地说服了他的将领们去攻打提尔，此外还有一个预兆也帮了他的忙：那天夜里他做了一个梦，梦见他自己正走向提尔的城墙。他还梦见赫丘力士向他伸出右手领他进城。阿瑞斯坦德是这样来解释这个梦：提尔是可以打下来的，但要费很大的气力，因为赫丘力士的业绩正是以艰难困苦为特征的。围困提尔城这件事必然十分艰巨，这是谁都看得出来的明摆着的事实。这个城市位于一个海岛上，四周筑有高耸的城墙，使它更加难攻；而且，在附近的海面进行的任何军事活动都只会对提尔人有利，因为波斯军队仍然掌握着制海权，提尔人也还保有大批战船。

情况虽然如此，可是亚历山大的论点还是被将领们接受了。

于是他就决定由陆地修一条堤道通往提尔。这一带海峡很浅。靠近陆地的地方都是浅滩和一片片的泥地；不过靠近提尔城的那边则是渡海必经的最深之处，大约有三𠡠[①]深。但附近有大批石头和木头，木头就在石头上堆着。因此，在泥里打桩会是很方便的。这些泥又可以把一块块的石头很好地、很牢固地黏结在一起。马其顿部队热切地要动手进行这项工程，亚历山大也是这样。他亲临现场，对工程的每一步骤都亲自指导，对干活的人进行鼓励，对特别干得出色的还发给奖品。筑堤工程在陆地附近进行时，进展一直没有什么困难，因为水不太深，对工程无影响，而且也没有人来阻挠。但当他们推进到水比较深、也就是越接近提尔城时，困难可就大了，因为高耸的城墙上排箭纷纷射来，而筑堤的人穿的衣服只适于干活、不适于打仗；还因为提尔人仍然掌握着制海权，他们坐着战船向堤道冲来，一会儿冲击这边，一会儿又冲击那边，使得马其顿人的筑堤工程在许多地方无法进行。针对这个情况，马其顿人又在已经伸入海中很远的堤道上筑起两座塔，在塔上安装了许多礌石器。还用各种兽皮把它们遮起来，以免遭受从城墙上扔过来的火焰标枪的袭击，对筑堤的人也等于有了挡箭屏障。此外，如果提尔人乘船过来攻击筑堤的人，塔上就可以往下射箭，这样也容易把他们打退。

（十九）不过，提尔人也采取了如下的反措施：他们在一艘运输骑兵用的大船上装满了干树枝和大批其他易燃的木料，在船头竖起两根桅杆，四周筑起高高的舷墙，并尽量扩大，以便尽可能地多

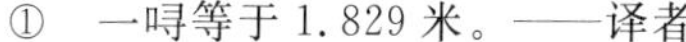

① 一𠡠等于 1.829 米。——译者

装一些木屑、刨花、松脂火把之类的东西。至于天然沥青、硫黄以及诸如此类的引起烈火之物，则更是大量添加，这就不用多说了。然后他们又在每根桅杆上拴上两根桁杆，把大锅吊在下边，锅里也盛着各种助燃材料，从里边倒出来或撒出来，就可以进一步助长火焰。他们还在船尾压上重物，使船头尽量升高。然后就等待吹向堤道的风。把粗粗的系绳拴牢靠，风一起，就用战船拖着它的尾朝前前进。在接近堤道和那两座塔时，他们就把那些易燃物点着，战船拖着着了火的大船尽全力向堤道边沿猛扑过来。这时大船上已燃起熊熊烈火，水手们跳进水里，很容易地就游走了。转眼之间，大火就扑到两座塔上。桁杆一断，早就准备好的那些助燃物就一齐倾泻在火海之中。提尔的战船靠近堤道时，顶风停泊。里边的士兵一齐朝那两座塔射箭，使任何搬东西去救火的人都没法安全地走近塔边。这时，那两座塔也烧起了冲天的大火。大群大群的提尔市民蜂拥而出，跳上小艇，冲到堤道两边纷纷靠岸，把那些为保护堤道而设置的木栅轻易地捣毁。此外，那些还没被大船上吹来的烈火烧着的礌石器，他们也都放火烧了。可是，亚历山大又命令他的部队从陆地这边把堤道加宽，以便在上边修建更多的礌石塔。他还命令工匠们制造更多的礌石器。这些工作正在进行之际，他就带着近卫队和阿格瑞安部队出发到西顿去了，打算把他原先留在那里的战船全部集合起来，因为，只要提尔人还控制着海面，围困这个城市看来更为困难。

（二十）与此同时，阿拉达斯国王格罗斯特拉塔斯和柏布拉斯国王埃尼罗斯听说亚历山大已经占据了他们的城邦，就离开奥托夫拉达提斯和他的舰队，带着他们自己的分遣舰队回来了。跟他们一起回来的还有西顿的一些战船。这样,一共约有八十艘腓尼基战船投奔到亚历山大这里。就在这时,又从罗德岛开来一艘城邦警卫战船和九艘其他船只,还从索利和利夏开来十艘,还有一艘由舰长普罗提亚斯(安德罗尼卡斯之子)从马其顿开来的五十桨战船。不久之后,塞浦路斯诸王因为得悉大流士在伊萨斯大败,又慑于亚历山大已控制整个腓尼基,于是就率领一百二十艘船只也来到西顿投奔亚历山大。对所有这些人,亚历山大都不咎既往,把他们原来和波斯海军的联合算作只是由于不得已,而非出于自愿。

亚历山大的礧石器正在进行安装,战船也正在进行装备,目的是要出击,也是为了在海战中决一雌雄。就在这时,亚历山大带着几个骑兵中队、阿格瑞安部队和弓箭手,向阿拉伯半岛挺进,到达叫安提黎巴嫩的一座山。这一带地方一部分被攻占,一部分投降了。十天后,他又回到西顿,看见克连德(坡利莫克拉提斯之子)已从伯罗奔尼撒回来了,带来四千名希腊雇佣兵。

当他的海军摆好战斗队形之后,就把近卫部队尽量开上船去,到他认为足够战斗需要时为止——当然,只要够冲锋和突破敌阵的需要就行,而不是指肉搏战的需要。然后舰队就起锚,以密集队形由西顿向提尔驶去。他自己在右翼,亦即靠海的一边。跟他在一起的有塞浦路斯诸王和腓尼基舰队全部。尼塔高拉斯和克拉特拉斯一起指挥全舰队右翼。提尔人原先决定,如果亚历山大从海上进攻,就在海上跟他打。但后来他们看见的那一群战船比他们原来预计的多得多——因为一直到那时,他们还不知道所有的塞浦路斯和腓尼基战船都已投到亚历山大那边。而且又看见开过来的舰艇阵容严整。我还必须追述几句:当亚历山大的舰队还未发

动攻城的时候，就曾在开阔的海面上逆风停泊，想把提尔海军招引出来交锋，后来看见它们未从港内开出来，才保持原有队形立即猛冲过去。我再重复一遍，提尔海军看到这个架势，就拒绝交锋；把许多战船密密麻麻地挤在两个海港入口处，把两个海港都封住，不让敌舰在任何一个港内抛锚。

提尔海军既然拒绝交锋，亚历山大就率舰队朝提尔城驶去。他不打算在面对西顿的那个港口冲进去，因为入口太窄，而且有一些船头朝外把港口封住了。但腓尼基舰队还是冲上去了，跟停泊在最外边的那三只提尔战船头顶头干起来，把它们打沉了。上边那些水手悠然自在地游到岸边他们的友军那里去了。于是，亚历山大的舰队便开到沿岸新修的堤道附近，在那里看来可以避风抛锚。第二天，亚历山大命令塞浦路斯舰队司令安德罗马卡斯率领他们的海军分遣队开到面对西顿的那个港口去封锁提尔城，命令腓尼基海军在堤道另一边面向埃及的那个海港里（亚历山大的帐篷所在地）执行同样的任务。

（二十一）这时，已经从塞浦路斯和腓尼基全境招来了大批工匠，而且已造好了许多礌石器。有些放在堤道上，有些放在亚历山大从西顿带来的一批运输船上，还有一些放在一些慢速的战船上。一切准备就绪之后，就把新修的堤道尽头上的以及沿城根各处顶风停泊的那些船上的大批礌石器同时向前推进，开始发动攻击。

提尔人在城垛口上竖起木塔面对堤道，以便从塔里向外射箭礌石。别处如有船载礌石器前来进攻，他们就用各种投掷物自卫，并用带火的箭攻击敌船。因此，马其顿人不敢接近他们的城墙。面对堤道的城墙高约一百五十英尺，也有相应的宽度，都是用巨大的长方石块拌以灰泥砌起来。即使在这一带，马其顿那些载着礌石器前来攻城的运输船和战船也感到难于接近城墙，因为提尔人把大批石头扔进水里，形成许多石堆，阻止他们向城墙靠近。亚历山大决定把这些石头从海里搬走，但干起来却很困难，因为必须用船把石头装走，不像在陆地上那么容易。而且，提尔人把他们的一些船装上铁甲，冲向马其顿战船抛锚处，把锚索砍断，使它们不能在近处停泊。不过，亚历山大也如法炮制，把一些三十桨大船装上铁甲，横泊锚前，以击退提尔人的装甲舰只。即使如此，提尔人还能跳进水里把锚索割断。于是马其顿方面又改用铁索将锚抛下。这样，提尔的潜水员就无计可施了。然后，马其顿人站在堤道上，把带活扣的长绳扔到石堆上，把石头从海里拉出来，再用礌石器把它们抛到水深的地方，这样它们就起不了绊脚石的作用，再不能挡路。通向城根的水道这样清理好之后，舰只很容易地就开到城根停泊。

提尔人现在四面受压。他们决定攻打封锁面对西顿的那个港口里的塞浦路斯舰艇。在一段很长的时间里，他们扬帆停在港口对面，使对方看不见战船上的船员配置。大约在中午，正当希腊水手们因事分散，亚历山大也下船回到城南的帐篷里去的时候，提尔人以三艘五排桨和四排桨的战船、七艘三排桨的战船满载最熟练的水手和装备最好的水兵，准备从甲板上开战。更厉害的是，还有一批最勇猛的水战能手。开始行动时，提尔船队成单行，轻轻摇橹，慢慢前进，静悄悄地也无人喊号子。但当他们转向塞浦路斯舰队，同时也快要被看见的时候，就在高声呼喊的号子声中，一排排桨整齐而有规律地划着，全速冲了过去。

(二十二)那天,恰巧亚历山大回到他的帐篷里去了。但他未像往常那样休息,很快就又回到船上。提尔舰队完全出乎意料地向抛了锚的那些舰只冲了过来,发现有些船上无人,有些则是听到叫喊看到敌舰攻击时,才在慌乱中把当时在场的人急忙叫上船去。提尔人首战打沉了尼塔高拉斯国王的五排桨战船以及安德罗克利斯(阿马萨斯人)和帕西克拉提斯(苏瑞昂人)的战船。剩下的船也都推到岸上砸坏。

亚历山大知道提尔舰队出击之后,命令大部分战船都配足兵员后立即在港口逆风停泊,以防其他的提尔战船冲入。然后就把已火速配好船员的所有的五排桨战船和大约五艘三排桨战船集中起来,亲自率领,在城墙四周绕行,打击已冲出城来的提尔人。在城墙上的提尔人看到敌人进攻,而且还看到亚历山大本人也在战船上,于是就大声向他们自己的部队呼喊,叫他们退回去。但在这一片震耳欲聋的喧嚷中,谁也没听见。于是他们就用各种信号催促部队往回撤。水兵们发现亚历山大的舰队进攻,为时已经太晚了,只好慌忙掉头向港内逃跑。有几只提尔船千方百计逃出险境,但绝大部分舰艇都受到亚历山大的海军的冲击,有些被打得失去了战斗力,有一艘五排桨战船和一艘四排桨战船就在港口被俘。水手被杀的倒不多,因为他们一看到自己的舰只被困,就跳进水里,没有多大困难就游进港内。

提尔人既然失去了他们的海军的支援,马其顿人就把礌石器调上去攻城。当他们沿堤道向城墙礌石时,简直看不出有什么效果,因为城墙异常牢固;但在面向西顿的那边,希腊人也开来一批载着礌石器的船攻城,轰击也未成功。于是亚历山大又率领一批

战船向南开到面向埃及的那个港口，从城的四周试图攻击城墙。在这边，一开始轰击，城墙就被打得松松垮垮，有一部分塌了。亚历山大就在这个地方小试进攻，只打算在突破口上试试能不能架起搭板。但提尔人三着两下就把马其顿人打退了。

（二十三）第三天之后，终于等来了风平浪静的好天气。于是亚历山大就率领一批战船载着礌石器驶到城边，催促营长们迅速投入战斗。他先把城墙轰垮很大一段。看到豁口够大了，就命令载着礌石器的战船向前推进。还调来两艘装着搭板的大船，准备把搭板搭在城墙缺口上，其中一艘由船长阿德米塔斯率领的近卫队掌握，另一艘满载由科那斯率领的所谓地方步兵营。亚历山大本人和他的近卫队也准备好了，只要还有那一段城墙一垮，他们就冲上去。他还命令一部分战船在港口间来回行驶，看看这些舰艇也许在提尔人忙于对付攻城部队而无暇他顾时可能乘机突破缺口。亚历山大命令其他装运礌石器石弹的和弓箭手的船只绕城行驶。只要有可能就开进射程以内，能靠岸时就靠岸停泊，不能靠岸时，就在岸外顶风抛锚，以便从四面八方打击提尔人，使他们感到处处危急，丧失斗志。

亚历山大所率舰艇一接近城根，搭板也已从船上搭到城墙上，近卫部队立即通过搭板冲到城上。那天不只是阿德米塔斯表现得极其英勇，而且亚历山大也跟他们在一起。他不但在冲击中扮演了一个突出的角色，而且还处处留神，把其他指战员英勇而出色的战斗行动都看在眼里，记在心中。事实上，最先攻占的那段城墙就是亚历山大亲征之处。那段城墙上的提尔人三两下子就被打跑了。因为马其顿人这时才第一次有了牢靠的进攻道路，而不是像

原来那样如履悬崖了。第一个登上城去的是阿德米塔斯，他站在城上鼓励战士们往上冲，后来被长矛刺伤，死在城上。继他之后，亚历山大率部冲了上去，占领了城墙。后来又夺占了一些城楼和城楼之间的障壁。跟着就率领部队穿过垛口向皇家住地冲去，沿这条路下城进入市区似乎比较好走。

(二十四)现在再说那些战船和水手。停泊在南港附近的腓尼基舰队，把水栅捣毁，冲入港内。把停在里边的敌船猛打一阵，在水面上打坏一部分，其余的都推到岸上去。在北港外边的塞浦路斯舰队，因为那里连水栅都没有，就直接闯入港内，占领了城市北部。提尔人看见城墙已入敌手，绝大部分都从城上逃跑。但他们又集合在一个叫阿格诺圣陵的地方坚守，抵抗马其顿人。亚历山大带领近卫队向他们进攻，打死了一些顽抗之敌，追击其余逃跑的敌人。从海港进来的马其顿部队已经成了城邦的主宰，科那斯那一营兵力又已开入城内，于是一场血腥的大屠杀就开始了。由于围城太久，马其顿人的火气早已按捺不住了；更因为提尔人曾活捉了从西顿坐船来的一些马其顿人，把这些俘虏拖到城墙上，故意叫在营地的希腊人都能看见，就这样在众目睽睽之下把他们砍死并扔到海里。这就更激起了马其顿人万丈怒火，因此，他们不论看到什么人都狠命砍杀。有八千提尔人砍倒在血泊里。马其顿方面，在开始发动进攻时，第一个爬上城去的阿德米塔斯，在表现了他是一个真正的勇士之后牺牲了。此外，跟着他爬上去的二十个卫士也阵亡了。在整个围城战役中，总共大约四百人牺牲。

那些逃到赫丘力士庙去的，都是提尔的要人，有国王阿则米卡斯，还有一些迦太基来客，他们是按旧习俗到他们祖先的城市提尔

来朝拜赫丘力士的。所有这些人,亚历山大全部赦免。其他的人则都当奴隶出卖。连提尔人带外籍人,被俘后卖出去当奴隶的共约有三万人。亚历山大向赫丘力士献祭之后,还为了向他致敬,举行了全军全副武装大游行,海军也为此举行了大检阅。在赫丘力士庙的大庭院里还举行了体育比赛和火炬赛跑。还把轰垮城墙的那架礌石器献给神庙。攻城时俘获的原来提尔人献给赫丘力士的圣艇,他也刻上献词,一并献给赫丘力士。至于献词是亚历山大自己写的还是别人写的,这就不清楚了。因为价值不大,我就不在这里费笔墨抄录了。提尔就是这样被占领了。为时正值安尼西塔斯在雅典执政期间的七月间。

(二十五)亚历山大还正在忙于围城的时候,大流士又派使者来,提出由他出一万塔仑给亚历山大,赎回他的母亲、妻子和孩子们。他还建议把幼发拉底河以西直到希腊海[①]一带割给亚历山大;还请求亚历山大娶他女儿为妻,互相修好,成为盟邦。这些建议在将领会议上宣读之后,据记载,帕曼纽就肯定地说,如果他是亚历山大,他就会同意这些条件,停止战争,不再冒险。然后亚历山大回答说,如果他是帕曼纽,他当然会这么办;但因为他是亚历山大,那他就要用亚历山大实际上要使用的语言去回答大流士。他是这样回答大流士的:他不需要大流士的钱;也不愿意得到他的国土的一部分而非全部,因为大流士的全部财产和整个国家都已经是他的了;假如他愿意的话,当然他可以娶大流士的女儿,即使大流士不给,他还是可以娶的。至于大流士本人,如果他愿意从他手

① 指爱琴海。——译者

里得到友谊的话，那他就应当亲自前来。大流士接到这个回答之后，他把所有向亚历山大提出的建议一笔勾销，开始准备再战。

现在，亚历山大已下定决心远征埃及。被称为叙利亚巴勒斯坦的其余部分已经站到他这一边。只有那么一个叫巴提斯的宦官，占据着加沙，不加入亚历山大一边。他搞了一支由阿拉伯雇佣兵组成的部队对抗亚历山大。他还老早就搞好了物资储备，打算长期死守，而且还坚信他的堡垒是永远攻不破的。因此，他决定不准亚历山大进城。

（二十六）加沙距海约二十斯台地，通往这个城市的道路是很深的沙土，城对面的海分散成许多水坑。加沙城很大，建在高岗上，四围的城墙很牢固。它是从腓尼基通往埃及路上在沙漠边缘上的最后一座城市。

亚历山大到达这城的第一天，他就在似乎容易攻破的那一段城墙附近露营，下令把礧石器安装起来。但使用礧石器的人说，因为岗子太高，强攻是拿不下这座城的。亚历山大的想法却与此相反，越是难拿就越要拿下。因为奇迹般的壮举将使一切敌人闻风丧胆；如果拿不下来，消息传到希腊和大流士那里，对他的威望将是一次打击。于是决定绕城修起一道土岗与原来的高岗相对，准备把礧石器放在新修的土岗上平射石弹攻打城墙。这条土岗主要是修在南城外边，看情况这边最可能成功。当马其顿部队认为土岗已修得够高时，就把礧石器在上边安好，搬到距城较近的部位。正巧就在这时候，亚历山大头戴花环，正在献祭，刚要按祭礼献上第一只牺牲时，一只在祭坛上空飞翔的猛禽把爪子里抓着的一块石头掉在亚历山大的脑袋上。他请教占卜师阿瑞斯坦德这只鸟的

兆头是什么。他回答说:“陛下,您将夺得这个城市。不过今天您必须注意照顾自己。”

(二十七)听到这个劝告之后,亚历山大在敌人射程以外的礌石器旁待了一阵子。后来城里的阿拉伯部队大举出击,企图烧毁礌石器,并居高临下向马其顿部队射箭投石,犹如急雨,甚至把他们赶下新修的土岗。亚历山大也许是故意不听占卜师的话,也许是因为全神贯注于激烈的战斗,完全忘记了那回事。他不顾一切,立即把近卫队带上去支援马其顿部队受压最重的地方。他确实把敌人顶住了,因此马其顿部队才未从土岗上很不光彩地被赶走。但他本人还是负了伤。有一颗从弹弓射来的石弹穿透他的盾牌和胸甲,一直打进他的肩膀。他明白阿瑞斯坦德说的话应验了,他果真负了伤;同时他也知道阿瑞斯坦德还保证加沙城定能占领,所以他又很高兴。

亚历山大的伤好不容易才治好。这时从海上去调运的那些攻提尔时用的礌石器已经运来。亚历山大下令围绕全城修一整圈二斯台地宽、二百五十英尺高的土岗。把礌石器安装好、搬到土岗上之后,立即开始轰击。把城墙轰得弹坑累累、面目全非。又在好些地方的城墙下掏了洞,城基逐渐往下沉,最后城墙下陷坍塌,掉进下面的地道里。与此同时,地面上的马其顿部队也用石弹把城墙轰平了一大片,把城上堡楼里的守敌也赶跑了。敌军虽说伤亡惨重,但仍然勇敢地顶住了三次大冲锋。但在第四次冲击中,亚历山大把马其顿方阵调了上来,从四面八方猛扑上去,把一处已挖空地基的城墙推倒,在另一处把已被礌石器打得松松垮垮的城墙拆开很大一个缺口。这样,在倒塌的城墙上搭上梯子,攻击就不困难

了。于是就把大批梯子搭在城墙上。这时,马其顿战士纷纷向前,展开了攻城大竞赛。个个都说自己从不怕死,一定要第一个登上城去。结果,夺得冠军的是纽普托利马斯。他是亚历山大的伙友之一,阿伊西德家族的成员。随后,在各营营长率领下,一营接一营地爬上城墙。最先头的几个营入城后,找到一个城门就砸掉一个,于是全军就开入城内。虽然全城已入敌手,但加沙市民还是抱成一团顽抗。每个人都在自己的岗位上战斗到底,结果全部被歼。亚历山大把他们的妇孺都贩卖为奴,把附近部族招来在城内定居,利用这个城市作为战争中的要塞。

卷　三

（一）现在，亚历山大从加沙出发，向他的原定目标[1]埃及进军。第七天到达埃及境内的柏路西亚。他的舰队从腓尼基出发，沿岸和陆上部队齐头向埃及行进。亚历山大到达柏路西亚时，看见舰队已在那里抛锚。原来由大流士委任的埃及督办波斯人马扎西斯早已听说伊萨斯人战的结局和大流士可耻地逃命的消息，也知道腓尼基、叙利亚和阿拉伯大部地区已落入亚历山大之手；而且因为他自己手里并没有波斯部队，于是就客客气气地迎接亚历山大进入埃及城乡各地。亚历山大派兵驻守柏路西亚。命令海军将领率领舰队沿尼罗河上溯直至孟菲斯。他自己同时也率领部队向赫利欧坡利斯前进，尼罗河在他右手边。一路各地居民都来归顺，从而这一带全被占领。然后通过一片沙漠到达赫利欧坡利斯。后来又渡河到孟菲斯。在这里，他特地向阿皮斯[2]献祭，也祭了其他一些神。还举行了体育和文艺竞赛。希腊这些方面最著名的艺术家也赶来参加。然后，亚历山大又从孟菲斯乘船，载着他的卫队、弓箭手、阿格瑞安部队和皇家伙友骑兵中队，顺流而下，朝大海驶

① 这是亚历山大向南进军的原定目标。他曾在提尔停留一段时间。——英译者

② 在古埃及神话中，阿皮斯是孟菲斯的神牛欧西瑞斯（Osiris，主管阴间的神）的化身。有时人们把它画成人身牛头像。——译者

去。到达坎诺巴斯时，在马瑞提斯湖里兜了一圈，然后就在后来以他的名字命名的亚历山大港所在地点上岸。亚历山大看见这个地方，灵机一动，觉得在这里修建一座城市非常理想，这城将必繁荣兴旺。于是他满腔热情地就要动工兴建，亲自把城市草图标画出来：什么地方修建市场，盖多少庙，供什么神——有些是希腊的，还有埃及的埃西斯[①]等等，以及四周的城墙修在何处。为此，他还向神明献祭，得到的启示很好。

（二）还有人记述了下面所说的一段故事，我认为没有理由不信。据说亚历山大打算把城墙的具体位置在地面上勾画出来，留给筑城的人按线修建，但找不到画线的材料。后来有一个准备参加筑城的人异想天开，出了一个好主意：把士兵们随身用容器盛着做口粮用的粗粉收集起来，国王在前面走，后边跟的人就往地上撒，走到哪撒到哪。就这样，亚历山大设计的围绕市区的那道城墙的具体位置就算画出来了。于是那些随军的预言家们，特别是据说曾准确地预言过亚历山大许多事情的太米萨斯人阿瑞斯坦德，在研究了这件事情之后，就说这个城市将来在各方面一定都很兴旺，特别是土地上的收益更是这样。

这时，赫格罗卡斯由海路到达埃及，向亚历山大汇报说提尼多斯造了波斯的反，脱离了波斯，加入了马其顿这边。事实上，他们过去是违心地归顺波斯。开俄斯岛也是这样。不管奥托夫拉达提斯和发那巴扎斯以前移来的居民和现在占领这个岛的人的反对，岛上的人还是邀请赫格罗卡斯率领部队进驻，而且还俘虏了发那

① 埃及神话中司繁殖的女神。——译者

巴扎斯，跟他一起被俘的还有迈西木那的僭主阿瑞斯托尼卡斯。这个人曾带领五只海盗船闯入开俄斯海港，根本不知道海港已被马其顿部队占领了。他们入港时，港口哨兵骗他们说，发那巴扎斯的舰队仍然停在港内。后来赫格罗卡斯的部下把那些海盗都杀了，只剩下阿瑞斯托尼卡斯，现在押到亚历山大这里来。一起押来的还有开俄斯人阿波罗尼第斯、菲西那斯和迈伽瑞亚斯，以及当初所有其他参与开俄斯人造反并横暴地控制着当地政府的那些人。他还汇报了他从卡瑞斯手里夺占了米提利尼，接受了累斯博斯岛其他各城的归顺；还派了安福特拉斯率领十艘战船到科斯岛去，因为科斯市民要求他们去；他还曾亲自乘船去科斯岛并看到安福特拉斯确实已把城市占领。所有其余的俘虏赫格罗卡斯都已带来，只有发那巴扎斯在科斯岛关押时逃跑了。亚历山大把这些僭主都送回他们原来的城市，让各地市民适当地自行处置。但跟阿波罗尼第斯一起的那些开俄斯人除外，他派了一支坚强的警卫队把他们押送到埃及的埃尔凡太尼城。

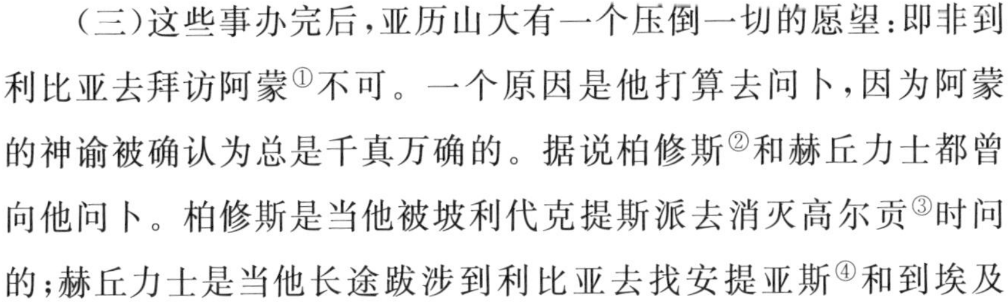

（三）这些事办完后，亚历山大有一个压倒一切的愿望：即非到利比亚去拜访阿蒙[①]不可。一个原因是他打算去问卜，因为阿蒙的神谕被确认为总是千真万确的。据说柏修斯[②]和赫丘力士都曾向他问卜。柏修斯是当他被坡利代克提斯派去消灭高尔贡[③]时问的；赫丘力士是当他长途跋涉到利比亚去找安提亚斯[④]和到埃及

① 埃及人所尊崇的太阳神。——译者

② 希腊神话中的一位英雄，曾杀死蛇发女怪。——译者

③ 希腊神话中的蛇发女怪。谁见了她，马上就会变成石头。——译者

④ 大力士，曾与赫丘力士摔跤。——译者

去找布西瑞斯[①]时问的。另一个原因是,柏修斯和赫丘力士二人都是他的祖先,所以亚历山大感到好像非跟他们比比高低不可。要追溯亚历山大的祖先,还不只这两个,甚至一直可以追溯到阿蒙,正像传说中赫丘力士和柏修斯的祖先可以追溯到宙斯一样。不管究竟是怎么回事吧,反正他出发去找阿蒙时,是想对他自己了解得更准确一些,至少他事后可以说他对自己了解得更清楚了。

他沿着海岸一直走到帕拉托尼亚,一路虽荒无人迹,但并非完全无水。据阿瑞斯托布拉斯记述,这一段路有一千六百斯台地。他从那里就转入内陆,向阿蒙神庙走去,路上一片荒凉,大部分是沙漠,无河水。但亚历山大巧遇大雨,这当然要归功于天意。但下述的情形也只能归之于神工:这一带只要一起南风,路上就盖上一层厚厚的沙土,把道路的痕迹都埋没了。人们在这漫无边际的沙漠上,完全迷失了方向,就和在大海里一样。四周什么标志都没有,既无山,又无树,也没有坚实的土丘。如果有这些标志,就会像海员在航行中看星星那样,也许叫走路的人还能掌握住路向的大概。事实上,亚历山大的部队真的迷失了方向,连向导都不知往哪儿走才好。据托勒密(拉加斯之子)说,这时发现有两条蛇在部队前面爬,还发出说话似的声音。于是亚历山大就叫向导跟着它们走,要他们相信神的指引。事实上这两条蛇真的一路上当了他们的带路者,把他们带到神庙那里,后来还把他们带了回来。但阿瑞斯托布拉斯记述得不一样,他和多数人说的却差不多。他说是有

① 古代传说中的埃及王,为了保证停止饥荒,他每年捉住一个在海边登陆的外来人,杀了祭神,赫丘力士上陆时也被他捉住,但后来挣脱了枷锁,用他的大棒把布西瑞斯打死。——译者

两只乌鸦在亚历山大的部队前边飞着当向导。我可以很有把握地说，亚历山大是得到了某种神力的帮助，因为这种可能性是很大的。但是，关于亚历山大这一段经历，不同的作者有不同的说法，要想说准确是不可能的。

(四)在阿蒙庙所在地区极目四望，一片荒凉，茫茫沙漠，滴水难得。但在庙宇周围小小的中心地带(最宽的地方约有四十斯台地)，却是绿树成荫，有橄榄、棕榈等树。在所有这一带地方，只有这一处能有露水。还有一股泉水从地下涌出。这口泉和一般从地下冒出来的泉水大不相同。它冒出来的水一到中午，喝起来就非常清凉，用手一摸更觉得凉爽，简直凉到不能再凉了。但一到傍晚太阳落的时候，水就开始暖起来，越晚越暖，到半夜最暖。半夜以后就又慢慢变凉，天亮时就已经凉了，到中午时最凉。一年到头，每天都是这样循环变化。这一带还产天然食盐，是从地里采掘出来的。阿蒙庙的教士把一些盐带往埃及。他们常用棕榈叶做成蒲包，装上盐，不论什么时候到埃及去，都随身带着作为礼物送给国王或别人。这种盐颗粒很大。见过的人说最大的能有三指多厚。一颗颗都像水晶那样透明。不论在埃及或别的地方，特别在宗教仪式上，他们祭祀时都用这种盐，因为它比海盐纯洁。亚历山大视察了这个绿洲，赞不绝口。他还祈求神示，据他自己说是得到了他梦寐以求的那种回答，然后就回埃及了。阿瑞斯托布拉斯说他是由原路回去的；托勒密(拉加斯之子)却说他走的是另一条直奔孟菲斯的路。

(五)在孟菲斯，有许多代表团从希腊前来谒见亚历山大。他满足了他们的要求，回去时无不感到满意。安提培特还给他送来

新部队:有四百名希腊雇佣兵,由米尼达斯(希格散德罗斯之子)带领;还有从色雷斯来的约五百名骑兵,由阿斯克利皮欧多拉斯(攸尼卡斯之子)率领。于是,亚历山大又向宙斯大王献祭,举行了全军武装阅兵式和体育文艺竞赛。他还整顿了埃及的政务,把全埃及分成两个省,分别任命埃及人多劳斯皮斯和坡提西斯为省长。但坡提西斯不愿就任,于是就叫多劳斯皮斯统辖全境。任命地方部队指挥官皮德那人潘塔雷昂为孟菲斯驻军司令;坡莱蒙(米加克利斯之子,培拉人)为柏路西亚驻军司令;伊托利亚人莱西达斯为雇佣军司令;地方部队指挥官攸格诺斯托斯(塞诺番提斯之子)为管理雇佣军的书记官;卡尔西斯人埃斯库拉斯和埃菲帕斯为雇佣军总监。还任命阿波罗尼亚斯(卡瑞那斯之子)为邻国利比亚总督,瑙克拉提斯人克利欧米尼斯为希罗欧坡利斯周围阿拉伯地区的总督。亚历山大指示他要允许地方官用他们一贯习用的方法管辖他们自己的地区,但说明,如果他要这些地区交纳贡赋时,他们就必须照办。他还指派朴塞斯塔斯(马卡塔塔斯之子)和巴拉克拉斯(阿明塔斯之子)为留驻埃及的陆军大将,坡莱蒙(塞拉米尼斯之子)为留埃舰队司令,委任利昂那塔斯(安提亚斯之子)代替已病死的阿海巴斯为近卫队员。弓箭手司令安提欧卡斯也已去世,亚历山大任命克里特人欧穆布瑞昂继任。原联军步兵司令巴拉克拉斯奉命留驻埃及,委派卡拉马斯接替他的职务。据记述,亚历山大还把埃及政府分派给许多军官掌握,因为这个国家的特点和实力使他吃惊。他认为,把全埃及委托给一个人掌握似不稳妥。我想,后来罗马人从亚历山大学到了经验,对埃及防范很严,从来没有从元老院派任何人去埃及当总督,只有他们中间评为骑士的人才能去进行统治。

（六）春天刚一露头，亚历山大就从孟菲斯出发向腓尼基前进。在孟菲斯旁边的尼罗河上以及所有河渠上都为他进军修了桥。他率部到达提尔时，先已到达的舰队前来欢迎。在提尔，他又一次向赫丘力士祭祀，并举行了体育和文艺竞赛。从雅典来的帕拉拉斯号战船载着城邦代表代欧潘塔斯和阿基利斯来提尔谒见亚历山大，船上全体水手和他们二人都算代表团成员[1]。这些代表圆满地完成了他们的使命。亚历山大把原先在格拉尼卡斯河上俘虏的那些雅典人全部放还给雅典。听说伯罗奔尼撒政局好转，一个拥护亚历山大的起义正在酝酿着，于是他就派安福特拉斯带领部队去支持那些在对波战争中立场坚定、而且不愿意听从拉斯地蒙的伯罗奔尼撒人。除了派安福特拉斯率领的舰艇之外，还命令腓尼基和塞浦路斯合派战船一百艘到伯罗奔尼撒去。

亚历山大本人则率部出发转向内陆朝萨普萨卡斯和幼发拉底河进军。留下柏罗亚人科拉那斯在腓尼基掌管税收，菲罗克森那斯负责陶拉斯山这边的亚洲地区的税务。亚历山大还委任新从放逐中归来的哈帕拉斯（马卡塔斯之子）代替原来负责财务的军官保管他随身的钱财。因为腓力在位时，一发现这位哈帕拉斯很忠[2]，立刻就把他放逐了。托勒密（拉加斯之子）也是因为同样原因被放逐的。此外还有尼阿卡斯（安德罗提马斯之子）、埃瑞吉亚斯（拉瑞卡斯之子）和他弟弟劳米东。因为腓力娶了攸瑞黛丝当小老婆，虐

① 都是自由民。——英译者

② 指他忠于亚历山大。——英译者

待亚历山大的母亲奥林匹娅斯，所以亚历山大在许多事情上都怀疑他父亲腓力。腓力死后，因为亚历山大而被放逐的人都回来了。他任命这些人当中的托勒密为近卫之一；哈帕拉斯为财务官，因为他身体不好，打不了仗；又委埃瑞吉亚斯为联军骑兵司令；他弟弟劳米东因为懂波斯话，就当了管理波斯俘虏的军官；尼阿卡斯被任命为利夏督办，兼管直到陶拉斯山的邻近地区。现在再接着说哈帕拉斯：在伊萨斯大战之前不久，他被一个坏人叫陶瑞斯卡斯的引入邪道，跟他开了小差。这个坏人逃到意大利投奔埃皮拉斯那个亚历山大去了，后来就死在意大利。而哈帕拉斯却在迈加瑞德躲起来。亚历山大说服了他让他回来，保证不会因为他这次逃跑会给他处分。他回来后，也确实没有处分他，仍然叫他掌管财务。亚历山大还派伙友之一迈南德到利地亚去当督办，他原来的雇佣部队指挥官的职务由克利卡斯接替。还派阿斯克利皮欧多拉斯（攸尼卡斯之子）替换阿瑞马斯为叙利亚督办，因为亚历山大曾命令阿瑞马斯负责向内陆进军部队的物资供应，但他有意拖延。

（七）亚历山大到达萨普萨卡斯时，正是阿瑞斯托芬在雅典执政的七月间。他在那里发现有两座桥。事情是这样：大流士曾派马扎亚斯带着约三千骑兵（其中有二千希腊雇佣兵）守卫那条河。他们已经守了很长时间，因此，马其顿部队从河这边开始修的桥不能一直修到对岸，怕马扎亚斯的部队从桥那头冲过来。但当马扎亚斯获悉亚历山大正率大军开来时，他就带着全部兵力急急忙忙逃跑。他们一走，两座桥立即飞架河上，于是亚历山大立即率部过桥。

从那里，他继续向内陆推进，左边是幼发拉底河和亚美尼亚山脉，通过的地区叫美索不达米亚。但他离开幼发拉底河之后，并未直接进军巴比仑。因为他发现走另一条路，从各方面看对部队都较方便：从这一带取得马匹的草料和其他物资都比较容易，更重要的是，走这条路不那么炎热难忍。当时有大流士的几个侦察兵离开大部队进行侦察活动被马其顿部队捉住。据他们的口供，大流士的营地就在底格里斯河边。他已下定决心，如果亚历山大要过河，他就进行阻击。他们说：现在大流士的部队比在西里西亚打仗时多得多。亚历山大听到这个消息后，就急忙向底格里斯河进军。但到达时，既未发现大流士，也未发现他留下的守卫部队。虽然水流湍急，过河确实困难，但他们还是克服了困难渡过河去，并未遇到任何抵抗。

过河后，他让部队稍事休息。晚上发现月亮几乎全食。亚历山大向月亮、太阳和大地献祭，因为据说月食跟这三者都有关系。阿瑞斯坦德断定，这次月食对马其顿部队和亚历山大有利，而且大战即将在本月以内发生，所献的牺牲也预示亚历山大将获胜。于是亚历山大就离开底格里斯河，通过阿图瑞亚地区向前推进，高地亚诸山在左，底格里斯河在右。渡河后的第四天，他的前哨报告说已发现平原上有敌人的骑兵，但推测不出他们的人数多少。于是亚历山大把部队摆好阵势，以投入战斗的队形前进。后来又有些侦察兵把敌情进一步了解清楚后，骑马回来报告说，他们估计敌人的骑兵超不过一千人。

(八)然后，亚历山大率领皇家中队、地方部队一中队以及从先头侦察部队中抽出来的培欧尼亚侦察兵迅速前进，命令其余部队以步行速度跟上。但当波斯骑兵看到亚历山大亲自带领部队迅速逼来时，立即逃跑。亚历山大在后面紧追。敌骑大部虽跑掉，但也有些马匹因过度疲劳，被希腊部队追上，杀了骑兵；连人带马活捉的也有一些。通过这些俘虏了解到大流士率领大部队离此不远。

大流士的部队之所以这样庞大，是因为有大批援军。有巴克特利亚边境上的一些印度部族，加上索格地亚那人和巴克特利亚人。以上这些部队都由巴克特利亚督办柏萨斯指挥。和这些人一起前来支援的，还有居住在亚洲西徐亚人当中的一个叫萨卡的部族。他们所以来支援，并不是因为他们附属于柏萨斯，而是因为他们和大流士结了盟。这批部队是马上弓箭手，指挥官叫马那西斯。还有阿拉科提亚督办巴散提斯率领的阿拉科提亚人和所谓的印度山地人、阿瑞亚督办萨提巴赞斯率领的阿瑞亚部队、帕西亚指挥的赫卡尼亚和塔普瑞亚部队。所有骑兵都由福拉塔弗尼斯指挥。还有阿特罗帕提斯率领的米地亚部队。跟米地亚部队在一起的，还有卡杜西亚、阿尔贝尼亚、萨色辛尼亚等部队。还有奥康多巴提斯、阿瑞欧巴赞斯和奥坦尼斯率领的由红海地区各部族组成的部队。攸克西亚和苏西亚部队承认欧克萨色瑞斯（阿包莱提斯之子）的领导。还有布帕瑞斯指挥的巴比仑部队。迁居的卡瑞亚人和西塔辛尼亚人组成的部队和巴比仑部队编在一起。亚美尼亚部队由欧戎提斯和米色劳提斯指挥。卡帕多西亚部队由阿瑞亚西斯指挥。下叙利亚部队和美索不达米亚叙利亚所有部队都由马扎亚斯指挥。据说大流士统帅的部队总数是：骑兵四万、步兵一百万、车轮上安装大刀的战车二百辆，还有一些大象，来自印度河这边的印度部队有大象约十五头。

大流士带着这些部队在布摩达斯河边距离阿柏拉城约六百斯

台地的高伽米拉扎营。这一带四望一片平地。原来有些地方高低不平，不适于骑兵活动。后来波斯部队把大部分都收拾得适于战车和骑兵驰骋。因为有些人对大流士说，伊萨斯战役之所以失败，归根结底就是因为战场太窄，极为不利。大流士觉得很对，欣然同意了。

（九）亚历山大从俘虏的波斯侦察兵嘴里了解到这些情况之后，就叫部队在原地停下来，在长途跋涉之后休息了四天。在营地四周挖了沟，设了栅障，以加强防守营地。因为他决定把辎重牲口和士兵中的非战斗人员留下，自己只率领作战部队开赴战场，除武器外，什么都不带。于是，他在夜间就把部队调度好，刚二更左右就出发，以便在拂晓时和敌人会战。大流士那方面，听到亚历山大已率部前来，就把自己的部队摆好了战斗阵势。这时亚历山大也把部队以战斗队形带上来。两军相距约六十斯台地，但互相都看不见，因为双方阵前都有小山阻隔。

等到双方相距三十斯台地时，亚历山大正率部下山，这时就看见敌人了。于是，他下令方阵停止前进，把伙友、将军、骑兵司令、盟军和雇佣军指挥官等召集一起，讨论这样一个问题：应当像多数人催促的那样，立即从当地指挥方阵前进呢；还是像帕曼纽建议的那样，最好暂时就地扎营，把整个战场进行一次全面侦查，看是否有可疑之处或通不过的地方，有没有沟渠，地里有没有暗藏的木桩等等；还要对敌军的部署作周密的侦察。帕曼纽的建议得到了赞同，于是他们就就地扎营，但宿营地仍按战斗序列布置。

亚历山大带着轻装部队和地方骑兵侦察了整个未来的战场。回来后，他又召集了原来那些将领，对他们说，对这场战斗，用不着他再来动员鼓励。大家过去英勇地创造的许多光辉业绩已经是很好的鼓励。但他号召每位将领回去鼓励自己的部下。步兵上尉鼓励自己的连队，骑兵指挥官鼓励自己的中队，旅长鼓励自己那个旅，步兵指挥官鼓励各自的方阵。他指出，他们这次作战不同于过去，不是为了夺取下叙利亚或腓尼基，也不是为了占领埃及，而是要在当时当地解决整个亚洲的主权问题。因此，他用不着发表长篇演说去鼓励大家作出崇高的业绩，这种英勇气概应是大家固有的英雄本色。他宁愿对大家说，每个人在遇到危险时要想到纪律；进军中需要安静时要做到鸦雀无声；需要欢呼时要喊得响亮；必要的时候，要喊出惊天动地的杀声。每个人都要机敏地服从命令，还要机敏地向部下传达。每个人都要牢记，全军都要牢记：个人的疏忽会造成全军的危险；个人的努力也有助于全体的成功。

（十）亚历山大讲的这番话以及一些类似的话虽然简短，但对在座的人已是很大的勉励。将领们也纷纷表示要他放心，相信他们。于是他下令部队吃饭休息。据说这时帕曼纽走进亚历山大的帐篷，劝他趁黑夜攻打波军。因为夜间攻击会更加出敌不意，易于引起敌人更大的惊惶，造成更大的混乱。亚历山大却回答说（因为当时有人在场听着），偷来的胜利是不光彩的。他不会借助于任何奸诈手段，而是要正大光明地去夺取胜利。他这种崇高的姿态似乎并不是只由于过分虚荣，而是出于对战胜危险的充分信心。我想，他这样考虑问题是有道理的。因为在过去历次夜战中，曾发生过不少事先没有预料到的情况。不论对事先已有很好准备的一方还是对准备不好的一方来说都是这样。有事实证明，较强的一方也曾因此而失败，反而把胜利奉送给较弱的一方。这对双方来说，都是出乎意料的。亚历山大在战斗中照例是不怕冒险的，但他还是认为在夜间作战风险太大。更何况，即使就这样再一次打败大流士，但由于希腊人是在黑夜掩护下进行偷袭的，就会给大流士一个借口，使他不认输，不承认自己是率领着坏部队的一个坏统帅。而且，万一希腊自己这方面遭到意想不到的挫折，那时，敌方的周围都是友好地区，他们熟悉；而希腊部队则势必置身于陌生的异域，到处都是敌人，其中很大一部分又都是俘虏，这些人在黑夜中一定会大冲大杀。不但在打败仗时会招来这种后果，即便在打了胜仗但还不是明显压倒一切的大胜利时，也可能会发生这种事情。由于这些道理，我赞成亚历山大决定不进行夜袭而在白天交锋。

（十一）大流士的部队最初摆好了战斗阵势之后，一整夜都保持不变。所以这样，一因他们的周围没有挖好防御沟的营地，二因他们害怕敌人随时都可能夜袭。在这样的关键时刻，这件事对波斯部队起了极其不利的作用。他们全副武装整整站了一夜，而且一直在担惊害怕，实在够受。在巨大危险到来之前，恐惧本来是难免的。但他们的恐惧并不是突发的事件引起的，而是老早就开始折磨他们，搞得他们丧魂落魄、毫无斗志。

据阿瑞斯托布拉斯记述，战役结束后曾搜获大流士部署部队作战的书面材料。根据这份材料知道他的部署是这样：巴克特利亚骑兵掌握左翼。跟他们在一起的有达海人和阿拉科提亚人组成的部队，挨下去部署的是波斯步兵骑兵混编部队。挨着波斯部队的是苏西亚部队，再往下是卡杜西亚部队。从左翼直到整个方阵中央。右翼部署的是下叙利亚和美索不达米亚部队，他们右边是米地亚部队，从他们往里是帕西亚和萨西亚部队，然后是塔普瑞亚和赫卡尼亚部队，再过去是阿尔贝尼亚和萨色辛尼亚等部队。从右翼直到整个方阵中央。在全军中央，大流士国王所在处，是国王的亲属组成的波斯部队（他们的长矛上安装着金苹果[①]），还有印度部队、所谓“移居的”卡瑞亚人组成的部队以及马地亚弓箭手。由攸克西亚人、巴比仑人、红海地区各部族以及西塔辛尼亚人组成的部队，以纵深队形摆在他们后边。在左翼之前，即面对亚历山大右翼的地方，部署的是西徐亚骑兵、一千来名巴克特利亚部队和一百辆刀轮战车。在大流士的皇家中队之前还部署了象队和五十辆战车。在右翼前方部署的是亚美尼亚和卡帕多西亚骑兵以及五十辆刀轮战车。紧靠大流士两侧的是希腊籍雇佣兵和波斯部队。他们对面就是马其顿方阵。这是大流士仅有的能够对付马其顿方阵的部队。

亚历山大全军作了如下部署：伙友骑兵掌握右翼，克雷塔斯（德罗皮第斯之子）指挥的皇家中队在他们前边，挨着他们的是格劳西亚斯的中队，再挨下去就是阿瑞斯托、索坡利斯（赫摩多拉斯之子）、德米特利亚斯（阿塞米尼斯之子）、迈立杰等中队，最后是赫格罗卡斯（希坡斯特拉塔斯之子）指挥的皇家各中队。菲罗塔斯（帕曼纽之子）为全部伙友骑兵总司令。在挨着骑兵的马其顿步兵方阵中，首先是近卫部队中最精锐的军团，然后才是其他近卫队。这些统归尼卡诺（帕曼纽之子）指挥。然后是科那斯（坡利摩克拉提斯之子）、坡狄卡斯（欧戎提斯之子）、迈立杰（纽普托利马斯之子）、坡利斯坡康（西米亚斯之子）、阿明塔斯（安德罗米尼斯之子）

① 这些“苹果”，可能指的是石榴或榅桲。不过，苹果是象征太阳的。——英译者

所率各旅,统归西米亚斯指挥,因为阿明塔斯已被派回马其顿召集部队去了。马其顿方阵左翼由克拉特拉斯(亚历山大之子)旅掌握,克拉特拉斯本人则指挥步兵左翼。跟在他们后边的是由埃瑞吉亚斯(拉瑞卡斯之子)指挥的联军骑兵。再过去,直到左翼,是菲利普(迈尼劳斯之子)指挥的塞萨利骑兵。整个左翼由帕曼纽(菲罗塔斯之子)任司令。在他周围是发萨利亚骑兵部队。这是塞萨利骑兵中最出色的、人数最多的一支部队。

(十二)这就是亚历山大在他的阵地上部署的各部队的顺序。但为了加强方阵的力量,他又布置了一条后备线。他下令第二线各指挥官,如果他们看见第一线被波斯的大部队包围,就要迂回过去进行迎击。如果方阵突然需要疏开或收缩,在右翼挨着皇家中队并由阿塔拉斯率领的阿格瑞安部队的半数要和布瑞苏所率的马其顿弓箭手一起斜着向前插过去;克连德指挥的、被称为老卫队的雇佣兵就要去支援弓箭手。在阿格瑞安部队和弓箭手前面是阿瑞提斯和阿瑞斯托所率骑兵侦察队和培欧尼亚部队。在整个大部队之前是米尼达斯所率雇佣骑兵。在皇家中队和其他伙友部队前面部署的是阿格瑞安部队另一半和弓箭手以及面对波方刀轮战车的巴拉克拉斯率领的标枪手。米尼达斯所率部队奉命,如果敌人以骑兵包抄他们的侧翼,就要迂回打击其侧面。亚历山大的右翼就是这样部署的。在左翼也斜着部署了西塔西斯率领的色雷斯部队,接下去就是科拉纳斯率领的联军骑兵,再挨下去的是阿伽僧(提瑞米斯之子)所率欧德利西亚骑兵。在这一片大部队之前,还部署了安德罗马卡斯(海罗之子)所部外籍骑兵部队。色雷斯步兵已被派去看守辎重牲口。在亚历山大全部兵力中,步兵约有四万

和骑兵七千。

（十三）两军渐渐接近，大流士和他的直属部队已经历历在目。有波斯“金苹果长矛手”、印度部队、阿尔贝尼亚部队、“移居的”卡瑞亚部队和马地亚弓箭手。这些部队都面对亚历山大和他的皇家中队摆好了阵势。但亚历山大却带着他的部队向右移动。对此，波斯部队也采取了对应的行动，使他们的左翼远远伸展到希腊部队右翼之外，形成包抄之势。和希腊部队平行前进的西徐亚骑兵已与部署在亚历山大主力前边的部队接触。但亚历山大仍沉着而坚定地继续朝右翼伸展，几乎走过了波军踏平了的那片战场。大流士看到这情况，深恐马其顿部队开到不平整的地方去，使他的战车失去作用，于是就下令他的左翼前沿部队包抄亚历山大率领的希军右翼，以阻止他们再向右延伸。针对大流士的这一着，亚历山大下令米尼达斯所率雇佣兵向他们冲击。于是大流士的西徐亚骑兵和跟他们编在一起的巴克特利亚骑兵就同时向他们扑来，以其数量上压倒的优势把他们赶了回去，这时亚历山大命令阿瑞斯托旅、培欧尼亚部队和雇佣部队去攻击西徐亚骑兵，于是波方迟疑起来。但其余的巴克特利亚部队，一经和培欧尼亚部队以及外籍部队交手，马上就使开始往后逃跑的友邻部队壮了胆，重又投入了战斗。于是一场近距离的骑兵会战展开了。亚历山大的人马大批倒地，这是因为波军占有数量上的压倒优势，也是因为西徐亚的骑手和马匹都有较好的护身甲。即使如此，马其顿部队还是坚决顶住了敌军的冲击，而且一队接着一队地英勇冲击敌阵，还是把敌军阵线突破了。

同时，波军出动刀轮战车，冲向亚历山大，企图把他的方阵冲

破。但在这方面他们显然是失败了。这些战车刚一接近希腊战线，部署在最前列掩护伙友骑兵的阿格瑞安部队和由巴拉克拉斯率领的标枪手首先以齐发的排箭进行截击，然后又一齐冲上去揪住他们的缰绳把车夫拖下来，围住拉车的牲口大砍大杀。个别战车确实突破了马其顿阵线，因为马其顿部队事先就曾受命当战车冲来时，他们就闪开一条路。结果冲进去的战车全无损失，它们冲击的对象也一样，未受损失。后来冲进来的这几辆战车也被亚历山大部队里的马夫和皇家近卫队收拾了。

（十四）这时大流士已把整个方阵都调上来。亚历山大派阿瑞提斯去攻击企图向希腊右翼迂回包抄的波斯骑兵。他本人率部短时间以纵队形式向前推进。在此之前，他曾派骑兵去截击向希腊右翼迂回的波军，当他知道这些骑兵已将波军方阵前沿稍有突破时，他立即转向突破口，命令伙友骑兵和面对突破口的方阵一部兵力组成楔形突击队，亲自率领朝突破口快速冲去，高喊杀声，直扑大流士。转瞬之间就形成肉搏战。亚历山大亲率骑兵奋不顾身扑向波斯部队，乱推硬挤地冲杀，用长矛狠扎猛刺他们的脸。马其顿方阵严整坚实、长矛如林，也已紧紧逼来。不一会儿，本已提心吊胆的大流士，这时看到四面八方已陷入险境，于是他头一个拨转马头，溜之大吉。那些企图包抄希腊右翼的波斯部队，也在阿瑞提斯所率部队猛冲之下，吓得丧魂落魄。

确实，这个地方的波斯部队真正彻底败北了。马其顿部队尾随追击，不停手地砍杀。但西米亚斯的僚属和他的旅不能跟亚历山大会合参加追击。因为据报马其顿左翼遇到困难，他们只好把方阵停下来在原地战斗。就在这个地方，希腊阵线被突破，一些印

度部队和波斯骑兵从突破口冲入，一直冲到马其顿部队的辎重牲口那里。于是那里的战斗又激烈起来。波斯部队向前猛扑，而这些后勤部队大都没有武装，也无思想准备，万没想到会有人把双重方阵冲破，而且一直冲到他们这里。更糟的是，那些波斯俘虏一看见他们自己的部队冲了进来，也跟他们一起行动，冲击马其顿部队。不过，第一线方阵后边的预备队的指挥官知道了发生的情况之后，就按照原先的命令，立即机敏地向后转，在波军背后出现，大批砍杀围攻驮马队的敌兵。不过有些向后撤的敌人也就逃跑了。这时，波军右翼还不知大流士已逃跑，还在向亚历山大的左翼包抄，从侧面攻打帕曼纽所部。

(十五)这里的马其顿部队起初受到两面夹击时，帕曼纽就派了骑兵通讯员飞马向亚历山大汇报他的部队处境危殆、急需支援。亚历山大接信后，立即停止追击，带着伙友骑兵回马疾驰波斯右翼。首先冲击了溃逃中的敌人骑兵、帕西亚部队和一些印度部队，然后攻击波军最强大的主力。于是整个战役中最激烈的骑兵会战展开了。波斯部队一中队一中队地成纵队摆开；然后转过来跟亚历山大的部队面对面地冲击。双方都没有像一般骑兵会战那样投掷标枪和调动马匹。而是人人力图向前冲击，以冲破对方一切阻挠，仿佛只有这样才是一条生路。因此，双方都毫不留情，拼命砍杀。各人再不是为别人打胜仗，而是为了自己的性命拼死拼活。亚历山大的伙友大约有六十人战死；赫菲斯提昂本人、科那斯和米尼达斯都负了伤。

即使对付这一部分敌人，亚历山大也还是战胜了。于是那些企图突破亚历山大防线的波斯部队也无心恋战，只好落荒而逃。

亚历山大现在已准备好和敌军右翼交锋，而过去从未落后于亚历山大一步的塞萨利骑兵，现在也英勇投入战斗。事实上，亚历山大一出现在敌军面前，他们的右翼就已经开始逃跑。于是亚历山大又回兵追击大流士，一直追到天黑为止。帕曼纽也率部追击他们刚才打败了的敌人。亚历山大渡过莱卡斯河即扎营，让他的人马稍事休息。这时帕曼纽却率部占领了波斯营地，俘获了运输队、大象和骆驼等。

亚历山大让他的骑兵休息到半夜，然后就向阿柏拉疾驰，打算在那里捉住大流士，并夺取他的财宝和皇室其他财物。他在第二天到达阿柏拉，作战以来，至此已追击了六百斯台地。但他在阿柏拉并未捉到大流士，因为他一直在逃，没有耽搁一点时间。不过财宝和其他东西都在那里掳掠到手。其中包括再次俘获的大流士的战车、弓箭等，此外还有他的长矛。

亚历山大的部队有一百多人战死。但马匹损失了一千多。因为在追击中有的马匹过度疲劳，还有的负了伤，其中包括伙友马匹的近半数。据估计波军战死的达到三十万，俘虏的数字比打死的还多。战斗中未打死的大象和未毁坏的战车都被俘获。

这次大战役就这样结束了。为时正值阿瑞斯托芬在雅典执政期间的十月间。阿瑞斯坦德的预言应验了：亚历山大这次的战役和胜利确是在出现月食的那个月份里发生的。

（十六）现在再说大流士。他从战场逃出后就越过亚美尼亚山地一直朝米地亚逃去。跟他一起的有在战役中他亲自率领的巴克特利亚骑兵，还有波斯部队中的皇家亲属队和“金苹果长矛手”的大部队。在逃跑的路上跟他会合的还有帕戎（福西亚人）和格劳卡斯(伊托利亚人)所率二千来名外籍雇佣兵。大流士之所以逃向米地亚,是因为他猜想亚历山大在战役结束后将取道向苏萨和巴比仑前进。因为那些地区都有人烟,而且运输队在那条路上也好走。此外,巴比仑和苏萨两城是谁都想夺取的战争目标,亚历山大自然也不会例外。而通向米地亚的道路则与此相反,大部队走起来诸多不便。

大流士并没猜错。亚历山大一离开阿柏拉就走上通往巴比仑的大道。在距巴比仑不远处,他正率部以战斗队形前进时,巴比仑人纷纷出城迎接,各区的居民都带着礼物,教士和要人也都来了,向亚历山大献出城市、要塞和财宝。亚历山大入城后,叫市民把薛西斯[①]破坏的庙宇,特别是巴比仑人最崇敬的拜尔[②]的庙,重新修建起来。他指派马扎亚斯为巴比仑督办,阿波罗多拉斯(安菲坡利斯人)为留给马扎亚斯的部队的总监,阿斯克利皮欧多拉斯(菲罗之子)负责税收,曾经把萨地斯卫城献给亚历山大的米色瑞尼斯被委任为亚美尼亚督办。亚历山大在巴比仑遇到了卡尔达亚人,他们提出了关于祭礼的一些建议,特别对拜尔的祭礼,亚历山大在巴比仑献祭时都采用了。

然后他自己率部向苏萨进军。苏萨督办的儿子在半路迎接,还有亚历山大在战役刚结束时就派到苏萨去的菲罗克森那斯的通讯员也来了。菲罗克森那斯在信里说苏萨人已准备献城归顺,而且已经把全部财宝都封存好,准备献给亚历山大。亚历山大从巴

① 大流士以前的波斯王。——译者

② 巴比仑最崇拜的神。——译者

比仑出发，二十天后到达苏萨。入城后接受了财宝，其中有约五万银塔仑和所有皇家珍藏。另外还得到了许多东西，包括薛西斯原来从希腊劫走的所有的东西，其中有哈摩第亚斯和阿瑞斯托吉唐[①]的铜像。亚历山大派人把这两座铜像送回雅典。到现在它们还竖立在雅典的色拉美卡斯[②]，就是在登上卫城的路上，在离攸达尼米祭坛不远处迈特罗昂[③]的对面。凡是应邀参加过在埃流西斯举行的一对女神秘密迎神会的人都知道，攸达尼米祭坛是建筑在平地上。

亚历山大在苏萨按传统礼节献祭，举行了火炬赛跑和体育运动会。他留下波斯人阿布莱提斯当苏萨地区督办，伙友马扎拉斯当卫城驻军司令，阿科雷亚斯（西欧多拉斯之子）当驻军指挥官。然后他就向波斯进军。朝大海[④]那边，他派米尼斯为叙利亚、腓尼基和西里西亚的总督，还交给他三千多银塔仑带到海边。因为安提培特正在对拉斯地蒙作战，他提出要多少钱，就可从这批款里取。这时，阿明塔斯（安德罗米尼斯之子）从马其顿带来的部队也已到达。亚历山大把其中的骑兵拨给伙友骑兵部队；步兵则按种族分别拨给各旅。在每个骑兵中队里，又成立了两个连（原先没有骑兵连），选拔伙友中勇敢出众的人当连长。

（十七）亚历山大离开苏萨渡过帕西底格里斯河之后，就侵入攸克西亚人定居地区。住在平原上的攸克西亚人原来就服从波斯

① 二人都是公元前六世纪时的诛戮暴君者。——译者

② 雅典郊区陶工住区。——译者

③ 城邦档案馆。——译者

④ 即地中海。——译者

督办，现在也归顺了亚历山大；但住在山区的叫作攸克西亚高地人的那一部分过去从未效忠于波斯，这回他们派代表来向亚历山大申明：除非他按照原来他们跟波斯国王商定的条件办事，即每次通过他们的地区都要交费，否则就不许他通过他们的地区去追击波斯人。亚历山大打发他们回去，叫他们到关口去把守，使他们感觉通往波斯的道路仍然在他们手中，也可以按惯例在那里向他征收通行费。然后他自己就率领皇家近卫队、其他卫队以及为数约八千名的其他部队，趁黑夜，由苏萨人带路，不走那条明显的大路，而走另一条路前进。后来又用了一天的时间，通过一条崎岖难行的隘路，向攸克西亚那些村庄猛扑过去。杀了一批还未起床的人，掳获了许多东西，其余的人都逃入山里。然后他就朝那个关口迅速开去。估计攸克西亚人可能用他们全部兵力抵抗，以阻止他过关，为的是按惯例收他的通行费。他事先就已派克拉特拉斯去占领那些制高点。他猜想，如果敌军被迫后撤，他们很可能去那一带。他自己则率部疾进，先到关口把它占领，然后以适当的战斗队形居高临下攻打攸克西亚部队。亚历山大行动如此迅速使他们大吃一惊，而且就在他们原来以为极为坚固的阵地上被打败，几乎没有交锋就逃跑了。有些人在溃逃中被亚历山大的追兵打死，大批人在险峻的道路旁边被杀。但大部分还是逃到山上去了。可是他们又遇上了克拉特拉斯的部队，最后还是全被消灭。这就算是他们从亚历山大手里收到的“礼物”——买路钱。后来攸克西亚人要求亚历山大允许他们继续住在他们自己的土地上，每年向亚历山大交纳贡赋，好不容易才得到亚历山大的批准。据托勒密（拉加斯之子）说，大流士的母亲还曾在亚历山大面前替这些攸克西亚人说情，要求他把领土还给他们，允许他们居住。每年的贡品规定为马一百匹，驮运牲口五百头和羊三万只。因为攸克西亚人多数是牧民，他们无钱，也不种地。

（十八）完成了这件事以后，亚历山大派帕曼纽率领辎重队、塞萨利骑兵、联军和雇佣军以及全军所有其他重装部队，沿着通向波斯的一条大道进军去攻打波斯。他自己则带着马其顿步兵、伙友骑兵、骑兵侦察队、阿格瑞安部队和弓箭手，通过山区全速前进。当他到达波斯关口时，发现波斯①督办阿瑞欧巴赞斯率领四万多步兵和七百名骑兵已在关口之间修了一道横墙，在墙边扎营，以阻挡亚历山大进军。

亚历山大到达的头一天先扎营。第二天就把部队部署好，亲自率领他们攻墙。但那道墙似乎很难攻下，因地形复杂所致；再加上敌人从一些制高点上往下射箭投石，还用弹弓攻打，因此他的部队已受到很大杀伤。他只好把部队撤下暂时回到营地。但他抓住的俘虏愿意带领他从另一条路绕到关口里边。不过经过询问了解到这条路又窄又崎岖难走。于是他就决定叫克拉特拉斯和迈立杰所部各一个旅、一些弓箭手和大约五百名骑兵留在营地，由克拉特拉斯指挥。吩咐他说，当亚历山大本人率部绕进关口迫近波斯营地时，就叫号兵吹号，克拉特拉斯很容易地听见。听见后立刻就向那道墙发起攻击。于是亚历山大趁黑夜出发，走了大约一百斯台地之后，就把近卫队、坡狄卡斯旅、弓箭手中装备最轻的一部、阿格瑞安部队、皇家伙友中队，此外还有一个加强骑兵中队调上来，摆

① 指波斯省。——英译者

好队形，按俘虏指引的路线，向侧面绕行，朝关口推进。与此同时，还命令阿明塔斯、菲罗塔斯和科那斯率领其余部队向平原进军，并在去波斯必经的那条河①上架桥。他自己则率部走一条崎岖难行的小路。他在这条路上大部分时间都是全速前进。天亮以前，他就和波军第一线警戒部队遭遇，把他们全部消灭。第二线的敌军也大都被消灭，第三线敌军多数都逃跑。但他们并没有逃到阿瑞欧巴赞斯的营地，而是吓得都从原地一直跑到山里去了。因此，天刚亮亚历山大向那个营地发动攻击时，敌人还不知道他已经来了。他刚开始攻打防御沟时，就叫号兵吹号，给克拉特拉斯的部队发信号，于是克拉特拉斯立即率部向那道墙发起攻击。敌人在腹背受敌的情况下，没等交锋就跑了。但是已经跑不出去，四面早已团团围住。亚历山大由背后压来，克拉特拉斯部队由正面冲上。于是大部波军朝墙根退去，打算在那附近找条逃路。但这时那道墙本身也早已落入马其顿人之手。这正是亚历山大早就预料要发生的情况。所以他事先就已吩咐托勒密带着三千上下的步兵埋伏在墙边。这样，在近战中就把大部波军解决了。那些企图逃命的也未保住性命，因为他们在奔跑中过于惊慌，结果都从悬崖上俯冲直下而摔死。只有阿瑞欧巴赞斯带着几个骑兵溜进山里。

然后亚历山大又率部全速奔向河边，看见桥已搭好，全军很容易地过了桥。随即全速冲向波斯城②。在波斯驻军未及抢劫财物以前就已冲入城内。在那里还掳获了原来存在帕伽萨代③的居鲁

① 即阿拉克四斯河。——英译者

② 即波斯波利斯。——英译者　即波斯首都。——译者

③ 旧都。——英译者

士一世的金库里的财宝。他任命福拉索提斯(罗米色拉斯之子)为波斯波利斯督办。把波斯王宫烧了[1]。事先帕曼纽曾劝他把皇宫保存下来,其理由是,别的且不说,把已经到手的财产去毁坏总不是妥善的处置;而且,如果他的行为叫人看起来并不想把亚洲的主权牢牢掌握在自己手中,而只是以胜利者的姿态在亚洲巡行一番,那么就不可能把亚洲人吸引过来和他合作。但亚历山大的意见却正好相反,他回答说,波斯人过去侵入希腊所干的勾当,他现在正在叫他们赔偿,以示惩罚。波斯人在雅典曾大肆破坏,烧毁庙宇,对希腊人干下了其他数不清的残暴罪行。为了这一切,他说他要报复。我认为亚历山大这样干是很不策略的。而且,这也不能算是对波斯旧时代的人物的任何惩罚。

(十九)这次成功之后,因为听说大流士已经逃到米地亚,于是亚历山大又向米地亚进军。当时大流士决定,如果亚历山大留在苏萨和巴比仑暂不前进,那他也就在米地亚等一等,看看亚历山大有什么新动向。如果亚历山大继续向他追击,他就想到内地去,向帕西亚和赫卡尼亚撤退,甚至撤到遥远的巴克特拉去。沿途坚壁清野,使亚历山大不可能再向前推进。他派人把仍然跟随他的妇女和行装什物、篷车等等送到叫作里海关口的地方。他本人则带了由残留部队中选出的一部分人在埃克巴塔那等待。亚历山大了解到这个情况后,也朝米地亚前进。一路征服了帕瑞塔卡人,侵入他们的领土,派欧克萨色瑞斯(苏萨前任督办阿布莱提斯之子)为

① 阿里安的意思是说"故意"烧的。他不同意原来的说法(指狄欧多拉斯、科提亚斯、普鲁塔克等人的著作中所说)。——英译者

督办。在路上，又了解到，西徐亚人和卡都西亚人已同大流士结为盟友，于是大流士决意和亚历山大再打一仗，争个高低。因此，亚历山大就命令他的辎重、军需等后勤部队和他们所带物资跟在后边，自己率领其余部队以战斗队形前进，准备投入战斗。第十二天到达米地亚。他了解到大流士的部队已不值一打，卡都西亚和西徐亚并未派兵来帮助他，所以大流士又决定逃跑。因此，亚历山大就加快了进军的步伐。当到了距埃克巴塔那还有三天路程的地方，比斯塔尼斯（大流士的前任波斯王欧卡斯之子）来见亚历山大，说五天以前，大流士带了财宝已从米地亚逃跑了，随身带有七千塔仑、三千骑兵和大约六千步兵。

亚历山大到达埃克巴塔那之后，就叫塞萨利骑兵和联军其余各部解散回家。按原规定发给每个人全饷，亚历山大本人还额外赠给他们二千塔仑。他还下令，如果有人自愿留下继续服役挣钱，都可以留用。这样留下的人有很大一批。回家的那些人，他指定埃波西拉斯（坡利埃第斯之子）把他们带到海边，另外还派了骑兵护送，因为塞萨利人在当地就把他们的马匹卖了[①]。他还指示米尼斯说，到达海边后，还要照顾他们登上运输船到攸卑亚去。他命令帕曼纽把波斯财宝送到埃克巴塔那卫城交给哈帕拉斯（亚历山大曾把哈帕拉斯留在后方保管钱财），还留给他六千马其顿部队、骑兵和一些轻装部队负责警卫。帕曼纽本人则奉命率领雇佣军、色雷斯部队以及地方骑兵以外的所有其他骑兵，通过卡都西亚向

① 按当时的习惯，战士的衣服、装备（包括武器、护身甲、马匹等）都是自己从家里带去的私有财产。在战争中掳获的东西则可归已有。——译者

赫卡尼亚进军。还派皇家中队长克雷塔斯从苏萨(他曾因病留在苏萨)到埃克巴塔那之后,就率领留在那里看守财物的马其顿部队向帕西亚前进。亚历山大本人也计划到那里去。

(二十)然后亚历山大率领伙友骑兵、骑兵侦察队、埃瑞吉亚斯部队所属雇佣骑兵、马其顿方阵(留下看守财宝的除外)、弓箭手和阿格瑞安部队,开始了追赶大流士的大进军。由于行军速度太快,许多士兵因过度疲劳而掉队,许多马匹也累死。但亚历山大还是毫不动摇,继续前进。用了十一天时间到达拉伽。要像亚历山大这样快速进军,再有一天就可到达里海关口。但大流士已经设法过了关。跟他逃跑的人已有许多离开他回老家,还有一大批投降了亚历山大。这时,亚历山大心想不该再拼命追捕大流士,于是就在原地待了五天叫部队休息。他指派欧克索达提斯为米地亚督办,这个波斯人曾被大流士在苏萨拘押,因此亚历山大信得过他。然后他又向帕西亚进军,第一天在里海关口附近宿营,第二天过关后一直走到有人烟的地区的边缘。听说再往前就是一片荒漠。为了储备今后需用的给养,亚历山大派科那斯带着骑兵和少数步兵去收集粮秣。

(二十一)这时,从大流士营地来了巴比仑皇族的巴基斯坦尼斯找亚历山大,跟他来的还有马扎亚斯的儿子安提贝拉斯。他们向亚历山大报告说,跟大流士一起逃跑的骑兵司令那巴赞斯、巴克特利亚督办柏萨斯、阿拉科提亚和德兰吉亚那督办巴散提斯等人已把大流士劫持起来。听到这个消息之后,亚历山大只带着伙友部队、骑兵侦察队、步兵中精选出来的装备最轻战斗力最强的一支部队,还没等科那斯那批人收集粮秣归来,立即以从未有过的速度

冲向前去。指定克拉特拉斯率领其余部队跟上,但叫他们不必采取急行军速度。亚历山大所率部队除武器和两天的口粮之外什么都未带。通宵达旦地赶路,一直到了第二天中午,他才叫部队休息了很短时间,随后又急速前进,日夜兼程,天亮时到达那个巴基斯坦尼斯出发的营地,但没追上敌人。在当地了解到大流士确已被劫持,装在一辆篷车里带走。柏萨斯已顶替大流士掌握了大权。巴克特利亚骑兵和跟随大流士逃跑的那些波斯部队都尊他为领袖。只有阿塔巴扎斯和他的儿子们以及希腊籍雇佣军不承认。据说这些部队仍然忠于大流士,但因为他们既不能阻止政变发生,又拒绝跟柏萨斯及其追随者一起采取行动,所以他们只好离开大路,逃入深山。劫持大流士的那些人决定:假如亚历山大继续追赶,就把大流士交给他,以便在谈判中为他们自己争得较好的条件;如果他们获悉亚历山大已经后撤,则尽可能集结一支强大的军队,联合起来,以保卫他们的帝国。暂时由柏萨斯当统帅,一方面因为他过去和大流士的关系接近,另一方面因为政变是在他的督办辖区内发生的。

亚历山大了解此情况之后,就决定以全力追赶。他的士兵和马匹连日不停地奔驰,已经精疲力竭。尽管如此,亚历山大还是不顾一切地向前冲,冲了一整夜,白天还接着冲,直到第二天中午,已走了很长一段路,到达一个村庄,就是劫持大流士的人一天以前宿夜的地方。亚历山大听村里人说波斯人决定夜间继续逃跑。他向他们打听是否有近道可以追上逃跑的人。他们说有,但那条路上荒无人烟,又无水。亚历山大不管这些,还是请他们带路,就顺这条路追赶。他知道全速前进时步兵跟不上,于是就命令五百来名骑兵下马，从步兵军官和其他体力还很强的人中挑选一部分人携带自己原来的步兵武器上马跟他前进。命令近卫队司令尼卡诺和阿格瑞安部队司令阿塔拉斯率领落在后面的部队沿着柏萨斯及其随行人员逃走的那条大路尽量轻装跟进，其他步兵则以平日行军队形前进。黄昏时，亚历山大即率部出发，全速追击。一夜之间疾驰四百斯台地左右，刚好在破晓时赶上波斯部队。这些波斯人没有带武器，自由自在地走在路上。因此，只有少数人掉头进行抵抗。大部分则一见亚历山大，不等他走近，撒腿就跑。那些回头招架的人，死伤了一些以后，其他人也就作鸟兽散了。柏萨斯和他的随从带着关在篷车里的大流士逃了一段路。但当亚历山大眼看就要追上他们的时候，那巴赞斯和巴散提斯就把大流士刺伤，丢下不管。他们自己带着六百骑兵逃脱。大流士不久因伤重而死。亚历山大未能见他一面。

（二十二）亚历山大命令把大流士的尸体送到波斯波利斯，埋葬在皇陵里，跟大流士以前的帝王埋在一起。委任帕西亚人阿明那斯皮斯为帕西亚和赫卡尼亚督办。这个人原先曾和马扎西斯一起把埃及献给亚历山大。还派特莱坡利马斯（伙友皮索芬尼斯之子）为帕西亚和赫卡尼亚总监。

大流士就是这样死了。时为阿瑞斯托芬在雅典执政期间的七月。[①] 在打仗上，大流士基本上是一个软弱无能的人。但在其他方面，还未发现他有什么暴虐行为，也许他还没有机会干这样的事，因为他刚刚即位就赶上马其顿和希腊向波斯宣战。即便他想

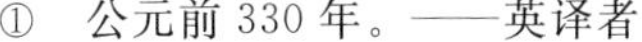

① 公元前330年。——英译者

当个暴君、骑在百姓头上作威作福，也没有机会，因为他自己面临的危险比百姓面临的还要大。他的一生只是一连串的灾难。而且，自从登极以来，一直还没一个喘息的机会。刚即位不久，他的督办们就在格拉尼卡斯河上遇上那次骑兵大劫。接着爱奥尼亚和伊欧利斯同时陷入敌手。除了哈利卡那萨斯之外，大小福瑞吉亚、利地亚、卡瑞亚等地也相继陷落。没有多久，哈利卡那萨斯又丢了。最严重的是，一直到西里西亚的海岸线也全部失守。后来又是他本人在伊萨斯的惨败，眼睁睁地看着老娘、妻子和孩子们都当了阶下囚。然后又丢了腓尼基和整个埃及。接着又是他自己从阿柏拉逃命，这在他一生历史上要算是最不光彩的一页了。还把波斯帝国浩荡大军折损殆尽，自己成了弃国出亡的罪犯，犹如丧家之犬。最后众叛亲离，被自己的近卫劫持起来，可谓穷途末路。以国王兼囚徒的身份，顶着奇耻大辱，囚禁在车中，仆仆风尘，终于死在本应最忠于他自己的人的屠刀之下。这就是大流士一生的悲剧。他的葬身之地倒是在皇陵之中，他的孩子们也得到亚历山大极好的抚养和教育，跟大流士身居宝殿时并无不同。亚历山大还当了他的女婿。大流士死时大约有五十岁。

（二十三）亚历山大把在追击中拉在后边的部队接上来带着，一起开进赫卡尼亚。这个地区在通向巴克特利亚的大路的左边。一边是一带林木葱郁的高山，靠近处这边是平原，一直伸展到大海。[①] 亚历山大就朝这个方向进军，因为他已发觉原来跟着大流士的那些雇佣兵顺这条路逃到塔普瑞亚山地里去了。此外，他还

① 即里海。——英译者

想顺路征服塔普瑞亚人。他把全军分为三部分：自己带着装备最轻的大部分部队走那条最短但最难走的道路；叫克拉特拉斯带着他自己那一旅和阿明塔斯旅、弓箭手一部以及少数骑兵去攻击塔普瑞亚人；另一方面，他命令埃瑞吉亚斯带着雇佣军和其余骑兵沿大路前进，护送运输队的辎重行李等车辆以及其他单位。这条大路比较长。

过了头一批小山宿营之后，亚历山大就带着近卫队，马其顿方阵中装备最轻的部队和一些弓箭手，沿着一条崎岖难行的山路前进。留下一些部队把守他认为有危险的一些道路，使占据着制高点的敌人不能在这些地方阻击他的后续部队。他自己带着弓箭手越过山口在平地上一条小河边宿营。就在这个地方，大流士的骑兵大将那巴赞斯，赫卡尼亚和帕西亚二地督办福拉塔弗尼斯以及大流士其他一些最高级的将官们前来归顺。在营地等了四天，把在行军中拉在后边的部队集中起来。这时大多数都已安全过关。可是，当地的山地人曾攻击后卫的阿格瑞安部队，不过在远距离交战中，他们吃了苦头之后就撤走了。

亚历山大从这里继续向赫卡尼亚进军，到达一个赫卡尼亚人居住的名叫扎德拉卡塔的城市。这时克拉特拉斯也率部来此和他会师。他们没有和大流士的雇佣兵遭遇，但已经夺取了他们路过的一切地方，有些是打下来的，有些是投降的。后来埃瑞吉亚斯也带着辎重运输队来到这里。不久，阿塔巴扎斯也带着他的三个儿子科芬、阿瑞欧巴赞斯和阿萨米斯前来归顺亚历山大。跟他们一起来的还有原来跟随大流士的雇佣军的代表和塔普瑞亚督办奥托夫拉达提斯。亚历山大把督办职务交还给他。把阿塔巴扎斯和他

的三个儿子留在身边，给他们荣誉地位，特别是因为他们原来是波斯人当中权位最高的人物，也因为他们忠于大流士。但当那些希腊雇佣军的代表向他要求对待全体雇佣军的条件时，他回答说他不会跟他们签署任何协定。凡是跟着外国人打希腊人的都有严重的罪过，完全违反了希腊的传统。亚历山大叫他们集体来投降，由他自己决定怎样处理他们。他们如果不愿意这样做，那他们可以采取任何步骤，以保护他们自己的安全。代表们回答说，他们自己和全体希腊雇佣兵都愿意投降亚历山大，为了沿路能安全通过，请他派一名军官带领他们到营地来。他们的总数约有一千五百人。于是亚历山大就派安德罗尼卡斯（阿格尔拉斯之子）和阿塔巴扎斯跟他们去了。

（二十四）然后亚历山大就率领部队进攻马地亚人。他带去的有近卫队、弓箭手、阿格瑞安部队、科那斯和阿明塔斯各一旅、伙友骑兵的半数以及马上标枪手——这时已有一个旅的马上标枪手了。通过马地亚境内大部地区时，打死了许多企图逃跑的和一些做困兽之斗的土人，活捉了一大批。马地亚一来交通阻塞，二来很穷，而且当地人又勇猛好战，所以长期以来就无人侵入过他们境内。因此，他们没有想到亚历山大会侵入他们的领土，特别是因为他早已远远地离开了朝向这边的路线，这就使他们感到亚历山大的出现更加突如其来，事先毫无准备。不过，仍然有一大批人逃到山里。那一带山高路陡，他们自以为很有把握，亚历山大大概不会到这么遥远的山沟里来。但当亚历山大果真朝这个方向开来时，他们只得派代表出来投降，献出领土。亚历山大打发他们回去，派奥托夫拉达提斯为他们和塔普瑞亚人的督办。

然后亚历山大又回到攻打马地亚以前出发的那个营地，接见了已经到来的希腊雇佣军，还有拉斯地蒙人原先派到大流士朝廷去的代表卡利克拉太第斯、包西帕斯、蒙尼马斯和奥诺马斯，还有一个雅典人德罗皮第斯。他把这些人都逮捕关押起来。他把辛诺普的代表们打发回去，因为他们这个部族不属于希腊各族的共同体之内，而是附属波斯的。他们派代表到宗主国去，看来并不是什么太岂有此理的事。至于其余的希腊人，凡是在希腊各城邦跟马其顿议和并结盟之前就在波斯部队中服役的人，他都打发走；把卡科多尼亚的代表赫拉克雷第斯也放走。其余的人，他都命令享受同样的薪饷标准在他手下服役，派安德罗尼卡斯负责指挥。安德罗尼卡斯过去就曾带领过他们，而且还曾明确表示，保留他的这些老部下是极其重要的一件大事。

（二十五）把这些事情安排好之后，亚历山大就向赫卡尼亚最大的城市（也是王宫所在地）扎德拉卡塔前进。在那里待了十五天，按惯例向神献祭、举行体育竞赛。然后就向帕西亚进军，从那里又进入阿瑞亚境内，到达他们的一个城市苏西亚，阿瑞亚督办萨提巴赞斯前来迎接。亚历山大批准他继续当督办，并派伙友阿那克西帕斯带领四十来名马上标枪手配属给他，在各地站岗，以便后续部队过路时，阿瑞亚人不致受侵犯。

这时有些波斯人来见亚历山大，向他汇报说柏萨斯的帽子按国王的戴法戴着①，还穿上波斯皇家锦袍②，自称阿太薛西斯，不再

① 圆锥形的波斯帽，除国王外，一般人戴时都把帽尖搭拉下来。——英译者

② 紫色带白条的长袍。——英译者

叫柏萨斯了。他还自称亚洲之王。他们还汇报说，柏萨斯手下现在有跟他一起到达巴克特利亚的波斯部队和一大批巴克特利亚当地部队。他还期待西徐亚盟军跟他会合。

亚历山大这时率领已经重新整编过的全体部队进军巴克特利亚。菲利浦(米尼劳斯之子)率雇佣军骑兵也由米地亚来此和他会合。原来留在后边的塞萨利志愿军和安德罗马卡斯所率部队也都前来会师。这时近卫队长尼卡诺(帕曼纽之子)已病故。正当亚历山大向巴克特利亚进军途中，有消息传来说阿瑞亚督办萨提巴赞斯造反了，把阿那克西帕斯和他部下那些马上标枪手都杀了，把阿瑞亚人武装起来，带着他们进入阿瑞亚王宫所在地阿塔考那城。他听说亚历山大又向前推进，就决定带着部队去找柏萨斯，和他一起伺机攻打马其顿部队。亚历山大听到这个汇报后，就不再进军巴克特利亚，立即率领伙友骑兵、马上标枪手、弓箭手、阿格瑞安部队以及阿明塔斯和科那斯两个旅，火速追赶萨提巴赞斯和他所率阿瑞亚部队。在当地留下克拉特拉斯负责其余部队。亚历山大用了两天就走了六百斯台地，到达阿塔考那。

萨提巴赞斯知道亚历山大这么快就向他逼来时，非常吃惊，只带着少数阿瑞亚骑兵逃跑。他部下的士兵也听到亚历山大逼来的消息，因而当他带着他们逃跑时，大部分士兵也就一哄而散。亚历山大以迅速的行动，把那些离开自己的村庄参与叛乱的人从各处搜出来，就地杀戮，其余的都贬为奴隶。随即派波斯人阿萨米斯为阿瑞亚督办。这时克拉特拉斯也带着原来留在后边的部队赶来。于是亚历山大就率领全军向扎兰伽亚地区挺进，到达他们的王宫所在地。当时占据着那个地区的巴散提斯(这个人在大流士逃跑

时，曾跟别人合谋攻打他）。现在知道亚历山大快到，就逃到印度河这边的印度人地区。但印度人把他抓住后送交亚历山大，亚历山大因为他参与谋杀大流士而把他处决。

（二十六）就是在这个地方，亚历山大了解到菲罗塔斯（帕曼纽之子）的阴谋。托勒密和阿瑞斯托布拉斯的记述中都说：关于这件事，亚历山大在埃及时就已经听到过一些汇报。不过当时他认为这事不可信。一方面因为他们父子长期以来就跟他友好，另一方面因为他给帕曼纽的荣誉很高，而且对菲罗塔斯本人的信任也非同一般。托勒密（拉加斯之子）在记述中说，菲罗塔斯被传到马其顿将领面前公审。亚历山大首先对他严加斥责，菲罗塔斯进行了申辩，然后那些揭发这次阴谋的人站出来，以许多明显的证据证明菲罗塔斯和他的同伙有罪。主要的事实是：虽然菲罗塔斯承认他自己曾听说某些人要谋害亚历山大，但他每天都有两次在亚历山大的帐篷出出进进，都未向亚历山大汇报。这就证明他有罪。于是当时在场的马其顿人就用标枪把菲罗塔斯和他的同谋犯都扎死。为了解决帕曼纽的问题，亚历山大派伙友之一坡利达米斯带着他的信到米地亚去见克连德、西塔西斯和米尼达斯。这几位将领所率部队当时是归帕曼纽指挥的。他们接信后就把帕曼纽处决。可能亚历山大觉得，帕曼纽自己的儿子搞的阴谋，如果说他这个当父亲的完全不插手，这是很难叫人相信的；或可能认为：即使帕曼纽并未参与，但当他的儿子被处决之后，留下他本人也是严重的后患，因为帕曼纽是一位公认的了不起的人物，不但亚历山大本人，而且全军都这样看；不只马其顿部队崇敬他，连那些外籍雇佣军也都是这样。更重要的是，这些部队经常由他指挥，不只平时值

勤是这样，而且亚历山大还常常以特别指令或批准的形式，叫他统帅许多部队。

（二十七）据说阿明塔斯（安德罗米尼斯之子）和他的兄弟坡莱蒙、阿塔拉斯和西米亚斯等人由于信任菲罗塔斯并跟他亲近，因而也被指控参与了反亚历山大的阴谋，所以也在差不多同时受审。菲罗塔斯刚一被捕，阿明塔斯的一个兄弟坡莱蒙就跑到敌人那里，这就使大家更加相信他们确实参与了阴谋。但阿明塔斯和他其余两个兄弟在马其顿将领面前激烈地进行辩护，无论如何都不承认有罪。结果被判无罪释放。宣判后，阿明塔斯立即请求批准他去找他那个兄弟坡莱蒙，把他带回亚历山大这里。将领们同意了。于是他当天就出发，后来果然把坡莱蒙带了回来。因此，阿明塔斯就更显得清白无辜。不过，不久他正当围攻一个村庄时，中了一箭，伤重致死。因此，他被宣判无罪之后所得到的，只是在死后留下了一个清白无垢的好名声。

现在，亚历山大派赫菲斯提昂（阿明托之子）和克雷塔斯（德罗皮达斯之子）为统率伙友的两位长官，并把伙友旅分成两部分，由他们二人分别指挥。亚历山大不想叫一个人（哪怕是他的好朋友）去指挥这么多骑兵，特别是因为这部分伙友骑兵是他所有的骑兵中名誉最好、最勇猛善战。处理完这件事之后，他又继续进军。后来到达一个地区。这里的居民原来叫阿瑞阿斯皮亚人，后来又起了个绰号叫“施主”。因为居鲁士（坎比西斯之子）远征西徐亚时，他们曾慷慨支援。亚历山大对这个民族有好感。一方面因为他们的祖先曾为居鲁士出过力，另一方面也是因为他亲眼看到他们的统治方法跟这一带其他部族不同。他们主张实行公道，可以和最

好的希腊城邦媲美。因此，亚历山大允许他们自治。应他们的要求，他把邻近的领土划归他们，但他们只要了一小片土地。亚历山大在这里向阿波罗[1]献祭。在这里还逮捕了近卫之一德米特里亚斯，怀疑他和菲罗塔斯阴谋案有关，指定托勒密（拉加斯之子）接替他的位置充任近卫。

（二十八）安排好这些事以后，亚历山大就继续向巴克特利亚推进，去攻打柏萨斯。沿路降服了德兰吉亚人、伽德罗西亚人[2]和阿拉科提亚人。派米农当他们的督办。他还到达距阿拉科提亚最近的印度人地区。他率领部队侵入各部族地区时，一路困难很大，有很深的积雪，又缺少给养，部队吃了不少苦头。但听说萨提巴赞斯从柏萨斯处得到二千骑兵侵入阿瑞亚地区，又带着当地人起来造反。亚历山大就派波斯人阿塔巴扎斯和两位伙友埃瑞吉亚斯和卡拉那斯去讨伐他们，还命令帕西亚督办福拉塔弗尼斯前往支援。于是在埃瑞吉亚斯和卡拉那斯的部队和萨提巴赞斯的部队之间就展开了一场激烈的战斗。波斯部队确实进行了顽强的抵抗，寸步不让。直到萨提巴赞斯在和埃瑞吉亚斯单独交锋中，脸上中枪而死时，这些部族兵才抱头鼠窜。

这时，亚历山大已率部到达高加索山[3]。在那里筑起一座城，亲自命名为亚历山大城。向他平常祭祀的神献了祭。任命波斯人普罗克西斯为本地区督办，伙友之一内劳克西尼斯（萨提拉斯之子）为总监。留给他一些部队。然后亚历山大就越过高加索山。

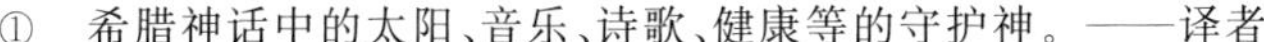

① 希腊神话中的太阳、音乐、诗歌、健康等的守护神。——译者

② 二者都在波斯帝国东南角，在印度河方向。——英译者

③ 即印度高加索山，或称“兴都库什”山。——英译者

据阿瑞斯托布拉斯记述，高加索山之高不亚于亚洲其他任何高山。但大部都是秃山，至少山这边是这样。这条山脉很长，因此，人们把西里西亚和潘菲利亚交界上的陶拉斯山说成是高加索山的一部分；其他一些因其地理位置不同而名称也各异的许多大山也是这样。不过，据阿瑞斯托布拉斯记述，在这座高加索山里，只生长产生松节油的笃耨香树和出胶的阿魏，别的什么都不长。即使如此，山里还是有不少居民和成群的牲口生息其间，因为这些牲口很喜欢吃阿魏。只要它们知道哪里有阿魏，即使是在很远的地方，它们也飞快地跑去啃食上边长的花，还把根挖出来吃。因此，在西瑞尼人住的地区，人们常赶着牲口到很远的地方去找这种植物。西瑞尼人非常珍视它，有人甚至把长着这种植物的地方用栅栏围起来，不让别处来的牲口群进去。

这时，柏萨斯带着原先跟他一起劫持大流士的波斯部队，大约七千巴克特利亚部队和从塔内河这边来的达海人组成的部队，把高加索山下这一带地方大肆破坏，企图把他自己和亚历山大之间的这片地方搞成荒地和废墟。这样，由于无东西吃，亚历山大可能就不来。但亚历山大不管这些，还是来了。因为积雪很深、供应缺乏，当然是够困难的。柏萨斯听说亚历山大已离他不远，马上就用一些船把部队运过奥克苏斯河。过河后把船都烧毁，率部朝索格地亚那地区的诺塔卡撤去。跟他去的有斯皮塔米尼斯和欧克西亚提斯的部队，索格地亚那骑兵以及塔内地区的达海部队。只有巴克特利亚骑兵听说柏萨斯要逃跑，就分成若干小股各奔家乡。

（二十九）亚历山大现在到达德拉普萨卡，让部队休息后，就向巴克特利亚最大的城市阿尔诺斯和巴克特拉推进。他发动了首次攻击，把这两座城市都占领了。在阿尔诺斯要塞，他留下驻军，命令伙友阿科雷亚斯（安德罗克利斯之子）负责指挥。巴克特利亚其他地区相继归顺，亚历山大派波斯人阿塔巴扎斯为督办。

然后，他就率部向奥克苏斯河推进。这条河发源于高加索山，是亚历山大率领部队经过的亚洲最大的河流（印度诸大河除外，因为它们才是所有河流中最大的）。不过，奥克苏斯河流入赫卡尼亚境内的大海[①]。亚历山大试图过河，但是无处有可能渡过去。因为这条河有六斯台地宽，又特别深，跟宽度不成比例。河底是沙土，水流又很急。在河底打桩打不牢固，水流很容易就把它们冲走，根本站不住。而且，附近又缺少木材。很明显，如果从远处把足够搭桥的木材运来，一定会耽误很多时间。于是他就让部队把盖帐篷用的兽皮集中起来，装上最干的谷糠，密密地缝起来做成不透水的皮筏。这些皮筏做成后，只用了五天的时间就顺利地把部队渡过河去。

过河以前，亚历山大先把马其顿部队中已超过服役年龄的老兵和留在后边的塞萨利志愿兵遣散回家。还派伙友斯塔萨诺到阿瑞亚去，把那里的督办阿萨米斯抓起来，因为他对亚历山大不怀好意。任命斯塔萨诺接替他的职务。

渡过奥克苏斯河后，亚历山大就向据报柏萨斯和他的部队所在地快速推进。这时，斯皮塔米尼斯和达塔弗尼斯派人来说，假如亚历山大派一个人带着很少的兵力到他们那里去，他们二人就可

① 里海。——英译者。应是咸海，旧名 Oxianus，今名 Aral'skoye。——译者

以把柏萨斯抓住交给他。事实上他们已经把柏萨斯公开逮捕了。亚历山大听到这个消息后,就叫部队先休息一下,然后带领他们慢慢前进。只派托勒密(拉加斯之子)带着伙友骑兵三个团、全部马上标枪手、从步兵中抽出的菲罗塔斯旅以及近卫部队一个团、所有阿格瑞安部队和弓箭手半数,尽速开向斯皮塔米尼斯和达塔弗尼斯处。托勒密依令前往。四天中走完了十天的路程,到达斯皮塔米尼斯和他所率波斯部队前一天住过的营地。

(三十)托勒密在这里了解到,斯皮塔米尼斯和达塔弗尼斯还未下定决心把柏萨斯交出来。于是托勒密就把步兵留下,叫他们用平日行军队形跟进。他自己则率领骑兵向前驰去。后来到达一个村庄,柏萨斯和一些士兵就在这个村里。因为斯皮塔米尼斯他们良心上过不去,不忍亲手出卖柏萨斯,所以已经带着大部队走了。于是托勒密就命令骑兵在村外拉了一个包围圈(村子周围本来就有一圈土墙,还有几个活栅门)。然后向村里的波斯兵宣布:如果他们把柏萨斯交出来,就允许他们安全离开。于是他们就把托勒密和他的部队接入村里。托勒密抓到柏萨斯后就回去了。先派了一个通讯员去请示亚历山大,应当怎样把柏萨斯带去见他。亚历山大命令把柏萨斯脱光身子,五花大绑,戴上木枷,押到亚历山大即将率领部队经过的道路右侧。托勒密遵命照办。

亚历山大看见了柏萨斯,就命令车停下,问他当时为什么把大流士抓起来。既然大流士是他的王上,又是他的亲戚,而且还是他的恩人,又为什么还给他戴上镣铐到处奔波,最后还把他杀死呢?柏萨斯回答说,这件事不是他一个人出的主意,而是和当时大流士所有的随从们一起商量共同决定的,目的是向亚历山大讨好,留下

他们的性命。亚历山大听了这话，就叫人用鞭子抽他，一面抽，一面叫传令官用刚才他审问柏萨斯时的那些责备大声痛斥。柏萨斯受刑后押到巴克特利亚去处决。托勒密记述的情形就是这样。但阿瑞斯托布拉斯的记述却说：是斯皮塔米尼斯和达塔弗尼斯的部下带着赤身露体的柏萨斯戴着木枷去交给亚历山大的。

亚历山大的部队在越过高加索山和往返奥克苏斯河两岸时，一路上累死了不少马匹，后来又在附近一带地区找到马匹补足了。这事办完后，就率部向索格地亚那地区内的皇城马拉坎达前进，从那里又进抵塔内河。据阿瑞斯托布拉斯记述，当地人给这条河另起了个名字叫雅克萨提斯。这条河发源于高加索山，也流入赫卡尼亚海[①]。历史家希罗多德所说的塔内河是西徐亚第八条河，它发源于一个大湖，流入一个叫米欧提斯的更大的湖。他所说的恐怕是另一条塔内河。有些学问家把这条塔内河当成欧亚两洲的交界。他们猜测：从攸克塞因海这边一角的上方，米欧提斯湖和流入其中的这条塔内河确实把欧亚两洲分开了。就像伽代拉附近的海和伽代拉对面的利比亚游牧区[②]把欧洲和利比亚分开一样，也像尼罗河把利比亚和亚洲其他地区分开一样。

就是在这个地方[③]，有些分散到各处去收集粮草的马其顿部队被当地土人杀了。干这一勾当的人躲在一座十分陡峭、极其崎岖的大山之中，总数约有三万。亚历山大带着他那些装备最轻的部队去攻打他们。在大山的正面攻了几次。起初被土人齐发的箭

① 阿里安（还有斯特拉波）在此处弄错了。——英译者

② 即直布罗陀海峡。——英译者

③ 即雅克萨提斯河岸。——英译者

石打退，受伤很多。引人注意的是，亚历山大本人的腿也被一支箭射穿，腿骨部分破碎。尽管如此，他还是把他们的阵地夺了下来。随即把土人杀了一部分。但多数人是从悬崖上跳下去摔死的。因此，原来的三万人，活下来的不到八千人。

卷　　四

（一）没过多少天之后，所谓的阿比亚西徐亚人派代表来见亚历山大。荷马在他的史诗中对这个民族倍加推崇，称他们是“最公正的人”。他们定居亚洲，是个自主的民族，主要因为他们生活艰苦，坚持公道。欧洲的西徐亚人也派代表来，他们是欧洲最大的民族。亚历山大派了几个伙友跟他们回去，对他们说明：这几个人将作为他的代表跟他们签署友好协定。但实际上他派这几个人去的目的是为了侦察西徐亚境内的情况，了解他们的人数、风俗习惯以及外出打仗时使用的武器等等。

他心目中还打算在塔内河上建一座城，仍用自己的名字命名。他认为在这地方建城极其适当，将来会有很大发展。他还考虑把这座城建在非常合适的地点，必要时可讨伐西徐亚，而且要使它成为这一带地方的外围据点，防范河对岸那些部族的袭击。由于这个城市将来一定有许多居民，再加上它那响亮的名字，必然会成为一个伟大的城市。这时，沿河一带的部族把驻守在他们城镇的马其顿部队都捉住杀了。为了保卫他们的安全，已开始空前加强城防工事。参加他们造反的，还有大批索格地亚那人。鼓动他们闹事的是把柏萨斯抓起来的那些人。因此，他们也把一些巴克特利亚人拉进去参加叛乱。这些巴克特利亚人也许是因为怕亚历山

大;也许是因为教唆他们的人对他们说,亚历山大已经通知他们地区的头目们到首府扎瑞亚斯帕去参加联席会议,看来这个会议凶多吉少,因而非造反不可。

(二)据说这些部族造反后躲到七个城市里去了。这些情况向亚历山大汇报以后,他就下令步兵制造攻城用的云梯。以小队为单位,各制若干架。梯子造好后,他就率领部队去攻打那些城市。从营地出发后,首先到达的那个城市叫伽扎。这时又派克拉特拉斯带领一部兵力去进攻那个叫作西罗波利斯的最大的城市。据说逃进这座城里的人最多。克拉特拉斯奉命在城外扎营,在城墙四周挖一道沟,修一条栅栏,再安装足够攻城用的礌石器。这样,守城的敌人就会集中精力忙于对付克拉特拉斯及其部队的进攻,因而没余力去支援其他各城。这时,亚历山大亲临伽扎城。他一到就下令部队攻击一座并不很高的土城墙,同时把梯子在四周挨城根放好。步兵一开始攻城,标枪手、弓箭手和使用投石器的人就向城上头道防线的守军箭石齐发,弹弓手也射出各种投射物,真像一阵倾盆大雨。不一会儿,城墙上就已无人把守。于是梯子很快就都竖立起来,马其顿部队立即爬梯子上城。他们按照亚历山大的命令,把敌人斩尽杀绝。把妇女、小孩子和全部缴获都带走。然后亚历山大立即率部一路到达了第二座城。在同一天里、用同样方法,也把它拿了下来。对俘虏也如法处理。然后又到第三座城。第二天攻城,也是一攻而下。

亚历山大一面带着步兵逐城攻占时,一面就派骑兵到前面那两座城去。命令他们注意监视城里的敌人,防止他们逃跑。因为他们听到附近的城市被占,亚历山大马上又要到来,就必然要逃

跑。等他们逃了再追就不大好办。事情不出他所料,派去的骑兵也不算太早。因为那两个尚未被占的城市里的部族守军,早已看见前面的城市起了大火,还有几个从已遭受惨祸的城市逃到他们那里的人,把亲眼看到的情况跟他们说了。于是他们就打算尽快地一起弃城逃跑。但一出城,立即陷入马其顿骑兵的包围圈,结果大部分都被消灭。

(三)就这样,两天之内连克五城。幸存者都贬为奴隶。然后,亚历山大就率部向最大的城市西罗波利斯进军。这座城最初是居鲁士修的,城墙比别处的都高。躲在这座城里的部落兵人数最多,而且都是这一带各部族中最粗壮慓悍的大汉,所以马其顿部队不易一举攻占。尽管如此,亚历山大还是把礌石器调上来,打算轰击城墙的这一边。等到轰开缺口,就从缺口冲进去。但亚历山大忽然亲眼发现引河水入城的渠道。因为当时正值冬天枯水季节,渠里的水很浅。入城处,水面并未挨着上面的城墙,而是有相当宽的空隙,足以容得下士兵从渠道钻入城内。于是他就带着近卫队、持盾牌的卫兵、弓箭手和阿格瑞安部队,趁守敌正忙于对付攻城部队和礌石器之际,亲自带头从渠道钻进城里去。起初只带了几个人进去。进去之后,立即从里边把城墙那一面的几个门都打开,很容易地把其余部队接应进去。这时,那些部落兵看见他们的城市已落入敌手,仍然掉转头来向亚历山大和他的部队发动猛烈地进攻。亚历山大本人被一块石头砸在脑袋和脖子上,克拉特拉斯中了一箭,其他军官负伤的也不少。尽管如此,亚历山大还是把市场一带的部族兵扫荡净尽。这时攻城的部队已占领了城墙,城上已无守敌。在攻占这城之时,打死的敌人就大约有八千。其余的——全

部敌军战斗人员加在一起总有一万五千人——都躲到要塞里。亚历山大在要塞外边扎营围困，盯了一天，敌人终因缺水向亚历山大投降。

第七座城不费多大劲就拿下来了。托勒密说他们是投降的。但阿瑞斯托布拉斯说这座城是攻占的，把里边的敌人通通杀光。不过托勒密还说，亚历山大把投降的人都分散到各部队，命令他们把这些人捆起来严加看管，直到他离开这个地区为止。目的是不放过任何一个在反叛中有罪责的人。

这时，亚洲西徐亚派了一支部队开抵塔内河畔。因为他们大多数都听说河对岸的一些土著部族造了亚历山大的反。他们打算，一旦事情闹大，成为重大的起义，他们就参加进去，一起攻打马其顿人。还有消息传来，说斯皮塔米尼斯已率部包围了留守马拉坎达要塞的部队。亚历山大听到这些情况后，就派安德罗马卡斯、米尼狄马斯和卡拉那斯率领伙友骑兵六十名、卡拉那斯所部雇佣骑兵八百名和雇佣步兵将近一千五百名，去攻打斯皮塔米尼斯所率部队。还给他们配属一位叫发那科斯的通译。这个人属利夏族，熟悉这一带土著语言。在其他方面，看来他也很善于对付他们。

（四）这时，亚历山大花了二十天的时间，修筑他所要创造的那座城市的城墙。还作出安排，叫下列一些人定居城里：任何愿意在这里定居的希腊籍雇佣兵，附近各部族中曾志愿参加修建新住区的人以及马其顿部队里一切不适于服现役的人，都可在城内定居。然后，他又向他经常祭祀的那些神献祭，又举行了骑术和体育竞赛。当他看到西徐亚部队还不离开河岸，而且不断向河里射箭（这

一段河道不宽)，还大声冷嘲热讽，污辱亚历山大，大意是：亚历山大不敢动西徐亚人；假如他胆敢动一动，那他就会明白西徐亚人和亚洲蛮子们有什么不同。亚历山大听了非常恼火，打算过河攻打他们，并已下令部队制造兽皮筏子准备强渡。但是，当他献牲问卜看渡河是否吉利时，牺牲显示了不吉的兆头。亚历山大对此极感烦恼。但他还是控制住自己，老老实实地呆看。但是，西徐亚人继续叫阵，谩骂不止。于是他又针对渡河问题献牲问卜，阿瑞斯坦德说这次兆头还是危险。亚历山大回答说，他现在已经降服了几乎整个亚洲，就在这时，却当了西徐亚人的笑柄，就像很久以前薛西斯的父亲大流士①一样。他宁愿冒天下最大的危险，也不当这样的人。关于征兆是吉是凶，虽然亚历山大希望得到不同的解说，但阿瑞斯坦德不能因为他的愿望如此就改变说法。

当渡河用的皮筏都已准备就绪，部队也一队队开到了河边，摆好阵势，亚历山大就下令向对岸沿河驰骋的西徐亚人用弹弓齐发石弹。有些敌人中弹负伤。甚至有一枚石弹还穿透了一个人的盾牌，又穿过护身甲，把他从马上打落下来。西徐亚人看到石弹居然能打这么远，而且还把他们当中最了不起的一个人打死，于是他们就从河岸稍稍后退。亚历山大看见他们因受石弹打击，秩序已开始紊乱，立即下令吹进军号，亲自带头开始强渡，全军立即跟着渡河。命令弓箭手和使用投石器的人首先登岸，以便在骑兵全部渡河以前，向西徐亚人射箭投石，阻止他们接近正在登岸的步兵方阵。全军登岸集合之后，首先派雇佣军一个团和长矛手四个中队

① 参见希罗多德，第118—142页。——英译者

向西徐亚人发动进攻。西徐亚人兵力雄厚，严阵以待，后来派了一部分骑兵包抄不断向他们射箭投石的那一小部分马其顿部队，主力却轻易地逃走了。于是亚历山大就把全部弓箭手、阿格瑞安部队和巴拉克拉斯所部其他轻装部队集合起来，亲自率领，跟骑兵一道追击西徐亚人。靠近敌军时，即命令伙友骑兵三个团和全部马上标枪手向敌冲击。他自己率领其余骑兵中队以纵队形式全速向敌扑去。因此，西徐亚部队就不能像刚才那样进行迂回包抄。因为希腊骑兵已逼得很近，同时轻装部队也和骑兵一起阻止他们进行任何有把握的包抄。事实上，现在西徐亚人的败局已定。他们已经有上千人阵亡，其中还包括一名叫萨特拉西斯的指挥官；被俘的已有一百五十名。追击迅猛异常，但追击者也确实艰苦，因为天气异常炎热，全军极度干渴。亚历山大本人也是一面飞马奔驰，一面遇水就喝。那水实在太脏。突然他大泻不止。因此，部队不能把西徐亚部队全部追杀。如果不是因为亚历山大病倒，我相信西徐亚人是会全军覆没的。亚历山大的病确实很危险，被抬回营地。阿瑞斯坦德的预言就这样又得到验证。

（五）不久之后，西徐亚国王派代表来见亚历山大，对已发生的事情表示遗憾。他们说，这件事并不是西徐亚国家的整体行动，只不过是一些打家劫舍的强盗们干的。尽管如此，国王本人还是愿意承担责任，亚历山大要他怎么办他就怎么办。亚历山大对他们客客气气地作了回答。这是因为，如果对他们国王表示不信任，那他就必须继续追击；如不追击，就显得很不光彩；而且目前也不是追击的最好时机，只好这样下了台阶。

与此同时，在马拉坎达要塞中被监视起来的马其顿驻军，趁斯皮塔米尼斯向他们发动攻击时，冲杀出来进行反击，杀伤敌人一部，把主力赶跑之后，又安全返回要塞。后来，当斯皮塔米尼斯听说亚历山大派到马拉坎达来的部队已逼近时，他立即把围解了，假装向首府索格地亚那[①]撤退。正当他们快到索格地亚那边界时，通译发那科斯和跟他一起来的那几个军官急于要把敌人全部赶跑，就匆忙追上去，一路漫不经心地对西徐亚牧民发动了全面攻击。斯皮塔米尼斯看到这个情况，就乘机吸引六百名西徐亚骑手入了他的伙。由于他有了这一批盟军，胆子就壮了，于是就和他们一起等待马其顿部队前来。在靠近西徐亚沙漠的一片平地上，他把部队摆好了阵势。他们并不是消极地等待敌人来攻，也不只是准备敌人来时冲他们一下；而是一见马其顿部队来了，就快马加鞭，围着步兵方阵兜圈子，不停地向他们猛射排箭。当发那科斯率队向他们冲击时，他们很容易地就躲开。因为他们的马匹精力充沛、跑得很快；而当时安德罗马卡斯所率部队的马匹则因长途跋涉，又缺少草料，早已疲惫不堪。因此，不论他们想守住阵地还是要撤退，西徐亚人都连续不断地向他们猛冲猛打。现在，因为大批士兵已中箭负伤，有些已经倒地。于是军官们就把部队集合成四方队形，向坡利提米塔斯河撤退。河边有一个山谷，树木很多，这样西徐亚人就不容易射着他们；而他们自己的步兵也能发挥更大的作用。

这时，骑兵指挥官卡拉那斯却未请示安德罗马卡斯，就擅自下令骑兵渡河，企图在河这边躲避。于是步兵也在未得到任何指令

---

① 这可能是弄错了。马拉坎达（萨马坎达）本身才是首府。——英译者

的情况下，跟在骑兵后边渡河撤退。他们在慌乱中，从悬崖般的河岸上，纷纷跳到河里。骑在马上的西徐亚人看到马其顿部队犯了错误，就快马加鞭，从四面八方冲入河中，有的去追击那些已经过了河并正在继续撤退的人；有的就横列河中，把那些正要过河的人拖到水里；在两翼的人从岸上向马其顿人射乱箭；有的则追杀那些刚进入河中的人。这时，马其顿部队走投无路，就都集中到河心一个小岛上躲避。西徐亚人蜂拥而来，斯皮塔米尼斯的骑兵也围成一圈，把马其顿人都射死。有几个被活捉的，也都砍死。

（六）不过，阿瑞斯托布拉斯的记述中却说这支部队大部分是遭伏击被消灭的。说西徐亚人原来是藏在一个山林里的空地。战斗一开始，他们就从隐蔽处冲出来对马其顿部队进行突然袭击。因为刚好在这时候，通译发那科斯正向跟他一起来的军官们推让指挥权。理由是他本人不熟习军事，亚历山大派他来只是为了处理土著部族的事务，而不是让他指挥战斗的；而他们几位既是马其顿军官，又是国王的伙友。但安德罗马卡斯、卡拉那斯和米尼狄马斯都不接受指挥权。一方面他们觉得接受指挥权就会显得超出了亚历山大的指示范围，擅自采取行动；另一方面也是因为，在这样的危急关头，万一打败了，作为指挥官就要负责任。因失职遭受谴责时，集体负责总比个人负责要轻得多。就在他们这样互相推让、无人负责的混乱之中，西徐亚人向他们猛扑过来，大砍大杀。结果逃得性命的骑兵只有不到四十名，步兵只有三百名左右。

这情况向亚历山大汇报后，他对自己的部下遭受的这次惨祸十分痛惜。决定向斯皮塔米尼斯和那些土著部队全速进击。于是就率领伙友骑兵半数、弓箭手和阿格瑞安部队，并从方阵中抽出装

备最轻的一部兵力，朝马拉坎达疾进。到达之后，了解到斯皮塔米尼斯已率部回来，又把守卫要塞的部队包围了。亚历山大只用了三天就跨越了一千五百斯台地，在黎明时到达该城。但斯皮塔米尼斯在听到亚历山大已逼近的消息时，未等他来到就率部逃跑。亚历山大紧紧追击。当他到达原来战斗发生的地方时，先把死者尽量优厚地埋葬，然后再追击溃敌，一直追到沙漠的边缘。然后又回兵把整个地区彻底破坏。还把原先逃入堡垒里躲着的部族土著都杀了，因为听说这些人也曾参与攻打马其顿部队。亚历山大率部踏遍坡利提米塔斯河流域，直到河的尽头，再往前都是沙漠了。这条河的水量虽大，但都流入沙中不见了。这一带常年流水的一些大河，也都是这样。例如，流贯马地亚境内的埃帕达斯河，阿瑞亚地区（因河得名）的阿瑞亚斯河，以及流贯攸尔革太地区的埃提曼德拉斯河等，都是如此。所有这些河流和塞萨利境内流经太比入海的那条皮内亚斯河相比，都不算小。而坡利提米塔斯河则大得多，皮内亚斯河简直无法跟它相比。

（七）亚历山大办完这件事之后，就到达扎瑞亚斯帕。在那里一直过了冬天。在这期间，有许多人来见亚历山大。其中有帕西亚督办福拉塔弗尼斯；原来派到阿瑞亚去逮捕阿萨米斯的斯塔萨诺也来到，把阿萨米斯用铁链锁着押来，一起押来的还有被柏萨斯任命为帕西亚督办的巴赞尼斯和跟柏萨斯一起造反的其他头目。同时，埃坡西拉斯和迈兰尼达斯以及统帅色雷斯部队的将军托勒密这几个人也从海边来到。他们是早先和米尼斯一起带着一些盟军护送财宝去海边的。阿散德也来了；尼阿卡斯带着一队希腊雇佣兵，叙利亚督办白萨斯和副督办埃斯克利皮欧多拉斯也从海上

带着一支部队来到。

然后亚历山大就召集跟他在一起的将领们开会，把柏萨斯押到大家面前，谴责他背叛大流士，下令把他的鼻子和耳垂割下来，然后再押到埃克巴塔那，当着那里全体米地亚人和波斯人把他处决。对柏萨斯采用这样过火的极刑，我是不同意的。我认为对犯人断肢斩首，处以极刑，是野蛮行为。有人说亚历山大在抄袭米地亚人和波斯人的豪华和在仿效蛮族土司把手下臣民当作低等动物对待方面，都搞得太过火。这个说法我同意。我也不赞成他不穿马其顿的传统服装而改穿米地亚服装，特别是因为他是赫丘力士的后代，就更不该如此。尤其是，他把长期以来一直戴着作为胜利者标志的马其顿帽，换成被征服了的波斯人的头巾，他并不感到羞耻。这一切我都不能表示赞同。我倒是认为亚历山大的光辉业绩可以证明——如果有什么事真能证明我的看法的话——：一个人不论体格多么魁梧奇伟、门第多么高贵显赫、在战争中又多么鸿运亨通，即使在这些方面都超过亚历山大，甚至能完成亚历山大想办而未办到的事，即带领舰队绕利比亚和亚洲一圈并把这二者全都征服，甚至在利比亚和亚洲之外，再加上第三大洲欧洲。这一切，对他的幸福来讲，都是无益的。只有当他在全世界面前完成这些宏伟事业的同时，能够从中学到如何当自己的主人，才不算徒劳。

（八）在这里，我想把克雷塔斯（德罗皮第斯之子）的死和事后亚历山大的一些情形说一说。虽然这些事是后来才发生的，但我感觉在这里先说说也许并不是没有道理的。每年一到酒神节，马其顿人就宴饮作乐、过节庆祝。亚历山大每年也在这个节日向酒神狄俄尼索斯献祭。据说只有今年这次节日，亚历山大忽视了狄

俄尼索斯，而向狄俄斯库瑞[①]献了祭，可能是因为他有某种理由才这样决定的。不过，因为这次宴饮拖长了——实际上，亚历山大早已养成了蛮族豪饮的习惯——人们在宴饮间展开了关于狄俄斯库瑞的争论。有人说他们的父亲不是廷达瑞阿斯，简直可以认为就是宙斯。参加宴饮的人群中有那么一种人，过去就曾有些行为损害了在位国王的利益，今后还会继续为害；但在这次宴会上，他们却为了向亚历山大讨好，大肆吹捧亚历山大和他的功绩，说卡斯托和坡拉克斯根本就不能和亚历山大相提并论。还有一些喝得酩酊大醉的人举出许多英雄，说他们都不如亚历山大，甚至连赫丘力士都比不上他。他们说，在世的英雄之所以得不到同时代的人应有的尊崇，只不过是因为人们嫉妒他们而已。

克雷塔斯感到亚历山大的作风越来越野蛮，对他阿谀奉承的人们说的那些话也真叫人恶心，这些情形他早已看不下去。这时，在酒力激动之下，他再也不能容忍这些人这样诬蔑神明；而且认为他们用贬低古代英雄的办法来讨好亚历山大，完全不怀好意。他感到亚历山大的成就并不像他们吹嘘的那样伟大和神奇。而且，这些业绩并不是亚历山大一个人创造的，大部分都是马其顿人共同努力的结果。他把这些想法说出后，亚历山大深受刺痛。我并不是赞赏克雷塔斯这样直言不讳。我认为，在众人酗酒的场合，最好把自己的话咽到肚里，不去理会那些谄媚者的错误。但是，后来又有人甚至谈到腓力的成就，很不公平地说腓力并没有做出伟大

① 意即"双胞"，指的是双胞兄弟卡斯托和波拉克斯。这两兄弟以勇敢有本事著称，是希腊著名的英雄。雅典有狄俄斯库瑞庙供奉他们二位。——译者

的、惊人的成就，这当然也是为了讨好亚历山大。这一来，克雷塔斯可控制不住自己了。他大摆腓力的功劳，贬低亚历山大的成就。由于他当时酒力发作，甚至还滔滔不绝地指责亚历山大。甚至说，如果把话说到家，亚历山大的命还是他救的呢。在格拉尼卡斯河上大战波斯骑兵时，如果不是他，亚历山大还活不到今天呢。最叫人吃不消的是，他竟然神气十足地把右手伸出来，大喊大叫："那时，就是这只手救了你的命，亚历山大！"对于克雷塔斯的这番酒后狂言，亚历山大已经忍无可忍，顿时满脸怒火，立刻跳起来要打他。但被酒友们拉住。可是，克雷塔斯并不住嘴，仍然不停地污辱亚历山大。这时亚历山大大声叫喊，要近卫们下手，但无人听他。于是他就发起牢骚来，说自己现在正是处在大流士有过的逆境，即他自己的部下柏萨斯一伙把他关在囚车里奔波。现在他自己也是这样，除了名义上还是个国王之外，什么都没有了。这时，他的朋友们再也拉不住他了。他一下子跳了起来，据说是从一个卫士手里夺过一杆长矛，朝克雷塔斯连刺带戳，当下就把他弄死。还有人说，他从卫士手里夺的是一杆长枪，是用这杆枪把他戳死。但阿瑞斯托布拉斯却另有说法。一方面，他并未记述这次酗酒闹事的原委，另一方面却把罪过通通推到克雷塔斯一人身上。他说，当亚历山大怒气冲天地跳过来要杀他的时候，托勒密（拉加斯之子，近卫之一）赶紧把他拉开，叫他从门里逃出去，他翻过城墙，爬过护城河逃脱了。（事情出在要塞里，这城墙和护城河都是属于要塞的）但是，因为克雷塔斯控制不住自己，又跑回要塞里。亚历山大刚在叫喊："克雷塔斯！"正好他又闯了进去。于是他也大喊："亚历山大，你看！克雷塔斯就在这里！"话音未落，长枪已戳过来，他当场死去。

（九）我认为，克雷塔斯污辱他自己的王上的这种行为，是应当受到强烈谴责的。但是，我也认为，亚历山大在这次不幸的事件中所表现的，是他充当了怒、醉二恶的奴隶，也实在可悲。因为这是任何一个尊重自己的人都干不出来的。但事后他的表现，我觉得还算不错。杀人之后，他立即认识到这种行为的丑恶。还有人说，他因为酒后杀害朋友，感到值不得再活下去。于是就把长枪倚在墙上，打算扑上去意欲自尽。但多数史家都无此记载。他们都说亚历山大行凶后立即跑到床上躺着痛哭，喊着克雷塔斯和他姐姐兰妮斯的名字——兰妮斯是德罗皮第斯的女儿，当过亚历山大的奶妈。他泣不成声地说：“是您哺育我长大的，今天我成人了。可我又是怎样报答您的恩惠呀！您亲眼看着您的孩子们为我打仗而牺牲。可现在呢？我却亲手杀死您的弟弟！”他不停口地骂自己是个杀害知己的凶手。他一躺三天，不吃不喝。任何身体的需要全都不管。

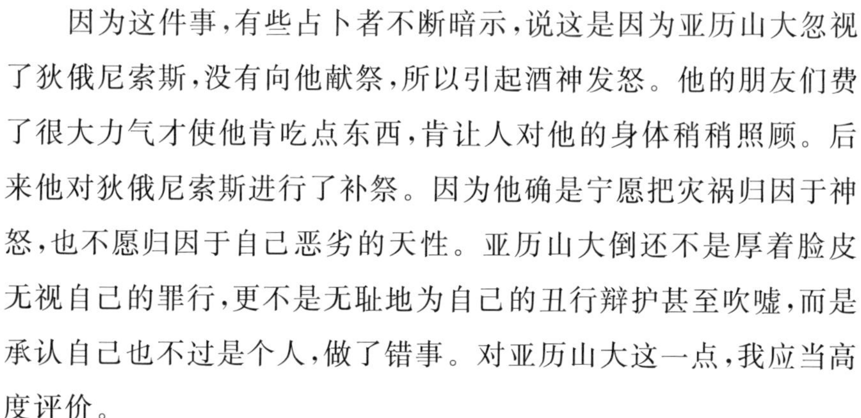

因为这件事，有些占卜者不断暗示，说这是因为亚历山大忽视了狄俄尼索斯，没有向他献祭，所以引起酒神发怒。他的朋友们费了很大力气才使他肯吃点东西，肯让人对他的身体稍稍照顾。后来他对狄俄尼索斯进行了补祭。因为他确是宁愿把灾祸归因于神怒，也不愿归因于自己恶劣的天性。亚历山大倒还不是厚着脸皮无视自己的罪行，更不是无耻地为自己的丑行辩护甚至吹嘘，而是承认自己也不过是个人，做了错事。对亚历山大这一点，我应当高度评价。

有些史家说，亚历山大请来一位叫阿那克萨卡斯的诡辩家。他看见亚历山大正在哀叹，就哈哈大笑。他说，难道亚历山大没有听说过，古代哲学家们正是为了这样的事，才叫公正[①]坐在宙斯的宝座旁边的吗？这样，不论宙斯办什么事，都要和公正一起来办，因而办的事也就公正了。甚至应当说，一位伟大的国王，其所作所为，不但国王本人应当认为是公正的，而且全世界也都应当这样认识。他讲的这番话，当时使亚历山大得到了安慰。但我认为，他这样对待亚历山大就是在犯罪，比亚历山大自己感到自己犯了令人坐卧不安的那种罪行更为严重。假如他这个说法真是作为一个哲学家的意见，那么这个国王就用不着费心尽力去选正道办好事，而是成了不论国王干什么、怎么干，大家都必须承认他干对了。他这条哲理实在为害不浅。据说后来人们向亚历山大礼拜时，他竟然要求人家头沾地，因为他认为他的父亲已不再是腓力，而是阿蒙了。他现在竭力仿效波斯人和米地亚人的派头。这不但表现在衣着方面，而且在安排日常生活的各个方面都成套地抄袭。据说听任他甚至怂恿他这么干的奸邪谄媚之臣并不乏人，阿那克萨卡斯就是其中不甘落后的一位。他是宫廷中诡辩家之一。此外，还有一位阿戈斯人叫埃吉斯的，还是一位史诗作家呢！

(十)不过，还是有人不赞成这一套。亚里士多德[②]的门徒、性格似乡下佬的卡利西尼斯(欧林萨斯人)就是其中的一个。我同意他的看法。但他所说"亚历山大和他的成就完全是他本人和他的历史造成的"(如果这句话记载得可靠的话)，我认为这个说法并不恰当。他自己说他到亚历山大那里供职并不是想为自己沽名钓

① Justice，意即"公正"。这里是拟神或拟人。——译者

② 古希腊伟大哲学家，曾创立逻辑学、生物学、心理学、政治学等。——译者

誉，而是为了使亚历山大在全人类面前生辉。他还说亚历山大之所以应当受尊崇，并不是因为奥林匹娅斯[①]所说关于他诞生的离奇故事，而是要靠他[②]所撰写的、应当公之于世的亚历山大传记。有人还记述，有一回菲罗塔斯问卡利西尼斯："你认为雅典人最崇敬的是谁?"他回答说是哈摩第亚斯和阿瑞斯托吉唐，因为他们把两个僭主当中的一个杀了，铲除了僭主政制。然后菲罗塔斯又问他："你认为一个杀了僭主的人是否能在希腊找到一个安全的地方躲起来呢?"卡利西尼斯又回答说，这种人即使没有别的地方可逃，至少可以逃到雅典去。这种人在雅典是可以得到安全的，因为雅典人是赫丘力士的子孙，他们为了给祖宗争光，甚至老早以前就曾和骑在全希腊人头上作威作福的僭主攸瑞西尼斯打仗。

关于卡利西尼斯反对亚历山大让人向他礼拜时头要沾地的事，还有下面一段故事。有一回，亚历山大和在朝的诡辩家以及最显赫的波斯、米地亚大臣一起商量好，决定在一次酒会上把这个问题端出来叫大家谈谈。阿那克萨卡斯首先把问题摆了出来。他说，承认亚历山大是神远比承认狄俄尼索斯和赫丘力士是神要合理。这并不只是因为亚历山大有许多伟大功绩，而且也是因为狄俄尼索斯是底比斯人，跟马其顿毫无关系；而赫丘力士则是阿戈斯人，和马其顿本来也并不相干，只不过通过亚历山大才搭上点关系，因为亚历山大是他的儿子。[③] 而马其顿人把自己的国王当神

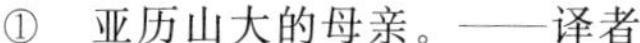

① 亚历山大的母亲。——译者

② 指卡利西尼斯。——译者

③ 亚历山大和他父亲腓力早已不和。继王位后，特别是战功日益显赫，总想认神为父，为自己增光添势，除赫丘力士外，还曾认阿蒙、宙斯等为父。——译者

崇拜应该说是天公地道的，也因为百年后，马其顿人无论如何会奉亚历山大为神，这是毫无疑问的。那么，趁他还活着的时候就奉他为神，岂不是更合理吗？等他百年之后再去当神崇拜，那对他本人还有什么好处呢？

（十一）阿那克萨卡斯说完这段话，主旨已明。那些事先和他合谋的人就表示赞成他的发言，而且真地要举行匍伏礼拜。但多数马其顿官员并不同意他的意见，大家保持沉默。这时卡利西尼斯插话说：

“阿那克萨卡斯，我认为亚历山大完全应该受到一个凡人可能受到的任何尊崇。不过，事实上，凡人所应当受到的尊崇和神所应当受到的尊崇之间，在许多方面都存在着清清楚楚的界线。对神，我们可以修庙、塑像，进行供奉。还特地修一道院墙把他们和凡人分开。我们可以向神献牺牲、供奠酒、唱颂歌。对凡人则只有颂文。但主要的区别是习惯上人在神前匍伏礼拜；凡人就不同，互相以接吻表示问候。对神可不能这样，因为他们的地位比我们高得多，我们甚至连摸他们一下都不行。因此，我们只好在他们面前匍伏礼拜以示崇敬。为了敬神，我们还可以在他们面前跳舞、唱赞歌。这些礼节都不能算不适当，因为对一些神可以这样去崇拜，对另一些又可以那样去尊敬。我们对英雄的崇拜也可以各有不同，但对待英雄究竟不能和对神的崇拜相提并论。因此，假如我们把二者混淆起来，用过分的礼拜把一个凡人捧上天，这也就等于用敬人的方法去敬神，从而把神贬为凡人，使神受到不应有的污辱。这岂不是太不像话了吗？假如有一个老百姓利用不合宪法规定的某种选举或投票的方法取得权利，要求人们对他像对王上那样崇拜，

我想亚历山大一刻也不会容忍的。同样，如果一个凡人享受到神才能享受的礼拜，或者允许别人这样崇拜他，当然，神也会发怒。而且这种愤怒更有其理由。至于亚历山大，他的确是、而且大家也都承认他是一个了不起的人物。他是勇士当中最英勇的勇士，国王当中最伟大的国王，统帅当中最英明的统帅。而你，阿那克萨卡斯，作为随侍亚历山大的哲学家和导师，你的首要任务，就是引导大家在这方面多说一些，而且应当制止相反的意见。可是你刚才带头发言的主旨，却正好反其道而行之。这是完全不对头的。你本来应该认识到，你所服侍的、你所教导的人，并不是什么坎比西斯或薛西斯[①]之类的人物；而是腓力的儿子，从种族上说，是赫丘力士和伊卡斯的后代。他的祖先是从阿戈斯搬到马其顿来的。从那时至今，他们在马其顿多年来一直是指挥一切，但不是作为专制暴君，而是作为立宪君主进行统治。即使是赫丘力士本人，当他在世时，希腊人也没有把他当作神崇拜。甚至在他死后也没有这样作。直到代尔菲[②]发出神谕，叫人们把赫丘力士当神供奉之后，人们才把他当神来对待。不错，我们现在是在外国土地上讨论这个问题，因而有必要考虑外国方式。即使如此，我仍然请求你，亚历山大，不要忘记希腊。为了希腊，你才不避艰险，远征异域，把亚洲并入希腊版图。此外，你还应当考虑到：当你回希腊之后，你准备强迫全人类最爱自由的希腊人在你面前匍伏跪拜吗？还是打算豁免希腊人，而只把这种污辱强加在马其顿人头上呢？或许，在这个

① 二人都是波斯国王。——译者

② 阿波罗神殿所在地，希腊人常常到那里去祈求神谕。——译者

问题上，你想把全世界分成两半，叫希腊人和马其顿人把你当人崇拜，只叫外国人用这种外国方式把你当神崇拜呢？假如要引证坎比西斯的儿子居鲁士，说他是人类第一个接受这种匍伏礼拜的人，从而使这种耻辱在波斯和米地亚流传下来的话，那你还应当记住，就是这位居鲁士，后来还受到贫穷但却酷爱自由的西徐亚人的启发，因而头脑清醒了一些。大流士一世是受到另一部分西徐亚人的启发，薛西斯是受到雅典人和拉斯地蒙人的启发，阿太薛西斯是受到克利阿卡斯、色诺芬和他们那一万人的启发，也都清醒了一些。大流士三世现在受到你亚历山大的启发，因为至今为止，你还没有受到过一次匍伏礼拜。"

（十二）卡利西尼斯谈了上述一段以及一些类似的话之后，一方面亚历山大气得要命，另一方面马其顿官员乐在内心。亚历山大觉察到这个情况，于是就叫马其顿官员们今后不要去考虑匍伏礼拜的事了。他说完之后，接着就是一片沉寂。但就在这时，波斯籍的大官们一个接一个地站起来走到亚历山大面前匍伏礼拜。无独有偶，这时伙友之一、名叫利昂那塔斯的，感觉有一个波斯人俯拜的姿态不文雅，耻笑他的样子叫人恶心。对此，亚历山大极为气愤，但后来他还是跟他和好相处。此外，还有一段故事：亚历山大用一只金杯盛着酒送大家轮饮以示友好，先给的是那些事先跟他一起私下安排匍伏礼拜的那些人。第一个接杯饮酒的人，喝完就站起来，在亚历山大面前匍伏，亚历山大吻了他一下。于是一个接一个地都照着这样做。当轮到卡利西尼斯喝酒时，他也站起来把酒喝了，但他没有匍匐就走向亚历山大去受吻。亚历山大当时正跟赫菲斯提昂说话，没有注意到卡利西尼斯是否按例行了匍伏礼拜。但正当卡利西尼斯走到亚历山大旁边刚要吻他时，德米特里亚斯（皮索那克斯之子，伙友之一）赶紧嚷了一句："他还没匍伏呢！"因此，亚历山大就拒绝卡利西尼斯吻他。于是卡利西尼斯说："我先走开，还欠一吻。"

当时亚历山大的傲慢自大和卡利西尼斯的粗野无礼的这一切表现，我是一千个不赞成。我认为不论是谁，就自己个人而论，言谈举止做到得体就行。我还认为，一个人既然同意侍奉国王，对国王所作所为就应尽力赞扬。依我看，亚历山大向卡利西尼斯发火还是有道理的，这不只是因为他出言放肆，而且也是因为他狂妄而愚蠢。我猜想，这也许就是为什么当有人说卡利西尼斯的坏话时，别人就很容易相信。有人说他参与了一些侍从谋杀亚历山大的阴谋。甚至说这个阴谋就是他鼓动起来的。关于阴谋的情况，请看下文。

（十三）腓力早有规定：凡是马其顿显要人物的儿子，一到青年时期，都要服侍国王。除了对国王个人的一般服侍之外，还要在国王入睡期间担任警卫。国王外出时，还要从马伕手中把御马接过来，带到国王面前，帮助国王用波斯方式上马。在狩猎竞赛中还要作陪猎。在这些青年侍从当中，有索坡利斯的一个儿子叫赫摩劳斯的，他以热心学哲学出名，为学哲学还曾拜卡利西尼斯为师。关于这个青年，有这么一段故事：有一回，他正跟亚历山大一起打猎，忽然一只野猪朝亚历山大冲来，赫摩劳斯急忙冲过去刺它，一枪真把它刺倒。亚历山大动作太慢，没有捞到机会刺一下，于是他对赫摩劳斯发火，叫他当着他那些小伙伴的面受鞭挞，还叫人牵走了他的马。

赫摩劳斯深受屈辱,把这事告诉他的伙伴和密友索斯特拉塔斯(阿明塔斯之子),说亚历山大欺人太甚,如此仇不报,他就誓不为人。因为他们俩十分亲密,所以他就很容易地把索斯特拉塔斯说服跟他一起准备报仇。然后,他们二人又争取到安提培特(曾任叙利亚督办的埃斯克利皮欧多拉斯之子)、埃皮米尼斯(阿西亚斯之子)、安提克利斯(西欧克利塔斯之子)和菲罗塔斯(色雷斯人卡西斯之子)。他们决定当轮到安提培特值夜班当警卫时,准备在亚历山大入睡后,就下手干掉他。

但事出意外。亚历山大那天晚上刚巧没睡觉,整整喝了一夜酒,直到天亮。这倒不是像有人说的那样是因为有谁提醒他,只是一种巧合。不过,据阿瑞斯托布拉斯说,倒是有一个会占卜的叙利亚女人常常跟着亚历山大。据说过去亚历山大和他的朋友们常常拿她开玩笑。但后来因为她的预言似很灵验,亚历山大就不再瞧不起她。于是她日夜都可随时进见亚历山大,甚至在他入睡后,她还常常在旁看守。这回亚历山大喝酒后,刚放下杯子站起来要走时,正好她来了。当时她的占卜灵感正有所触动,于是请亚历山大回去接着喝酒,而且要喝一整夜。亚历山大相信她这个警告一定是灵的,于是就回去接着喝起来。从而使他的扈从们搞的阴谋落了空。

第二天,同谋者之一埃皮米尼斯(阿西亚斯之子)把这件事告诉了他的密友卡瑞克利斯(迈南德之子),卡瑞克利斯又告诉了攸瑞罗卡斯(埃皮米尼斯之弟)。攸瑞罗卡斯就走进亚历山大的帐篷,把整个情况都向托勒密(拉加斯之子)汇报了。亚历山大听到后就把攸瑞罗卡斯揭发出来的人全部逮捕。这些人在受审时交代

了他们的阴谋，还牵连到一些别的人。

（十四）阿瑞斯托布拉斯确曾断言，说他们曾供认这个阴谋是卡利西尼斯教唆他们搞的。托勒密也同意这个说法。但多数权威史家并不这么说。他们说只是因为亚历山大厌恶卡利西尼斯，而赫摩劳斯和卡利西尼斯又来往密切，于是亚历山大就轻信最坏的事情必是出在卡利西尼斯身上。过去就曾有人记述，说赫摩劳斯被传到马其顿官员面前审问时，承认了阴谋是他搞的，因为任何一个生来就自由的人再也不能忍受亚历山大的傲慢狂妄。他还列举了亚历山大所做的坏事：菲罗塔斯如何遭受冤屈而死；后来他父亲帕曼纽和其他一些人又如何受到更加非法的残害；在酒会上杀害克雷塔斯；把自己打扮成米地亚人的样子，下令在他面前匍伏礼拜，至今仍未撤销成命；常常狂饮昏睡。赫摩劳斯直言不讳，说他就是因为对这一切再也无法忍受，打算解放他自己，同时也解放一切马其顿同胞。据说赫摩劳斯本人以及跟他一起被捕的人当场就都被出席审判会议的官员们用石头砸死。至于卡利西尼斯，据阿瑞斯托布拉斯说，他是戴着脚镣被军队带去游街示众之后病死的。但托勒密（拉加斯之子）却说他是被严刑拷打后绞死的。说也奇怪，即便是这些当时跟亚历山大在一起而且对事实真相完全了解的人，记述这些丑事时，仍然会有不一致之处。而他们的记述本来应当是很可靠的。至于这些事情的许多细节，不同的史家更有不同的记述，众说纷纭，莫衷一是。我写了这些就算够了吧。这一段到此为止。我把不久之后才发生的这些事情提前写在这里，是因为跟克雷塔斯的事件有连带关系，可说它们是一脉相承的。这样叙述起来比较方便。

(十五)这时,欧洲西徐亚人再次派代表来见亚历山大。原先亚历山大派到他们那里去的代表也跟他们一起回来了。因为亚历山大派去的代表到达他们那里的时候,他们的国王死了,他的弟弟继位当了国王,所以又派代表来见亚历山大。这个代表团是来向亚历山大表示,西徐亚人愿意服从他的领导。新国王还叫代表团带来许多礼物,都是西徐亚最名贵的东西。还说他们国王为了加强两国的友谊和同盟,还希望把他的女儿嫁给亚历山大。如果亚历山大不想娶西徐亚的公主,他就希望把西徐亚各地区的总督和其他显要人物的女儿嫁给亚历山大最信任的追随者。还说如果亚历山大要召见他,他愿意前来谒见,亲自聆听亚历山大的指示。与此同时,科拉西尼亚国王发拉斯马尼斯带着一千五百名骑兵也来了。他说他们住在科其亚和阿马宗女人国的边界上,如果亚历山大打算讨伐科其亚和阿马宗,把居住在攸克塞因海附近一带的各部族都征服的话,他愿意当向导,并为远征军筹备一切供应。

亚历山大对西徐亚的代表客客气气地作了适合当时情况的回答。说他暂时还不需要用联姻的办法和西徐亚结盟。然后向发拉斯马尼斯表示感谢,并和他友好结盟。但他说那时还不适于远征滂塔斯。只请发拉斯马尼斯替他问候波斯人阿塔巴扎斯(亚历山大已把巴克特利亚的政务委托给他),还请他问候邻近所有的督办,然后就请他回去。临别时还对他说,眼下他正在考虑的是印度,因为征服印度之后,就等于把全亚洲掌握在手。但当他成为亚洲霸主之后,他就要回到希腊去。然后,再统帅全部兵力,包括海军和陆军,从希腊出发,朝赫勒斯滂和普罗滂提斯方向前进,去远征滂塔斯。因此,发拉斯马尼斯应当把他现在的诺言留待那时再兑现。

他这时率部回到奥克苏斯河。据报许多索格地亚那人逃到他们的堡垒里躲着,不服从亚历山大派去的督办的领导,所以他决定向索格地亚那进军。正当他在奥克苏斯河边扎营时,在他本人的帐篷不远处,发现了一个水泉,附近还有一个油泉,从地面冒出。有人把这个奇迹报告了皇家近卫托勒密(拉加斯之子),托勒密随即报告了亚历山大。于是他就按照占卜师的建议,为这个预兆祭了神。阿瑞斯坦德说油泉象征着将来的劳累,但劳累之后会有胜利。

(十六)于是亚历山大就率领一部分部队进入索格地亚那。把坡利斯坡康、阿塔拉斯、高吉亚斯和迈立杰留在巴克特利亚。叫他们注意警戒附近地区,以提防各部族的捣乱。对造了反的要进行镇压。亚历山大把他自己带领的部队分成五部分,派赫菲斯提昂率领一部分;近身卫士托勒密(拉加斯之子)率领另一部分;第三部分交给坡狄卡斯;第四队归科那斯和阿塔巴扎斯;第五队由他自己率领,朝马拉坎达方向扫荡这个地区。其余各部也尽全力向前推进,攻打那些躲到堡垒里的敌人和接受前来归降的人。当他的全部兵力横扫索格地亚那大部地区之后在马拉坎达抵达时,他就派赫菲斯提昂到索格地亚那各城镇去重建居住区;派科那斯和阿塔巴扎斯朝西徐亚方向进军,因为传来消息说斯皮塔米尼斯躲在那里。亚历山大自己则率其余部队朝索格地亚那仍被叛军占据着的地区推进,没费多大事就把他们降服了。

正当亚历山大忙于这些事情时,斯皮塔米尼斯带着一些从索格地亚那逃出来的人跑到西徐亚一个叫马萨革太的地区躲避去

了。他们在那里搜罗了六百名马萨革太骑兵,然后又开到巴克特利亚地区的一座堡垒。那座堡垒的司令完全没想到会有敌人来攻打,于是在斯皮塔米尼斯的突袭下,驻军全部被消灭,司令本人也被俘关押起来。他们攻占这个堡垒后,非常得意,于是过了几天又开向扎瑞亚斯帕。他们虽未攻城,却把城围住,抢了不少财物装车运走。

在扎瑞亚斯帕城里,有一些伙友骑兵因病留在那里。跟他们在一起的还有培松(索西克利斯之子),他负责国王的一般侍从工作,还有一个竖琴师阿瑞斯托尼卡斯。这时他们的病都已养好,能拿武器骑马了。他们听到西徐亚人来袭,就集合了原来留守扎瑞亚斯帕的雇佣骑兵八十名以及国王的一些扈从,向马萨革太人发动了一次攻击。对西徐亚人出其不意的首次冲击中,把他们抢劫的财物全部夺取,还杀了一大批赶大车运东西的人。可是,当他们往回走时,秩序不好,又无人指挥,中途受到斯皮塔米尼斯和西徐亚人的伏击,损失了几个伙友和六十名雇佣骑兵。竖琴师阿瑞斯托尼卡斯也牺牲了。他打起仗来可不像个竖琴师,倒真像一个忠勇的好战士。培松负伤后被西徐亚人俘虏。

(十七)当这些情况向克拉特拉斯汇报后,他立即率部全速奔向马萨革太人。当他们知道克拉特拉斯逼来时,就急急忙忙向沙漠方向逃去。克拉特拉斯带领部队快马加鞭,在距沙漠不远处追上他们,另外还遇上一千多其他马萨革太骑兵。于是在马其顿人和这些西徐亚人之间就展开了一场激烈战斗。马其顿人打胜了。西徐亚人在损失了一百五十名骑兵之后,其余的很容易地就逃到沙漠里。马其顿人也没法再追。

这时，巴克特利亚督办阿塔巴扎斯因年老提出辞职，亚历山大批准了，派阿明塔斯（尼科劳斯之子）接替。叫科那斯留在那里，带着他自己那一旅、迈立杰旅、约四百名伙友骑兵、所有马上标枪手以及配属给阿明塔斯的所有巴克特利亚和索格地亚那部队。亚历山大命令所有这些部队都听从科那斯的指挥，叫他们到索格地亚那的营房过冬。让他们一方面监视这一带，另一方面埋伏好。如果斯皮塔米尼斯冬天来此窜扰，就把他抓住。

这时斯皮塔米尼斯及其部队东奔西走，发现到处都有马其顿部队驻守，感到走投无路。于是就又掉头向科那斯及其部队开过来，以为在这里还能打胜仗。当他们到达位于索格地亚那和马萨革太西徐亚之间的一个索格地亚那要塞巴伽时，他们轻易地就诱使三千西徐亚骑兵入了他们的伙，跟他们一起袭击索格地亚那地区。当时这些西徐亚人极端贫困，既没有城镇，又没有定居之处，所以他们对于家园毫无顾虑。因此，只要有人劝，很容易就能把他们拉去打仗，不管打什么仗都行。当科那斯知道斯皮塔米尼斯正率骑兵逼近时，他就带着队伍前去迎敌。激烈的战斗展开了。马其顿方面又占了优势，因而部族骑兵在激战中倒下了八百多，而科那斯的部队中只有骑兵二十五名和步兵十二名阵亡。因此，当时仍然跟着斯皮塔米尼斯的那些索格地亚那人和大部分巴克特利亚人在溃逃时就脱离了斯皮塔米尼斯，投降到科那斯这边来了。马萨革太西徐亚人吃败仗后，抢劫了跟他们一起打仗的巴克特利亚人和索格地亚那人的运输队，然后跟着斯皮塔米尼斯逃到沙漠里去。后来他们了解到亚历山大已率大军出发朝沙漠开来，于是他们就把斯皮塔米尼斯的头割下来送给亚历山大，为的是转移亚历

山大进军的方向，不再进攻他们。

（十八）这时，亚历山大在诺塔卡。科那斯和克拉特拉斯带着部队回到他这里。帕西亚督办福拉塔弗尼斯带着部队跟阿瑞亚督办斯塔萨诺一起，在完成亚历山大交给他们的任务之后，也都回来了。时值严冬，亚历山大叫部队休息。派福拉塔弗尼斯到马地亚和塔普瑞亚去，把那里的督办奥托夫拉达提斯带回来，因为亚历山大曾不断派人去叫他，至今他还未应命前来。派斯塔萨诺到德兰吉亚去当督办，阿特罗帕提斯去米地亚当督办，因为亚历山大听说欧克索达提斯对他本人不怀好意。据报巴比仑总督马扎亚斯已死，派斯塔米尼斯去接任。还派索坡利斯、埃坡西拉斯和米尼达斯到马其顿去，把已到期该来的部队从马其顿带回来。

春天一露头，亚历山大就率领部队向索格地亚那山进军，因为据说有很大一批索格地亚那人逃到那座山里躲避。据说巴克特利亚人欧克西亚提斯的妻子和女儿也在那里。欧克西亚提斯本人已背叛了亚历山大，把妻子和女儿偷偷送到那里，是因为那座山形势险要，难以攻占。一旦那座山失守，想造反的索格地亚那人就再也没什么别的指望。亚历山大率部到达时，发现这座山四面都是悬崖峭壁，无法进攻；那些部落军民又已储备了大量粮草，准备长期死守；而且积雪很深，马其顿部队很难接近，山里却有充足的用水。即使如此，亚历山大还是决定攻打这个据点。由于亚历山大刚到此地时，曾叫他们派人下山来谈判。对他们说，如果他们把阵地交出来，就允许他们安全地返回家乡。但他们听了之后，就狂笑着叫亚历山大去找长翅膀的兵来替他夺取这个高地，因为他们对不长翅膀的人是不怕的。这些部族的人们这样狂妄地污辱亚历山大，

激起他的怒火，非跟他们见个高低不可。于是亚历山大就向他的部队宣布：谁能第一个冲上山顶就得十二塔仑的头奖，第二个得二奖[①]，第三名得三奖，最后一个冲到山顶上去的得末奖三百达瑞克[②]。马其顿部队本来就急着要上山，亚历山大这一宣布，又大大地给他们加了油。

（十九）于是，在过去围攻山寨中就曾练过攀登石壁的人都集合在一起，共有三百人。他们准备了一些小铁栓（原来是钉在地上固定帐篷用的），用来钉在冻得很牢固的冰雪上或裸露的地面上。事先把很坚固的麻绳系在这些铁栓上，然后趁黑夜出发，走到石壁最陡因而也是无人把守的地方，准备就在这里往上爬。他们把一些铁栓钉在裸露的地面上，有些则打进看来不易垮掉的冰雪上。然后一个个吊在悬崖上往上攀。方法姿势各有不同，真是群英攀陡壁，各个显神通，在攀登过程中约有三十个人摔死。他们的尸体掉到各处的积雪中找不到了，无法为他们举行丧礼。其余的人天亮时攀登成功，占领了崖顶。然后就按亚历山大事先的吩咐，向马其顿营地挥动旗子。亚历山大看到之后，就派了一名传令官前去，向部落兵前沿阵地的哨兵喊话。说亚历山大真地请来长着翅膀的天兵，并且已经占领了他们的悬崖山顶。一面说，一面指着山顶上的马其顿士兵叫他们看。招呼他们赶快投降，别再耽误。

那些部落官兵看到这个奇迹，吓得目瞪口呆。他们不知道占领了山顶的兵力实数，也猜不出有多少，想必都是全副武装的，于

① 即十一塔仑，第三名十塔仑，依此类推。只有前十二名得奖。——英译者

② 三百金达瑞克等于一塔仑。——英译者

是他们就投降了，这是因为他们看见山顶上为数并不多的马其顿人之后，就惊恐万状。他们许多人的老婆孩子当即被俘。其中包括欧克西亚提斯的老婆和几个女儿。在他这几个女儿中，有一个叫罗克塞妮[1]的，已到结婚年龄。亚历山大的部下说，除了大流士的妻子之外，她就是全亚洲最可爱的美人。亚历山大一看见她就爱上了。虽说她是个俘虏，但他既然已深深地爱上了她，就对她不施暴虐，而是甘愿屈身娶她为妻。对亚历山大的这件事我还同意，不予责怪。但对大流士的妻子，这个所谓亚洲第一美人，他倒没沾。虽然他年轻，正值精力旺盛、热血沸腾、容易冲动，但他却可怜了她，把她饶了。这也许是因为他根本就不爱她；如果他真爱上了她，也是因为他能控制自己。在这件事情上，他表现出不小的自制力，而且也可以看出他胸怀大志，重视自己的名声。

（二十）与此事有关的，还有另一段故事：大流士和亚历山大在伊萨斯打完那场大战之后不久，负责大流士王后事务的一个内侍逃脱后又回到大流士那里。大流士一看见他，首先就问他的母亲、妻子和孩子们是否还活着。他回答说她们都还活着，而且人们还以她们原有的头衔王后、公主称呼她们，对她们的殷勤礼遇跟大流士在位时一模一样。大流士听完之后又问他的妻子是否仍忠贞于他，回答仍然是肯定的。于是他又问亚历山大是否曾对她强施无礼，这位内侍先发了誓，随后说："大王陛下，您的王后还是跟离开您的时候一样。亚历山大是最高尚、最能控制自己的人。"大流士听了这话，举起双手，对着苍天祈祷说："啊！宙斯大王！您掌握着

① 发音如 Rōxānē。——英译者

人世间帝王兴衰大事。既然您把波斯和米地亚的主权交给我了，我祈求您，如果可能，就保佑这个主权天长日久；但是，如果我不能继续在亚洲称王了，我祈求您千万别把这个主权交给别人，只交给亚历山大。因为他的行为高尚无比，对敌人也不例外。”

再回到上段故事：欧克西亚提斯知道他的女儿都当了俘虏，而且亚历山大已看上了他女儿罗克塞妮，于是他就鼓起勇气去见亚历山大。亚历山大给他很大的体面。好事既成，理当如此。

（二十一）亚历山大完成了在索格地亚那的工作并占领了那座陡山之后，就向帕瑞塔卡进军。据报在帕瑞塔卡境内另有一座陡山，名叫科瑞尼斯山，也极险要。有一大批部族在山上据守。科瑞尼斯本人[①]和那个地区的许多官员也都在山里躲避。这座山有十二斯台地高，周围约有六十斯台地。四面都是悬崖峭壁，只有一条小路通到山上，既狭窄又难走。尽管地势艰险，但这条路似乎特意修得难上加难。即使无人把守，部队成一路纵队上山也是够难走的。山脚又有一道深沟围绕保护，因此想要带着部队攻山，首先就必须花很大气力把这道深沟填平，然后才能叫部队从平地上仰攻。

亚历山大是不会叫这个吓住的。他信心百倍，自以为无坚不可摧，无地不能占。他的胆量和成就也确实已经到达登峰造极的地步。他看到山的四周都是茂密的大松林，就让部队去伐树，制造梯子，为了使部队沿梯子下到沟里，因为没有其他办法可使。在这些日子里，白天由亚历山大亲自监工，叫部队半数干活，半数休息，

① 那时这一带部族习惯把某些地区、城市或大山，以他们的酋长或土司的名字命名。——译者

轮流换班。一到晚上,就叫近卫部队接班。由坡狄卡斯、利昂纳塔斯和托勒密(拉加斯之子)带领夜班部队,按亚历山大的吩咐,分成三班轮流干。即使全军都已投入抢工,但白天一整天的进展还超不过二十库比特,晚上就更少了。这是因为地面坎坷不平、活更不好干。他们先下到谷底最窄的地方打桩。桩间距离保持在能安全负荷压在上边的重量为度。然后就像搭桥那样,在一行行的木桩上铺上用柳条编的一条条像席子或篱笆似的覆盖物,捆紧钉牢,再在上边铺土。这样,部队向山推进就如履平地一般。

起初,山上的部族还嘲笑他们,说这简直是瞎胡闹,根本搞不成。但到最后,马其顿部队的箭已能射到山上。而且还造了掩蔽屏障,躲在下面继续修筑工事。山上的部落兵向他们投石射箭都伤害不着,更不能把他们赶跑。这时,科瑞尼斯才被他们的成绩吓呆了。于是他就派了一名传令官下山见亚历山大,乞求把欧克西亚提斯派上山去谈判。亚历山大同意,就派他去了。欧克西亚提斯到达山上之后,就竭力劝说科瑞尼斯献出山寨投降。他说,在亚历山大率领他的部队强攻之下,任何险要都是可以拿下来的。假如科瑞尼斯能对亚历山大守信修好,那他深信亚历山大国王的信义是靠得住的。他举了许多例证,主要采用现身说法,叙述了亚历山大对待他自己的事实就是最好的例证。他这番议论把科瑞尼斯说服了。于是他就亲自带着一些亲戚朋友下山来见亚历山大。说明来意后,亚历山大很有礼貌地作了回答,保证和他修好。然后叫科瑞尼斯留下,叫他派几位跟他一起下山的人回去,命令山上的人交出山寨。后来在山上避难的那些人果然把山寨交了出来。亚历山大带着五百名近卫队上山去巡视。他对科瑞尼斯不但一点也不

怠慢，而且真把山寨又交还给他，还叫他当总督，管辖他原来管辖的地区。

围困期间，由于下了大雪，食物又极缺乏，部队在冬天吃了不少苦。科瑞尼斯答应给部队两个月的给养。从山里的仓库里取出粮食和酒交给他们。还把干肉分发到部队各帐篷里。送完这些礼物之后，他说还没用掉他为对付长期围困所储存的物资的十分之一。因此，亚历山大就更看得起他了。因为这件事证明，他把山寨交出来，不是迫不得已，而主要是出于好意。

（二十二）亚历山大完成这件大事之后，就进军巴克特利亚。派克拉特拉斯带领伙友骑兵六百和他自己的步兵旅以及坡利斯坡康、阿塔拉斯和阿西塔斯各步兵旅去攻打卡塔尼斯和奥斯塔尼斯。这两个头目是帕瑞塔卡地区造反后至今仍未投降的。克拉特拉斯和他们打了一场激烈的仗，取得了胜利。卡塔尼斯战死疆场；奥斯塔尼斯被俘后，押到亚历山大那里。他们手下的部落兵，被打死的骑兵有一百二十人，步兵有一千五百人。克拉特拉斯完成这个任务之后，也率部开到巴克特利亚，就是卡利西尼斯和一些扈从们阴谋杀害亚历山大的那个地方。

春末，亚历山大命令阿明塔斯带着三千五百骑兵和一万步兵留守巴克特利亚，他自己率部向印度进军。越过高加索山[①]，走了十天，到达亚历山大城。这座城是他第一次讨伐巴克特利亚时在帕拉帕米萨斯地区修建的。原来他委派管理这个城市的总督看起来治理成效不大，他就撤了他的职。从附近地区又召来一些人并

① 和前面所说一样，还是指兴都库什山，也叫帕拉帕米萨斯山。——英译者

叫部队里一些超过服役年龄的人定居城内。命令伙友之一尼卡诺专管城市，派提瑞亚斯皮斯当督办，管辖帕拉帕米萨斯以及直至科芬河的所有地区。然后就进军尼卡亚[1]，向雅典娜献祭后，又向科芬河挺进。他事先曾派一传令官到印度河这边的印度头目太克西利斯等印度人那里去，叫他们尽早派人来迎接亚历山大。太克西利斯和其他头目果然带着印度人认为最珍贵的礼物前来欢迎他，还答应把他们所有的大象共二十五头献给亚历山大。

亚历山大在这里把部队分成几部分。派赫菲斯提昂和坡狄卡斯率领高吉亚斯、克雷塔斯和迈立杰各旅、伙友骑兵半数以及所有雇佣骑兵，朝印度河方向进入朴西劳提斯地区，吩咐他们把沿路所经过的城镇全部攻占或降服。到印度河之后，要把渡河用的东西准备好。还派太克西利斯和其他印度头目跟他们一起去。他们依令到达印度河边，拿下所有城镇。只有朴西劳提斯地区的督办阿斯提斯企图反抗，结果他本人被杀，他逃进去躲避的那个城市也受他的连累遭了殃。因为赫菲斯提昂围城三十天后才把它攻占。杀了阿斯提斯后，派散伽亚斯接管该城，他是事先就从阿斯提斯处逃到太克西利斯那里去的，这就能证明他忠于亚历山大。

（二十三）亚历山大带着近卫队、未拨给赫菲斯提昂的那一部分伙友骑兵、所谓伙友步兵各旅、弓箭手、阿格瑞安部队和马上标枪手等，进军阿斯帕西亚、古拉亚和阿萨西尼亚地区。部队沿科斯河岸崎岖的山路前进。克服了一定的困难渡过河以后，他就命令步兵以日常行军速度跟进。他自己则率领全部骑兵，另外叫八百

① 即《亚历山大远征图》上的尼塞阿。——译者

名步兵带着自己的盾牌也骑在马上，全速前进。据报这一带的部族，有的逃到山里，有的逃到防御工事强固的城市里。沿途经过的第一座城市，他没费多大气力就把他们的外围部队赶回城里，把城围困起来。但在作战中他本人负伤，有一支箭穿透他的胸甲射入肩部。但因为胸甲抵挡，未把肩膀穿透，因此伤势并不严重。托勒密（拉加斯之子）和利昂纳塔斯也都负伤。

针对敌情，亚历山大就在看来最易攻破的那一段城墙外边宿营。城墙是双重的。第二天破晓，马其顿部队很容易地就攻入外层城墙，因为这道墙建得很粗糙。在第二道墙上，部族兵还顶了一阵。不过，当马其顿部队竖起梯子、用投射物到处打击他们的前沿阵地并使他们不少人负伤时，他们就顶不住了。于是就从一些城门冲出来，逃到山里。马其顿部队趁他们溃逃时又杀伤了一部分，把捉住的也都杀了。这是因为他们射伤了亚历山大，把马其顿人激怒之故。但大部敌人还是逃进距城不远的山里。亚历山大把这座城夷为平地，又到了一座叫安达卡的城市。这个城是投降的。亚历山大叫克拉特拉斯和其他步兵指挥官留下，以率领部队把不愿主动投降的各城镇都毁灭。各地都解决之后，就把这一带地区急需处理的各种事务进行妥善处置。

（二十四）然后，亚历山大本人率领近卫部队、弓箭手、阿格瑞安部队、科那斯和阿塔拉斯旅、近卫骑兵中队、四个其他伙友团以及马上弓箭手半数，向攸阿斯普拉河进军。据说阿斯帕西亚总督就在那里。两天内越过了很大一块地方，到达那座城。但是，那些部族听说亚历山大要来，都已逃到山里。于是亚历山大又向大山紧追逃敌，一到山里，就大肆杀戮那些部族，直到他们又逃到更难

进入的深山里。

托勒密(拉加斯之子)事实上已经在一个小山边上看见了这一地区的那个印度首领,还看见他带着一些卫队。虽然托勒密当时带的兵力比敌人少得多,但他还是率领部队骑马追击敌人。后来因为山太陡,他的马上不去了,他就把马丢下,交给一位近卫队员牵着,自己徒步追击敌酋。这个印度首领看见托勒密已逼近,就带着他的卫队掉头作困兽之斗。他在近距离用一杆长矛刺穿了托勒密的胸甲,扎在他的胸脯上,但因矛头被胸甲卡住,没有戳进肉里。就在这一瞬间,托勒密一枪戳透了他的大腿,把他甩倒地上,抢走尸首。敌酋的卫队见自己的首领倒地,全都逃跑。但小山上的其他印度兵看见他们的总督的尸体被马其顿人抢走,悲愤交加,就冲下山来跟马其顿人血战一场。这时,亚历山大所率骑兵已下马徒步开到小山附近。他们立即投入战斗,费了很大气力才把这些印度兵赶回山里,把敌酋尸首带了回来。

亚历山大带着部队穿越大山,然后下山占领一个叫阿瑞伽亚斯的城市。居民早已放火把城烧毁逃跑。亚历山大进去之后才发现是一座空城。这时,克拉特拉斯在成功地办完了亚历山大交给他的一切任务之后,也率部来到这里跟亚历山大会合。由于这座城位置适宜,亚历山大吩咐克拉特拉斯在四周再修一道墙加强它的防卫能力。他还号召附近部族,凡是愿意搬到城里的都可以搬进去定居,部队里超过服役年龄的也都可以在城里安家。他本人则率部向一座大山挺进。据说这一带部族多数都逃到那座大山里躲藏。到达此山后,就在山脚下扎营。

托勒密(拉加斯之子)曾奉命带着一批人马去征集粮草,他自己还曾带着少数人前进得更远一些进行侦察。正在这时，他回来向亚历山大汇报说，他看见部族兵营地的烟火比马其顿营地的烟火多得多。但亚历山大并不相信烟火的数目能说明什么问题，他认为这可能是这一带的部族搞的虚张声势的诡计。于是他就留下一部分兵力在营地不动，针对汇报的敌情，自己带着认为足够的兵力朝烟火的方向开去。到达看到烟火、距敌不远的地方后，就把兵力分成三部分。命令近卫利昂那塔斯率领第一部分，即阿塔拉斯和巴拉克拉斯两个旅；第二部分由托勒密（拉加斯之子）指挥，包括皇家卫队三分之一，菲力普和菲罗塔斯旅、弓箭手两个团、阿格瑞安部队和骑兵半数；他自己率领第三部分向部族兵似乎最多的地方挺进。

（二十五）占据着高地的敌军觉得自己人多，很自信。眼看马其顿部队开过来，只有那么一点点，很瞧不起，于是立即从山上冲下来。一场激战随即在平原上展开。但亚历山大并未经过多大困难就把敌人压倒。这时，托勒密眼看敌人占着一座小山，就把部队摆开阵势，不是一线拉齐，而是分成几路纵队，带领他们冲击小山上最易突破的一点。不是四面堵截，而是给敌人留下一条逃路，如果他们想逃，就可以从那条路逃走。与敌接触后立即发生了一场极其激烈的战斗，一则因为敌阵难攻，再则这一部分印度人跟别的不同。他们是在这一带邻近部族中最勇猛善战的。即使如此，他们还是最后被马其顿部队赶下山去。在另一处，利昂那塔斯所率第三部分兵力也是旗开得胜，打垮了他们对面的敌人。据托勒密记载，这次活捉的就有四万多人，还缴获了二十三万多头牛。这些牛特别好看，个子又大。亚历山大挑了一大批最好的牛，派人尽快

送回马其顿，用于耕作。

从那里，他又向阿萨西尼亚人进军，因为据说他们已经集中了二千骑兵、三万多步兵和三十头大象，准备和亚历山大打一仗。这时，克拉特拉斯已把交他负责的那个城市的筑城任务完成，随即把重装部队带到亚历山大这里；又考虑到一旦攻城就需要礌石器，所以把攻城礌石器也带来了。亚历山大带着伙友骑兵、马上标枪手、科那斯和坡利斯坡康旅，阿格瑞安部队一千名和弓箭手等，朝阿萨西尼亚前进。路过古拉亚地区。在渡过与该地区同名的古拉亚斯河时，发生了困难。河水既深又急，而且河底尽是圆卵石，极滑溜，简直无法下脚踩。不过，这时部族部队知道亚历山大来了，不敢以大兵团抵抗，于是分成许多小股，各奔自己的城镇，打算各自保住自己家乡。

（二十六）根据这个情况，亚历山大首先进军马萨伽。这是全地区最大的城市。部队进抵城边时，城里的部族依仗从远处调来的约七千名印度雇佣兵，见马其顿部队正扎营，立即飞快地从城里冲出来要打。亚历山大看出，这一仗在城根打不好，很想把敌人引到离城较远的地方去打，因为他断定一打起来，敌人必然溃退，不能让他们就近退到城里去安然自在地躲起来。因此，他一看见敌人冲出来，立即命令部队向后转，向一座小山撤去。这座小山距离他原来打算扎营的地方大约有七斯台地。敌人因此越发得意，以为马其顿人真已招架不住往后退避。于是他们就全速追击，秩序大乱。但当他们射出的箭刚刚够上马其顿部队时，亚历山大就用信号指挥方阵掉头猛冲敌军。马上标枪手、阿格瑞安部队和弓箭手冲在最前面打击这些部落兵。亚历山大率领方阵也以严整阵容

压上前来。印度部队被这突如其来的反击搞得狼狈万状，而且打的又是肉搏战，于是他们就急急忙忙退回城里。一路被消灭二百上下，其余都被围困在城内。亚历山大带领方阵攻城时，在城根中了一箭，那支箭射在他的脚踝上，伤得不重。第二天，把礌石器调上来，很容易地就把一段城墙打垮。但当马其顿部队从这个豁口往城里冲时，印度人顽强抵抗。因此，当天亚历山大就下令收兵。第二天攻城时较为顺利。面对城墙竖起一座木塔，弓箭手从上边向敌人射排箭，礌石器同时也向他们礌石。这样才把印度兵压得老实一些。即使这样，还是无法攻进城去。

到了第三天，亚历山大又把方阵调上来，从一架礌石器到城墙的豁口搭上一架桥，率领近卫部队从桥上往城里冲，这是他在攻占提尔时用过的方法。但由于许多人都急着往前冲，这架桥吃不住这么大重量，就断了。马其顿人从桥上掉下来。敌军看到马其顿人出了事故，就大声叫喊，从城墙上往下射箭投石，手头有什么扔什么，随手拣起什么投什么，各种砖石像雨点般朝马其顿人倾泻下来。另一批敌人也从城楼之间的一些小城门里冲出来，趁马其顿部队混乱之际，逼近他们冲杀。

（二十七）这时，亚历山大派阿西塔斯带着他那一旅人，到战线各处去救护伤员，把仍在进行战斗的人召回营地。第四天，又如法攻城。在另一架礌石器上又架了一座桥通到城上。

那些印度人，只要他们的头目还活着，就进行顽强抵抗。但后来他们的头目被一颗弹弓石弹击中身死，他们的部队在紧紧围城的战斗中也有大批人倒下，不少负了伤不能再打了。只是到了这个时候，他们才派代表到亚历山大处要求停战讲和。亚历山大很乐意把这些勇敢的战士保存下来。他当时就同意让这些印度雇佣兵参加他的部队跟他去打仗。于是他们就从城里带着武器开了出来，在面对马其顿营地的小山上单独扎营。但他们实际上并不是真愿意拿着武器去攻打别的印度人，而是打算趁黑夜溜走，去找他们自己的部族。亚历山大了解到这个情况后，就命令全军出动，趁夜间把他们那座小山团团围住，把他们全部消灭了。那座城市由于大部守军已不存在，后来也被攻下。在城里还抓到阿萨西那斯的母亲和女儿。在整个围城战役中，亚历山大的部下阵亡了大约二十五名士兵。

然后，亚历山大派科那斯从这里出发到巴济拉去，估计他们听到马萨伽被攻占的消息之后可能会投降。又派阿塔拉斯、阿西塔斯和骑兵指挥官德米特里亚斯到另一个叫欧拉的城市去。命令他们在他本人到达以前，在城外另筑一道城墙加固其防御。但当阿西塔斯到达时，城内居民冲出来攻打他的部队。不过，马其顿部队轻而易举地就把他们打退，赶回城里。科那斯攻打巴济拉也未成功。因为那座城建在高岗之上，四周工事又极坚固。居民凭着优越的地势，毫无投降之意。

亚历山大了解此情后，就率部向巴济拉开来。但因为又听说欧拉城的头目阿比萨瑞斯特地派人到附近部族，叫他们偷偷溜进欧拉城里帮他打仗。于是亚历山大又决定先打欧拉。命令科那斯在巴济拉城外不远处修建要塞，留下相当兵力驻守，使城里的敌人不敢轻易出城利用附近地区的人力物力。然后把其余部队带去跟亚历山大会合。但巴济拉城里的部族看见科那斯已把大部兵力带走，认为留下的马其顿部队敌不过他们，不把他们放在眼里，于是就从城里冲出来,激战随即展开。在这次战斗中,至少有五百名部落兵被打死,七十多人被俘,其余的又逃回城内。马其顿部队从面对城墙的要塞里监视他们,他们要出城到乡间活动还是不容易办到。在亚历山大那方面,他发现围攻欧拉并不困难。于是就发动进攻,果然一攻而下,俘获了留在城里的大象。

(二十八)巴济拉居民了解到这个情况之后,对自己的阵地也失去了信心,大约在半夜时就弃城逃走。其余各地的部族也都相继外逃,跑到一座叫阿尔诺斯的陡山[①]里。这座陡山是这一带地区里特大的一座山。还有传闻说,甚至宙斯的儿子赫丘力士都未能把它攻占。究竟赫丘力士——不管是底比斯的还是提尔的赫丘力士,也不管是埃及的——是否真正到过印度,我不能肯定。我觉得,他很可能是没有到过。我想可能是这样,人们遇到困难,往往把它夸大,甚至说连赫丘力士都克服不了。不管怎么说,反正关于这座阿尔诺斯山的故事,我认为也是人们为了把它夸张到不得了的程度,硬是把赫丘力士拉进去。据说这座山方圆约有二百斯台地;至于高度,山顶最低处也有十一斯台地。据说只有一条路通上去,是人工开辟的,极难攀登。山顶上有充足的清水,从一眼泉里流出,还顺山石流下。山上还有林木和很好的可耕地,足够一千人耕种。

亚历山大听了这个情况后,迫切要把此山占领。关于赫丘力士都没有拿下这座山的故事,在他下决心时,也起了不小的作用。但他还是下令把马萨伽和欧拉二城建成这个地区的要塞,在巴济

① 其位置请参见导言。——罗布出版社编者

拉周围修起一道城墙。赫菲斯提昂和坡狄卡斯带领部队在另一个叫欧罗巴提斯的市镇外围也修上城墙。修好后，留下一部兵力驻守，大部队开到印度河去。到达后，就按亚历山大的指示，想办法在河上架桥。

亚历山大任命伙友之一尼卡诺为印度河这一边一带地区的总督。他自己首先率部向印度河推进。接受了距河不远的朴西劳提斯城的归顺，留下菲利普带着一部兵力驻守。此外还占领了印度河沿岸一些小城镇。这个地区的总督科菲亚斯和阿萨格提斯也跟随他进军。后来抵达距阿尔诺斯山不远的埃博利马城，留下一部分驻军由克拉特拉斯指挥。命令他从附近地区尽量收集粮草和其他物资运到城里储存起来，准备长期供应部队。这样，如果这座大山一时攻不下来，马其顿部队可以以这座城为基地，进行长期围困封锁，把山上的守敌拖垮。于是他自己就带着弓箭手、阿格瑞安部队和科那斯旅、从方阵其余部队中抽出装备最轻最好的一部分，以及伙友骑兵二百和马上弓箭手一百，进抵山下。当天选择了看来比较方便的地方宿营。第二天又向山靠拢了一些，再次宿营。

（二十九）这时，附近部族中有些人到亚历山大这里来投诚，答应带他到这座山上一个最易进攻的地方去，不用费多大劲就可以拿下一个据点。他派近卫托勒密（拉加斯之子）带着阿格瑞安部队、其他轻装部队和近卫队精锐，跟着那几个印度人去。命令他占领据点后，派强有力的部队驻守，然后立即向他发信号表示据点已被占领。于是托勒密就沿着一条坎坷难行的小路上山，在敌人还没发觉时，就占领了那个据点。于是立即在四周筑起栅障，挖了壕沟，以加强防御。然后在亚历山大准能见到的高处点火发出信号。

亚历山大见到信号后，第二天立即把部队调上来。但由于地形困难，部族兵又顽强抵抗，他没有能取得什么进展。这些印度部族看见亚历山大进军无力，于是就掉头去攻打托勒密。一场激战于是展开。印度兵急于千方百计捣毁栅障，托勒密则竭尽全力守住阵地。双方在远距离互相射箭投石。印度人吃了大亏，天一黑就撤走了。

这时，亚历山大在开小差的印度兵当中选了一个可靠的，这个人对这里的地形又了如指掌。于是就趁黑夜派他带了一封信到托勒密处。在信中命令他，当亚历山大率部一开到山里，托勒密马上就要从山顶冲下来，不要只管保守那个高地。这样里应外合使敌人腹背受到攻击。第二天破晓，亚历山大就从营地率部出发，到了托勒密原来偷偷上山的那个斜坡上。他算计，如果他在这条路上强攻成功并和托勒密会师的话，这一仗是不太难打的。事情果不出他所料：中午，印度部队和马其顿部队之间的激战就展开了。这边强攻，要夺取上山的道路；那边死守，敌人一靠近就箭石交加。后来马其顿部队利用车轮战术，一队接一队冲上来，这一队打一阵歇了，又换另一队打。在克服了许多困难之后，到黄昏时就占领了斜坡和托勒密会师。会师后一起攻打山寨。即使如此，还是失败了。这样就结束了一天的战斗。

天亮时，亚历山大命令士兵每人砍一百根木桩。砍好后，就由他们宿营的小山顶端开始，筑起一条大土岗，一直筑到敌人山寨边沿。他估计从土岗上射箭或从礌石器上礌石，都可够到寨上敌人。全军一起动手抢修土岗。亚历山大站在一旁监工。对卖力的就表扬，对偷懒的就惩罚。

(三十)第一天,全军把土岗修了大约有一斯台地长。第二天,使用投石器的人就可以在已修好的那一段土岗上投石,礌石器也可以利用土岗礌石了。这样就把攻击筑土岗部队的印度兵压制住了。用了三天时间,土岗就已遍布山顶。第四天,有少数马其顿官兵冲到和敌人山寨绝顶一般高的一座小山头上,把它占领了。亚历山大看到之后,一刻也不耽误,命令部队马上把土岗向新占的小山头延伸,力图用土岗把原有阵地和这个山头连接起来。

占领了小山头的那一小批马其顿部队行动如此大胆,简直令人难以相信。印度人对此确实大为震惊。而且,他们又看到土岗已和小山头连接起来,于是就不想再抵抗,派了一名军官到亚历山大这里要求停战,说是条件谈妥之后,他们准备交出山寨。这是他们搞的诡计,企图利用谈判条件把白天拖延过去,一到晚上就散伙,各奔自己部落。亚历山大发觉这个计谋之后,就答应给他们充分时间撤退,同时也把山寨四周的巡逻队撤走。然后他就等着他们撤走,随后亲自率领卫队七百来人登上已撤出的那一部分山寨里去。他是第一个登上山去的。跟在他后边的马其顿人,一个拉一个地也爬了上去。在信号发出后,这些人立即冲击正在撤退中的部落兵。趁他们溃逃中大杀大砍,消灭了一大批。有些在惊惶逃走中从悬崖掉下摔死。于是,亚历山大果然占领了这座连赫丘力士都未能占领的大山,并在山上献了祭。留下由西西科塔斯率领的驻军。这个人是不久前由柏萨斯处开小差到巴克特利亚的。亚历山大占领巴克特利亚后,他就在他手下服务。事实证明他很可靠。

然后,亚历山大率部下山,讨伐阿萨西尼亚人。这是因为有消

息传来说阿萨西那斯的哥哥带着许多大象和部落兵到这个地区的山里躲起来了。亚历山大率部到达一个叫狄尔塔的城市，发现是个空城，连郊区都无人影。第二天，派尼阿卡斯带领阿格瑞安部队和轻装部队，派近卫部队各团指挥官安提欧卡斯带领他自己那一团和另外两个团，都去这一带侦察。见到部落兵就抓住讯问，摸情况。亚历山大特别想知道那些大象的下落。

他本人则向印度河进军。事先已派了部队去修路。因为那一带道路极难走。他一路也捉住了几个部落兵，从他们嘴里了解到这一带的印度人都投奔阿比萨拉斯去了。阿比萨拉斯把大象都留在印度河边放牧。于是亚历山大就叫这几个印度人带路去找那些大象。当时有许多印度人会猎象。亚历山大在他们后边跟随，收获不小。他还跟他们一起猎象，在追逐一群大象时，有两头从山崖跳下去摔死了，其余的都抓住。它们还许人骑着。后来这些大象都带到部队里。沿途又发现河的附近有一片树林，木材很好。于是亚历山大令部队伐木造船。船造好后，放入印度河中，部队上船，沿河驶到赫菲斯提昂和坡狄卡斯早已修好的那座桥那里。

卷　五

（一）在亚历山大远征经过的科芬河和印度河之间的地区，有一座名叫奈萨的城市①，据说最初是由狄俄尼索斯②在征服印度之后修建的。既未说清楚这位狄俄尼索斯究竟是谁，也不知道他是什么时候从什么地方向印度进军的。这位底比斯人狄俄尼索斯是从底比斯领兵出发去攻打印度的呢，还是从利地亚的特摩拉斯山去的呢？他一路侵略了当时希腊人并不了解的许多好战的部族，为什么其他各族都不征服，而偏偏征服了印度人呢？所有这一切，反正我是搞不清楚的。话虽如此，可是对古代神仙传说，任何人都不应太认真苛求。因为有些事情，如果单从可能性方面去考虑，似乎靠不住；不过故事里，如果加上神仙的成分，那就完全不是不可信的了。

不管是怎么回事吧，反正当亚历山大到达奈萨城下时，奈萨市民确实派了他们的首领阿卡菲斯率领由三十个头面人物组成的代表团出城谒见，请求亚历山大允许他们的城市仍由他们的神明照管。据说这些代表进入亚历山大的帐篷时，看见他坐在那里，浑身

---

① 即今哲拉拉巴德。——英译者

② 酒神。每年在酒神节，人们痛饮狂欢，歌颂酒神，甚至模拟酒神扭摆舞蹈，胡跑乱冲。雅典最大的剧场即以狄俄尼索斯命名。——译者

上下仍然都是旅途上带来的尘土，身上还披着打仗时常披的铠甲，头上戴着铁盔，手里拿着长矛。他们看到这个情景，惊愕万分，全都俯伏在地上，很久不敢出声。后来亚历山大让他们起来，叫他们不要害怕时，阿卡菲斯才说了下边一段话：

“大王陛下，奈萨人民出于对狄俄尼索斯的崇敬，恳求您允许他们自由独立。因为狄俄尼索斯在征服印度民族之后、即将凯旋回到希腊海之际，用他那些退役的士兵，也就是他那一帮巴卡斯[①]，创建了这座城池，以便后人纪念他的远征和胜利。这跟您在高加索山和埃及各建一座亚历山大城的用意是相同的。您在其他各地也已经修建了许多城市，将来还要修建更多，从而证明您比狄俄尼索斯创造了更多辉煌的业绩。狄俄尼索斯把这座城命名奈萨，是为了纪念他的奶妈奈萨。这一带领土称为奈萨亚。距城不远处的山命名为迈罗斯（意为大腿），因为传说他是从宙斯的一只大腿里生出来的。从那时起，我们居住的这个奈萨城就一直享有自由，我们这些市民一直享有独立，过着安居乐业的生活。这一点也可以证明我们这个城市的创建者是狄俄尼索斯。而且，在全印度只有我们这里生长常春藤，别处却都不长。”

（二）亚历山大听了他这些活，觉得很悦耳。于是就很高兴地相信了关于狄俄尼索斯远征的故事，也欣然承认了奈萨城就是他创建的。事实果真如此，那他已经到了狄俄尼索斯曾经到过的地方，而且他自己还要比狄俄尼索斯走得更远些。他认为，为了在创造伟大业绩方面跟狄俄尼索斯比个高低，马其顿人也不会拒绝跟

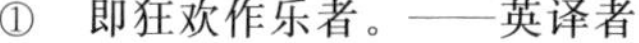

① 即狂欢作乐者。——英译者

随他多忍受些劳累。因此，亚历山大答应奈萨居民继续保持自由和独立。他通过询问查明了他们的法律内容，而且又了解到他们的政府也是在贵族手中，就表示赞许。同时要求他们送给他三百名骑手，并从他们的政府（共有官员三百名）中选拔一百名官员交给他。亚历山大指示由阿卡菲斯负责选拔这些人，并任命他当奈萨地区总督。据说阿卡菲斯听到这个要求时曾笑了一声。亚历山大问他为什么笑，他说："啊，大王陛下！从一个城市里抽走一百名优秀市民，这个城市还怎么能治理好呢？不过，如果您瞧得起奈萨人，想要他们，那三百名骑手是完全可以献给您的，您想再多要些也行；但是您要我挑选的那一百人，他们是我们全城的精华，请您从较差的市民中抽二百人顶替他们不好吗？这样，当您下次再来的时候，您就可以看到，这个城市还是跟现在这样井井有条。"他这些话听起来通情达理，于是亚历山大又同意了。他吩咐阿卡菲斯把那些骑手送来跟随他，不再要求那一百名精选人物了，而且也不用派别人顶替他们。不过后来阿卡菲斯把他儿子和外甥都送来交给亚历山大。

这时，亚历山大产生了一个热切的愿望，极想到奈萨人自豪地展出的、一些有关狄俄尼索斯纪念物的地方去看看；还想带着"伙友"骑兵队和他自己的步兵连到迈罗斯山去欣赏遍山长满的常春藤和月桂以及各种灌木林，看看那地方有多荫凉，还要看看那些有珍禽异兽的好猎场。马其顿人看见他们已经很久都没见过的常春藤，真是高兴极了。因为印度各地根本就没有常春藤，即使是生长其他藤科植物的地方也都没有见过。于是他们马上就纷纷动手，割下藤条编成花环戴在头上。一面唱着狄俄尼索斯的赞歌，呼唤着这位酒神的各种名字[①]。然后亚历山大就在那里向狄俄尼索斯献祭，又跟他的伙友们开怀畅饮。有人讲到故事的这一段（也许会有人相信）时说：当时跟亚历山大在一起的那些马其顿人当中，有不少人酒酣耳热，兴奋异常，头戴藤条花冠招神，被狄俄尼索斯的神灵附了体，高声学着酒神叫喊，装着酒神东扭西摆的姿势，乱跑乱冲。

（三）不过，像这样的故事人们可信可不信，全凭自己了。我不完全同意西瑞尼人埃拉托西尼斯[②]的看法。他在谈到这类事情时，说马其顿人所说神灵附体等等，只不过是为了讨亚历山大高兴而过分夸张的。他又举例说，马其顿人在帕拉帕米萨斯人住的地区发现一个山洞，听到当地人关于这个山洞的某些传说（这也许是马其顿人自己在一块儿编造出来的），于是就散布谣言说这就是囚禁普罗米修斯[③]的那个山洞，说他在那里边被铁链锁着，神鹰进去吃他的肝脏。后来赫丘力士来到这里，把神鹰射死、砸开普罗米修斯的锁链，把他放了。马其顿人常常就是这样不顾事实，编造故事，把本来是在滂塔斯的高加索山搬到世界的东部靠近印度的帕拉帕米萨斯地区去了，竟然把帕拉帕米萨斯山叫成高加索山，这也是为了给亚历山大增光，叫人听起来好像他确曾越过高加索山似的。后来在印度本土，当他们看见牛身上用火棒烙有印记时，又据

① 除狄俄尼索斯（Dionysus）这个名字外，还有巴卡斯（Bacchus）等。——译者

② 西瑞尼人埃拉托西尼斯，死于公元前 196 年左右，是一位伟大的学者和科学家，著名的几何学家、天文学家和地理学家。——英译者

③ 传说他因盗取天火供人类使用而触怒宙斯，被锁在山崖下受神鹰折磨。——译者

以推断说赫丘力士曾经到过印度。类似这些关于狄俄尼索斯远征的种种故事被埃拉托西尼斯所否定。我对这类故事是否真实,可以不作定夺。

亚历山大到达印度河时,发现赫菲斯提昂在河上架的桥已经完成,还造了许多小船,另有两艘三十桨大船。还看到印度首领太克西利斯送来的许多礼物。其中包括二百银塔仑,还有为献祭用的牛三千头、羊万余只、大象三十头。太克西利斯还派来七百名骑兵作为助战的盟军,还把印度河和希达斯皮斯河之间最大的城市太克西拉献出。亚历山大在那里向他经常祭祀的神献了祭,还在河边举行了体育和骑兵竞赛。献祭时得到了渡河的吉兆。

(四)除了印度另一条大河恒河之外,印度河就算是欧亚两洲最大的河流了。这条河发源于帕拉帕米萨斯山(或称高加索山)的西侧,向南流入印度大海。入海处分为二支,附近多沼泽,和伊斯特河分五支入海处相似。它在印度形成的三角洲(印度话叫帕塔拉)类似埃及那个三角洲。关于印度河所有这些情况都是无可否认的事实,请允许我也记在这里,因为它是很大的一条河流。希达斯皮斯、阿塞西尼斯、希德拉欧提斯和希发西斯等印度境内的河流[①],都比亚洲其他河流大得多,但它们和印度河比较,又算是小的了,而且实际上小得多,就像印度河比恒河小得多一样。如果提西亚斯[②]当见证还有效的话,他确曾说过印度河最窄处两岸相距也有四十斯台地,最宽处甚至到一百。大部分河道的宽度为五十

① 现名吉拉姆、其纳布、拉维、苏特利吉。——英译者

② 卡瑞亚境内尼达斯地方的提西亚斯与色诺芬同时曾在波斯待过一些时候。——英译者

斯台地[1]。

拂晓时，亚历山大率领全军渡过了这条印度河，进入印度人的国土。关于印度的情形，我在这本书里还一点都没谈过。既未涉及他们的风习、也未谈到他们那里是否有珍奇的动物；或者印度河、希达斯皮斯河、恒河或其他河流中出产哪些鱼类、都有多大个儿以及有无水怪等等；也未说过他们那些挖金子的蚂蚁，鹰头狮身守门怪兽[2]以及其他珍闻奇事。这些东西，与其说是为了如实地介绍情况，倒不如说是为了寻开心而编造的。因为人们撒的谎不论多么离奇古怪，反正印度的事情看来谁也不会去核实的。不过亚历山大和跟他去的那些士兵确曾核实其中的一大部分。除了他们自己编造的故事之外，确实的情况是，他们发现印度人并无黄金。至少亚历山大一路上看到的那些印度人是没金子的，而他一路看到的印度人是数不胜数。他们的生活一点都不奢侈。不过他们身材高大，实际上是亚洲最高的，男人多数身高五库比特或较此稍矮。除埃塞俄比亚人之外，他们的皮肤可算是全人类最黑的了。在是否好战的问题上，当时他们可以说是亚洲最善良的居民。因为我不能拿印度和古波斯作很恰当的比较。波斯人曾在居鲁士（坎比西斯之子）率领下攻打米地亚，剥夺了他们在亚洲的主权，其余各族不是被他们征服就是主动投降了。因为当时波斯人很穷，居住在偏僻而贫瘠的山区，他们的风俗颇似斯巴达的教育制度[3]。

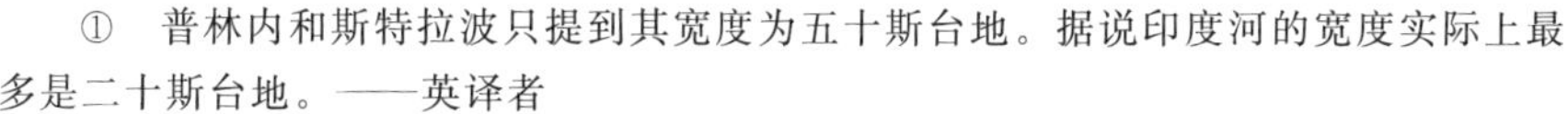

① 普林内和斯特拉波只提到其宽度为五十斯台地。据说印度河的宽度实际上最多是二十斯台地。——英译者

② 参见《希罗多德》卷 III 116 页。——英译者

③ 极严格的军事教育。男孩子七岁起即由城邦集中管理，穿制服，进行体育、军事训练，学吃苦，受鞭挞，目的是把青少年训练成城邦的战争工具。——译者

我也不能恰当地和波斯人在西徐亚所受的创伤相比，以说明他们的失败究竟是因为遇上什么困难，还是居鲁士犯了什么别的错误，还是波斯人比当地的西徐亚人实在不善于打仗。

（五）可是，我还是要根据跟随亚历山大远征的人们以及沿着通往印度的那个大海的海岸返航的尼阿卡斯等人所说最可靠的事实，再加上米加西尼斯和埃拉托西尼斯这两位名家所写的一切材料，编写一篇专文[①]，记述印度的风俗习惯、出产的珍奇兽类以及绕过外海返航的情况。目前，先把在记述亚历山大的业绩方面有必要的一些情况写在这里就够了。就是说，陶拉斯山脉就是亚洲的边界。这条山脉从萨摩斯岛对面的穆卡尔山开始，然后在潘菲利亚和利夏两地区之间穿过，延伸到亚美尼亚，又从亚美尼亚穿过帕西亚人和科拉斯米亚人所住地区到米地亚，然后在巴克特利亚接上帕拉帕米萨斯山（亚历山大部下的马其顿人管这座山叫高加索山，据说是为了给亚历山大增光，表示亚历山大在胜利进军中甚至曾经越过高加索山到达山那边）。不过，也许这座山和西徐亚地区的另一座高加索山是相连的，就像陶拉斯山和高加索山相连那样。由于这个原因，我先前曾称这座山为高加索山，以后还会继续这样称呼它。这条高加索山脉伸向印度，直至东方大海。因此，亚洲所有主要河流都发源于陶拉斯和高加索这两条山脉。有些河转向北流，其中一部分流入米欧提斯湖。其余流入叫作赫卡尼亚的海里，这个海实际上是大海的一个湾。另一些河转向南流，如幼发拉底、底格里斯、印度、希达斯皮斯、阿塞西尼斯、希德拉欧提斯和

① 指本书最后一卷“印度”。——英译者

希发西斯等河都是这样，再加上这些河与恒河之间所有的河流，或是流入海中，或是像幼发拉底河那样分散消失在沼泽地带。

（六）任何观察亚洲的人看到陶拉斯和高加索二山把它分为东西两部时，必然会看出亚洲这两大部分都是由陶拉斯山脉本身构成的。一部分向北朝着北风来的方向，一部分向南朝着南风来的方向。然后，南部亚洲又可分为四个部分。在这四部分中，埃拉托西尼斯和迈伽西尼斯二人认为印度是最大的。迈伽西尼斯曾在阿拉科提亚督办西比尔提亚斯家里住过，他还在书里写着他那时经常去拜访印度国王散德拉科塔斯[①]。最小的那部分，以幼发拉底河为界，面向我们的内海。在幼发拉底河和印度河之间的其余两部分加在一起也未见得有印度领土那么大。至于印度本身，其东西两侧直至南端都被大海包围，其北部是以高加索山直至与陶拉斯山连接处为界，然后向西、向西北延伸至大海，以印度河为界。印度大部为平原，据推测是由河流冲积而成。这个国家其他一些近海地区的平原也大都是由附近的河流冲积而成。就是这个国家的名称，自古以来也是因河而起的。根据同样道理，有一个赫马斯平原就是因赫马斯河而得名，那条河发源于亚洲丁狄米尼娘娘山，流入伊欧利亚地区，在斯米尔那城附近入海；又如另一个叫凯斯特的平原就是以利地亚地区的一条河命名的；在米西亚地区的凯卡斯平原，在米延德地区的卡瑞亚平原（延伸到爱奥尼亚地区的米莱塔斯城）也都是这样。历史学家希罗多德[②]和赫卡塔亚斯（那部关

① 即旃陀罗笈多。——英译者

② 见卷二。——英译者

于埃及的书也许不是赫卡塔亚斯而是另一个人写的)二人都称埃及为“河水所赐”。而且希罗多德还用事实清楚地证明了这个说法,因为国名与河名完全一样。埃及人和埃及境外的人古时都把尼罗河叫埃及河。荷马说米尼劳斯曾将他的船队停泊在埃及河口,这就更可证明了。因此,既然世界各地任何一条河,无论大小,都从上游高地带下泥沙,在流向大海的过程中,都能在两岸造成大片陆地,那么,印度大部地区之所以都是平原就是因为它那些河流中的泥沙淤积而成。这一点也就没理由不相信了。至于赫马斯、凯斯特、凯卡斯和米延德等河以及任何其他流入我们这个内海的亚洲河流,即便把它们加在一起,总流量也没有印度一般的一条河那么大,更不用说最大的恒河了。即便是埃及的尼罗河或流贯全欧的伊斯特河[①]跟恒河比较起来,它们的流量简直不值一提。甚至可以说,即便把这两条河加在一起,连印度河都比不上。因为印度河在发源地就已经是一条大河了,中途又接受了十五条支流的水量,其中每一条都大于亚洲其他河流,与各支流汇流时强令它们改用它自己的名称,直至奔流入海。关于印度眼下我就说这么多,其余留待在那篇印度纪事中再说。

(七)至于亚历山大是用什么方法在印度河上架起一座桥的,我所依据的两位主要作者阿瑞斯托布拉斯和托勒密也都未记述。究竟是像薛西斯在赫勒斯滂海峡上和大流士在博斯普鲁斯海峡和伊斯特河上所做的那样,用许多船架起浮桥[②]呢,还是修了一架普

① 即多瑙河。——英译者

② 参见《代欧多拉斯》一书(十七)36。《希罗多德》一书(四)118,(七)33。——英译者

通的桥梁把两岸连接起来呢，我自己也无法作出有根有据的推测。我看较大的可能是用许多船搭的浮桥。因为河水太深，不可能修建普通的桥梁，而且在那样短的时间内，完成这么巨大的工程也是不可能的。再说，假如是用许多船搭的浮桥，那么这些船究竟是先用绳子拴在一起、然后再按次序系牢泊稳形成一座浮桥，就像希罗多德（哈利卡那萨斯人）所形容的、在赫勒斯滂海峡上架的浮桥那样呢，还是像罗马人在伊斯特河上和莱茵河上（在凯尔特地区）所搭的浮桥那样呢？（罗马人在幼发拉底河和底格里斯河上搭的桥也都是用的同一种方法，他们常常是不得已才这么办的。）这我也不敢肯定。不过，就我所知，最快的搭桥法就是罗马人用船搭浮桥的方法。我不妨把这个方法在这里介绍一下，也还是值得的。情形是这样：搭桥用的船事先都泊在桥址上游，看到信号后，就头朝上游顺着水流按次序漂向下游桥址处，由一只小艇负责调度，一只接一只地带到停泊地点后，就把船上已准备好的、装着粗石块的、金字塔形的大柳条筐从船头推到水里，用以把船泊稳。一只船泊稳后，再泊第二只。两船之间的距离正好可以安全地负荷船上的浮桥结构。停泊时船头都朝上游。在两船之间，敏捷而准确地架上木梁[①]，在木梁上再横着铺上木板钉牢，这样就把木梁连接固定在一起。这样一步一步地安装好，直到整个浮桥搭完为止。桥的两侧都安上栏杆[②]，钉牢，使马匹和驮东西的牲口通过时更为安全，也是为了把桥加固。在相当短的时间内，在叮叮当当、吵吵嚷

① “ἐsεύθύ”的意思可能是“从船头到船尾”；“ὀξέως”似是军语副词，意思是“快速地”、“即刻”。——英译者

② 很明显，这是作为临时舷墙用的。——英译者

嚷之中,全部工程就完成了。但工程的进行还是井井有条的。下达的指示由一只船口头传到另一只船。对偷工省力敷衍草率的活茬就大声斥责,但这些喧嚷并不影响命令的下达和施工的进展。

(八)这就是罗马人长期沿用的架桥法。但亚历山大究竟是怎样在印度河上架的桥,我还是不敢信口开河,因为即使是在他手下服过役的人,谁都没有向我们介绍过情况。尽管如此,我还是认为他当时用的很可能就是这种方法。但如果有人证实确实是用的别的办法,那就算我没有说好了。且说亚历山大把部队运过河去之后,按惯例进行了祭祀。然后就离开印度河朝那座繁华的大城太克西拉前进。这座城确实是印度河和希达斯皮斯河之间诸城市当中最大的一座。该城总督太克西利斯带着那个地区的头面人物前来迎接,表现友好。他们要求把邻近地区的一些土地划归他们,亚历山大批准了他们全部要求。这时,印度山区各部族土司阿比萨拉斯也派代表团前来谒见,其中包括他弟弟和一些最高级的首领。该地区总督多克萨瑞亚斯也派人带着各种礼物来见。在太克西拉,亚历山大也举行了例行祭奠以及体育和骑兵竞赛。他任命菲利普(马卡塔斯之子)为这个地区的督办。留下驻军和病残人员,然后出发向希达斯皮斯河进军。

进军的原因,是得悉坡拉斯在希达斯皮斯河彼岸集结了他全部兵力,决心阻止亚历山大过河,至少是要在他试图过河时进行阻击。得到这个消息后,亚历山大就派科那斯(坡利摩克拉提斯之子)回到印度河,把已在印度河渡口准备好的那些船只拆卸,运到希达斯皮斯河边去。科那斯依令把船只拆卸运去。较小的船拆成两段,那些三十桨大船截成三节,然后装在大车上运到希达斯皮斯

河岸。到达后再重新安装起来放到水里。于是这些船又在希达斯皮斯河上形成一支完整可观的舰队。这时，亚历山大率领他原先带到太克西拉的那些部队，另外加上由太克西利斯和该地其他官员率领的五千印度部队，向希达斯皮斯河挺进。

（九）到达后，亚历山大就在河岸扎营。在营地就可以看见对岸的波拉斯和他所率全部军队以及一中队大象。波拉斯看到亚历山大扎营的地点，就亲自率部在对岸防守；在沿河其他可以渡过的地点，也都派兵守卫。各处都派有军官指挥，决心阻止马其顿部队过河。亚历山大看到这个情况，就想了个好主意，叫部队向不同方向移动，使波拉斯拿不定主意。于是他就把部队分成几部分，自己带着一部分来回活动，一方面破坏敌方的物资供应，一方面侦察较好的渡河点。其余各队他也都派军官带着，一队接一队地也是朝不同方向出动。在希达斯皮斯河这边，供应物资从四面八方朝营地运来。这样，在波拉斯看来，很明显，亚历山大已下定决心要在河岸长期驻扎下去。要等到冬季河水下落，以等待在许多地点可同时渡河的机会。他的船队也在河上朝不同的方向航行，把皮筏里塞上谷壳[①]，河岸上都有部队，不是骑兵，就是步兵。不给波拉斯任何喘息的机会，也不允许他选择一个最适宜的地点来防守和集中兵力。此外，当时印度所有的河流都水涨流急，因为当时正是太阳即将到达盛夏转折点的季节[②]，在这个季节里，印度大地上到

① 关于这种皮筏，请参见下文。谷壳显然是起海绵的作用，形成浮力。——英译者

② 这个表达法实在笨拙，说“夏至”就可以了。有些编者因怀疑这句话，还曾进行校正。——英译者

处大雨连绵，而多数河流的发源地高加索山上的积雪也在融化，从而大大地增加了各河的流量。但一到冬季，各河水位普遍下降，河身缩小，河水清澈。到那时，不少河流就可涉水而过。只有印度河、恒河（也许还有个别其他河流）是例外。不论如何，到那时希达斯皮斯河总是可以涉水过去的。

（十）至于在当前这个夏季，亚历山大公开宣布，如果这时他受阻过不了河的话，他可以等待。明里虽这么说，暗中却在窥伺，准备一旦有机可乘，就出其不意迅雷不及掩耳地偷渡过去。他看清楚，波拉斯本人驻守的那一带河道是不可能渡过去的，那里不但兵力雄厚而且还有许多大象，那些部队装备齐全、阵容严整。如果在那里渡河，对方已准备好进行阻击。他还想到，他那些马匹甚至连登上对岸都不敢，因为马匹一靠岸，那些大象将立刻向它们冲来，而且那些大象的巨大而奇怪的形状和怪声怪气的吼叫定会把马匹吓坏。甚至当他的马匹在皮筏上渡河的过程中，老远地看见大象，就会吓得跳进水里，不敢站在筏子上。于是他就考虑了一个偷渡的办法：在夜间，他带领大部骑兵在河岸上来回奔跑，高呼希腊冲锋口号，人声喧嚷，还用其他各种办法搞得乱哄哄，一片喧嚣，仿佛大军马上就要强渡的样子。于是波拉斯就带着他的部队随着声响的方向在对岸平行奔走，把象队也带着。亚历山大就是这样牵着他的鼻子走，使他养成采取这种反行动的习惯。但这种事进行了相当长的一段时间之后，波拉斯除了听见高声喊叫和冲锋口号之外，没有任何别的行动，于是他就不再随着这边的骑兵东奔西跑了。原来这些喧嚷都是假的，于是他就待在营房里，但在沿河各处派了侦察哨。当亚历山大把波拉斯对付夜间行动的紧张状态松弛

下来之后，他又巧设了下述一计。

（十一）希达斯皮斯河岸有一处像个半岛似的岬角，河道在那里绕了一个大弯。这个岬角上生长着各种树木，非常茂密。对面河中还有一个岛，也是林木森森，从无人迹。亚历山大看到这个岬角和对面的那个岛上都是繁密的树木，足以荫蔽他的渡河活动，于是决定就在这里把部队渡过河去。这个岬角和岛屿距离他的大本营大约有一百五十斯台地。亚历山大先在沿河各处布置岗哨，岗哨之间保持可以互相看得见的距离。不论从哪一个地点口传命令也都容易听到。晚上让他们到处喧嚷不止，点起熊熊篝火。这样搞了好几夜。

当亚历山大决定强渡时，渡河的准备工作是在营地公开进行的。留下克拉特拉斯统帅营地驻军，其中包括他自己那个骑兵团、由阿拉科提亚人和帕拉帕米萨斯人组成的骑兵部队、马其顿方阵中阿西塔斯和坡利斯坡康所率一个旅以及附近一带地区由各印度督办率领的五千印度部队等等。他命令克拉特拉斯先不要渡河，要等到波拉斯带着他的部队离开营地去攻击亚历山大时，或者等到探知希腊已打胜、波拉斯正率部逃跑时，再渡河追击。亚历山大接着说："但如果波拉斯只率领他的部队的一部分攻击我，而把另一部分留下守卫营地，而且还留下大象时，那你就仍然不动。不过，如果波拉斯率领他的全部大象向我攻击，只有一部分军队留驻营地时，那你就可以全速渡河。因为马匹下船上岸时，最怕的就是大象。其他兵力不会给马匹造成多大麻烦。"

（十二）克拉特拉斯接受的命令就是这样。但在那个岛和大本营之间，已经部署了迈立杰、阿塔拉斯和高尔吉亚斯所率雇佣骑兵和步兵。他们也已受命当看到印度部队卷入战斗不得脱身时，就立即把兵力分批渡过河去。

亚历山大自己选择了伙友特别中队，赫菲斯提昂、坡狄卡斯和德米特里亚斯所率各骑兵团，由巴克特利亚、索格地亚那和西徐亚来的骑兵以及由达海人组成的马上弓箭手，此外还有从方阵中抽出的近卫队，克雷塔斯和科那斯所率各一旅，弓箭手，阿格瑞安部队等。他带领这些部队与河岸保持一定距离秘密前进，以便在向已定的渡河点（那个岬角和岛屿）进军中不致被发觉。到达后，还趁黑夜把早已运到的皮筏装上谷壳，仔细缝好。当晚暴雨倾盆，亚历山大的准备工作和渡河的企图从而得到了更好的掩护。武器的撞击声和传达命令的喧嚣声被隆隆的雷声和哗哗的雨声淹没。大部分事先拆卸的船只，包括三十桨大船在内，都已运到现场，并已秘密地重新安装好藏在树林里。破晓前风雨已停，骑兵已登上皮筏，那些船也满载步兵，沿岛边渡河，以便在他们绕过岛屿靠岸前，不致被波拉斯的哨兵发现。

（十三）然后亚历山大登上一艘三十桨大船开始渡河。跟他在一起的有他的近卫军官托勒密、坡狄卡斯、莱西马卡斯，伙友之一塞琉古（后来成为国王[①]）以及近卫队的半数。他们所率部队则乘坐另一些三十桨大船。当他们绕过岛屿接近对岸时，已毫无遮掩、全部暴露了。岸上的敌哨发现他们来了，就飞马驰去向波拉斯汇报。这时，亚历山大第一个下船登岸，然后把其他三十桨大船上的

① 公元前301年成为叙利亚国王。——译者

部队也都带了上来。当骑兵正在陆续下船时(他事先已命令骑兵最先登陆),他就把部队部署好,然后带着他们以战斗队形前进。但未料到,由于地形不熟,登陆地点并不是河对岸,而是另一个岛。确实,这个岛太大,因而原先并未发现它是个岛。但它和对岸之间那条水道倒不宽。不过,一整夜的大雨已使河水暴涨,因此骑马的人找不到渡河点。亚历山大因此担心要想完成渡河任务可能不得不从头再来一遍,那就要费大劲。但最后还是找到了渡河点。于是亚历山大就不避艰险带头抢渡。水道最浅处已达步兵胸脯以上,马匹只能把头露出水面。这条水道虽深,但终于成功地渡了过去。然后亚历山大就从其他骑兵团中抽出精锐组成一个骑兵中队带到右翼,把马上弓箭手摆在整个骑兵线的前面;在骑兵之后,部署了步兵中的皇家卫队,由塞琉古指挥;再往后是皇家团,挨下去是步兵卫队,都按当天规定的次序摆列。在方阵两翼部署了弓箭手、阿格瑞安部队和标枪手。

(十四)亚历山大把部队这样调度好以后,就命令总数约六千的步兵队伍以行军队形和步行速度跟进。由于他本人似乎更擅长于带领骑兵,于是他就只率领总数约五千的骑兵全速前进。他还命令弓箭手司令陶郎率领所部也跟骑兵一起全速前进。亚历山大已拿定主意,如果波拉斯率全部兵力向他进攻,他就用骑兵冲击的办法轻易地把敌军打败,或者就采取守势等待步兵前来增援。但是,印度部队如果由于马其顿人这样大胆强渡而吓得狼狈溃逃,他就紧紧追击,趁敌人溃逃时大量砍杀,杀得越多,留给将来的麻烦越少。

不过,根据阿瑞斯托布拉斯的记载,说在亚历山大的后续部队从小岛[1]过河以前，波拉斯的儿子就带着六十辆战车来到了。而且，如果当时那些印度兵从车上跳下来攻击最先登陆的那些马其顿部队的话，他们确实是有可能阻止亚历山大过河的，因为即使无人阻挡，渡河已很困难。可是实际上波拉斯的儿子赶着战车越过了渡河点，因此亚历山大渡过时并没遇到危险。后来亚历山大派马上弓箭手去攻击这支战车队，没费多大气力就把他们赶跑，还打伤了不少。又有人说，实际上在马其顿部队登陆时，波拉斯的儿子所率部队和亚历山大所率骑兵之间就曾发生战斗。他们说，波拉斯的儿子带去的确实是一支优势的兵力，而且亚历山大还被他打伤，他的战马（名叫布西发拉斯）也被打死。它是亚历山大心爱的战马，而且是被波拉斯的儿子亲手刺中的。但托勒密（拉加斯之子）的记述和这个不同（我同意他这个说法），他也谈到波拉斯曾派他的儿子去了，但不是只带着六十辆战车。理由是：波拉斯从他的侦察兵了解到，不是亚历山大亲自率领部队渡过了希达斯皮斯河，就是他的部队的一部分过了河。在这两种可能的情况下，波拉斯都不可能派自己的儿子只带着六十辆战车去迎敌。因为，如果他派这些战车去是为了进行侦察，那也太多，而且这种车辆撤退时很不灵便；如果派他去的目的是要跟已过了河的敌人战斗并且还要阻止尚未渡河的敌人强渡，这些车辆又远远不足以完成任务。托勒密所记的情况不是这样，他说波拉斯的儿子带到渡河点去的是二千骑兵和一百二十辆战车。但由于亚历山大行动太快，在他尚

① 关于岛的大小，可参见上文（十三段）。阿里安所依据的与托勒密和阿瑞斯托布拉斯二位史家所记似有不同。——英译者

未到达渡河点时,亚历山大早已从岛上把最后一批部队运过了河。

(十五)下边这一段情况是托勒密叙述的:亚历山大先派弓箭手去攻击波拉斯的儿子所率部队,但由于估计到波拉斯本人正率领全军前来,亚历山大就仍率领骑兵继续向前沿阵地挺进,叫其他希腊部队在后跟进。当侦察兵向他汇报了印度部队的确实人数时,他就带着骑兵立即向敌人猛扑过去。敌军看到亚历山大亲自率领密集的骑兵大部队不是以一条战线的形式而是一中队接一中队地向他们冲过去时,他们就后撤了。印度方面有多至四百名的骑兵倒地,波拉斯的儿子也被打死。那些战车和车上的各小队敌兵在撤退中也一起被俘。因为道路泥泞,车辆难于运转,因而在战斗中毫无用处。

波拉斯听到逃回来的骑兵汇报说,亚历山大本人已率全军过了河,他的儿子在逃走时已阵亡,还说已发现在河对岸的大本营留守的克拉特拉斯也率领部队正在渡河。这最后一条消息使波拉斯立即陷入犹豫不决。但他终于下定决心,不论如何,都要以全部兵力向亚历山大进军,要跟马其顿主力和他们的国王决一死战。尽管如此,他还是留下几头大象和少数兵力驻守营地以便把克拉特拉斯的骑兵从河岸吓跑。然后他就率领全部约四千骑兵、约三百辆战车、二百头大象和步兵精锐约三万人,朝亚历山大开来。到达一片无泥泞的、平坦而坚硬的沙地时,他认为这里便于骑兵的调度和冲锋,于是就叫部队在这里停下来。最前线布置一列大象,每隔大约十来丈摆一头,以便在整条步兵防线之前再形成一条防线,这样到处都可以吓唬亚历山大的骑兵。他估计在任何情况下,任何敌人都不敢在大象之间的空隙中冲进来。骑马的当然不行,因为

马一见大象就惊，步兵更不行。因为在列队向前推进的重装部队面前，他们无法前进，而且大象也会冲击和践踏他们。在这些大象后面部署的是步兵，处于第二线。实际上这些步兵纵队或多或少填补了大象之间的空隙。此外，波拉斯还在两翼部署了步兵，甚至延伸到大象防线以外。在两翼的步兵之外又部署了骑兵，骑兵之前还部署了战车。

（十六）波拉斯的部署就是这样。亚历山大看到印军已摆好了战斗阵势，就命令骑兵停止前进，等待后边的步兵跟上来。当方阵迅速到达并与先头部队会合后，亚历山大并未立即把他们组成战斗队形带领他们前进，以避免在他们累得还未喘过气来的时候就驱使他们去对抗精神饱满的敌军；而是先把骑兵调过来，让步兵休息，一直到他们恢复了战斗精神为止。当他看清了印军部署之后，决定不从中央突破敌阵，因为那里有一排大象摆在最前面、方阵也以密集队形部署在大象的间隙中。正是由于波拉斯在作这种部署时事先已预料到的原因，亚历山大才犹豫不前。因为亚历山大知道自己的优势在于骑兵，于是他就率领大部骑兵奔向敌人左翼，想在那儿发动攻击。派科那斯率领他自己那个骑兵团和德米特里亚斯的那个团一起到右翼去。命令他：当敌军发觉亚历山大率领密集的骑兵部队时，将立即把他们自己的骑兵调上来应战。这时，科那斯应当率领所部保持在敌军之后。亚历山大又命令塞琉古、安提格尼斯和陶郎带领步兵方阵，但先别投入战斗，而是要等到看见他本人所率骑兵把敌军步兵主力和骑兵都打乱时再出动。

现在双方已经在射程以内。于是亚历山大就命令他的马上弓箭手共约一千人冲向印军左翼，以难于招架的排箭和马匹的冲撞

把部署在那里的敌军打乱。然后他本人率领伙友骑兵，趁敌军已紊乱但仍保持横列队形、而骑兵尚未组成大编队之前，就飞速奔向其左翼进行猛烈冲击。

（十七）这时印军也从各处把骑兵集中，在其侧翼与亚历山大所率骑兵平行移动以防其冲击。同时科那斯也已率所部依令行动，开始在敌后出现。印军看到这个情况，被迫将骑兵改为双重队形，以数量较大、战斗力最强的那一部分面对亚历山大，另一部分则迂回对付科那斯的部队。无疑，这样就立即把印军的阵势和盘算全都打乱。亚历山大看到这个时机，恰恰在敌人骑兵向后转时，就发动了对正面敌军的攻击。以致印军甚至还没等到亚历山大的骑兵攻上来，就急急忙忙向他们自己的大象靠拢，好像是要寻找一堵友好的避风墙似的。这时，印度象倌赶着大象去阻击亚历山大的骑兵。马其顿方阵也不甘落后，立即奋勇向前，迎击大象，向赶象的印度人投掷标枪，跟着就把大象包围，从四面八方向它们投枪射箭。于是，这场战斗就形成了过去任何战役都未曾有过的局面。情况是，尽管马其顿方阵异常密集，而那些大象左冲右撞，把马其顿阵线撞了个乱七八糟。那些印度骑兵看到这里的战斗已形成步兵对阵，就又绕了出去攻打马其顿骑兵。但当他们在亚历山大面前再一次吃败仗时（因为不论在战斗力和战斗经验方面，他们都远远不是亚历山大的对手），他们就又朝大象那里撤退了。这时亚历山大的骑兵已集中成一个整体——这不是用命令能调集一起，而是战斗过程本身把他们逼到一起。他们不论冲到哪里，都是先给印军重大杀伤然后才撤走。这时大象已被挤到一个狭窄的范围。这些大象胡冲乱撞，践踏破坏。不管是敌是友，都受害不小。而挤

在大象四周狭窄地带的印度骑兵却是两面受冲击，因此损失也就更大。很多象倌和大象被打死打伤。有些大象由于厌烦，又已无人驾驭，于是在这场混战中也不再躲避，仿佛被临头大祸刺激得发了狂，不停地左奔右突，横冲直撞，践踏破坏，不遗余力。但马其顿部队，由于有回旋余地，可以视情况自行决定攻击：大象冲来，他们就退；大象一逃，他们就追。一直不断地用标枪投射它们。而印度部队却与此相反：他们夹杂在大象之间往后退，正在受到大象更大的伤害。当大象精疲力竭，不再猛冲直撞，而是一面吼叫一面像船那样慢慢后撤时，亚历山大就亲自率领骑兵把这一大帮团团围住。然后向步兵发信号，叫他们把盾牌连接起来尽量互相靠拢，形成极其密集的队形，整个方阵一齐前进。因此，印度骑兵除极少数逃脱之外，在方阵的进攻下全军覆没。印度步兵也是从四面八方受到很大杀伤，因为这时马其顿部队已紧紧地向他们压过来。到后来，只要马其顿骑兵哪里有个空隙，印度兵就蜂拥而至，从空隙中往外逃窜。

（十八）这时，留在希达斯皮斯河边的克拉特拉斯和其他指挥官，看到亚历山大已取得显著的胜利，也都率部渡河，顶替已经疲惫不堪的亚历山大率领的部队，精神饱满地参加追击撤退中的印度人，继续给他们以大量杀伤。

印度步兵死亡近二万，骑兵约三千，战车全部被毁。波拉斯的两个儿子、本地区的印度总督斯皮塔西斯、大象和战车的指挥官们、骑兵全部指挥官以及其他部队不少指挥官，都被打死。所有幸存的大象都被俘。在亚历山大的部队方面，在起初进攻时为数六千的步兵中，战死的只有大约八十人；骑兵方面，只有在战役一开始就投入战斗的马上弓箭手阵亡十名，伙友骑兵约二十名，其他骑兵二百名。

在战斗中，波拉斯表现得很出色。他不但是一位统帅，而且也是一名勇猛的战士。当他看到他的骑兵和象队遭受屠杀，有些大象倒下，有些则由于无人驾驭因而到处奔驰，犹如丧家之犬，而且他的步兵也已经大部分牺牲时，在这种情况下，他并未照抄大流士大王的榜样，在士卒面前率先逃命；而是相反，只要哪怕还有一部分部队仍然坚守阵地继续战斗，他本人也继续英勇作战。但当他的右肩负伤之后——他在战场上到处奔驰时，全身都由极其坚固非常合身的铠甲保护着（这种印度铠甲后来人们都见过），不致受到投射武器的伤害，只有右肩一处无遮盖——他才把他骑的大象掉头撤退。亚历山大看见他在战斗中表现得极其伟大而英勇，就不忍杀他，想保留他的性命。于是，他首先派那个印度首领太克西利斯去找他。太克西利斯骑马来到波拉斯乘坐的那头大象附近，在射程以外停下来，要求波拉斯也把大象停下，告诉他再逃也无用了，要他听听亚历山大托他带来的口信。波拉斯回头一看，原来是他的老仇敌太克西利斯。于是立即拨转象头朝他冲来，想投他一枪把他扎死。真的，要不是太克西利斯及时拨转马头赶紧跑开，波拉斯也许早就把他结果了。尽管波拉斯态度如此，亚历山大仍然不生他的气，而是不断地派其他人去找他。最后派去的是一个叫迈罗斯的印度人，因为亚历山大已了解到迈罗斯是波拉斯的老朋友。波拉斯听到迈罗斯带来的口信，当时他正渴得难受，于是就让大象停步，从上边下来。喝完水，精神恢复后，就让迈罗斯立刻带他去见亚历山大。

（十九）于是波拉斯就跟着迈罗斯来到亚历山大面前。亚历山大知道他快来时，就带着几个伙友骑马到阵线前边来迎接。亚历山大把马勒住，欣赏着波拉斯魁伟的身材（他身高有五库比特以上）和英俊的仪表。从他的风姿看来，他并未降服。而是相反，他表现了一个勇士面对着另一个勇士，在为自己的王国进行了光荣的战斗之后，面对着另一个国王。后来还是亚历山大首先开口，他要求波拉斯说出他希望对他该怎么办。据说波拉斯回答道："亚历山大，要像对待一个国王那样对待我。"亚历山大听了他这个回答很高兴，又说："波拉斯，在我这方面，是会像你希望的那样办的；在你那方面，也提出你的要求吧。"波拉斯又回答说，一切都已包括在这唯一的要求之中了。亚历山大听了他这句话更加高兴，于是就把波拉斯原有王国的主权交还给他。此外，还把甚至比他原来的国土更大的地区也划给他。他就是这样，像对待国王一样对待一个勇士。从那时以后，他发现波拉斯在各方面都很忠诚。于是亚历山大和波拉斯在希达斯皮斯河彼岸进行的那一场大战就这样结束了。时为贺季蒙在雅典执政期间的四五月间[①]。

在希达斯皮斯河两岸，在亚历山大渡河以前扎营的地方和后来的战役在河彼岸进行的地方，他都修建了一些城市。第一个命名为胜利（Victoria）城[②]，因为他曾在那里战胜印军。另一个命名为布西发拉[③]，用以纪念他那匹死在那里的叫布西发拉斯的战马。那匹马并不是被什么人打死的，而是因年老积劳而死的。当时这

① 公元前326年。——译者

② 希腊文发音为尼卡亚。可能是今天的蒙城。——英译者

③ 可能是今日的吉拉普。——英译者

匹马已接近三十岁，它一生中分担的亚历山大的劳累和危险实在太多了，真是筋疲力尽而死。除亚历山大外，谁都没骑过它，因为布西发拉斯从来都不肯让别人骑。它体格雄伟、精神刚烈。它身上烙有一个牛头印的标记，它的名字布西发拉斯就是由此而来。可是，又有人说它浑身都是黑的，只有头上长了一块恰好像个牛头的白癍。有一回亚历山大在攸克西亚地区把它丢了。于是他就在整个地区发布公告，说如果他们不把他那匹马交出来，他就把全地区的人一个个都斩尽杀绝。这个公告发出后，立刻就有人把布西发拉斯送回来。通过这件事，亚历山大对这匹马的感情可以想见，而他在当地土人中的威风也不难看出。我是看在亚历山大的面上才这样颂扬布西发拉斯的，现在该把这段颂词作一结束。

（二十）对战役中阵亡的将士们进行了礼俗上应该进行的追悼和颂扬之后，亚历山大对诸神明又举行了胜利谢恩祭礼，并且在他最初率部渡过希达斯皮斯河的地方举行了体育和骑兵竞赛。然后留下克拉特拉斯带领一部分兵力帮助修建他当时正在这一带兴建的城市及其防御工事。他本人则向与波拉斯王国交界处的一个印度部族进军。据阿瑞斯托布拉斯说，那个部族名叫格劳干尼开，但托勒密又说是叫格劳塞。我也不想费力去弄清楚哪个说法为正确。亚历山大率领伙友骑兵半数、从各方阵抽出的步兵精锐、全部马上弓箭手、阿格瑞安部队和不骑马的弓箭手，侵入了他们的地区。于是整个部族都投降了。他一共占领了三十七个城镇。其中居民最少的也有五千多人，还有许多是超过一万的。他也占领了大批村庄，这些村庄的人口总数并不少于城镇。他把这个地区交给波拉斯治理。他对波拉斯和太克西利斯之间的关系也进行了调

解，然后就叫太克西利斯回到他自己的部族。

这时有阿比萨瑞斯派来的使团声称阿比萨瑞斯本人愿向亚历山大投降，并献出他所统治的地区。不过在亚历山大跟波拉斯打仗以前，阿比萨瑞斯曾打算和波拉斯站在一边打亚历山大。如今他却派他的弟弟陪同其他使者前来谒见亚历山大，还带来财宝和四十头大象作为献礼。另外，还有一些实行自治的印度部族以及某些印度人的总督（也叫波拉斯）派代表来见亚历山大。因此，亚历山大立即送信给阿比萨瑞斯叫他前来会见，并威胁他说，如果他不来，那他就会看到亚历山大带着兵去找他，到了那种情景他将后悔莫及。

与此同时，帕西亚和赫卡尼亚的督办福拉塔弗尼斯带着原先留在他那里的色雷斯人来见亚历山大。阿萨西尼亚督办西西科塔斯也派人捎信来说阿萨西尼亚人刺杀了他们的总督，脱离了亚历山大。针对这个情况，亚历山大派菲利普和提瑞亚斯皮斯率领部队去镇压阿萨西尼亚地区的叛乱，恢复秩序。

然后他自己率部向阿塞西尼斯河进发。在印度诸河流当中，只有阿塞西尼斯这一条河托勒密（拉加斯之子）曾描写过它的大小。他说，在亚历山大率领部队乘坐船和皮筏渡过这条河的地方，水流湍急，水里还有棱角很尖的大石块。河水从这些大石块上冲过，浪花飞溅，咆哮如雷。河宽有十五斯台地。他说乘皮筏过河的比较容易过去。但坐船的可不同，有好几只船碰在大石头上撞沉，不少人葬身于急流。根据他这段记述我们可以推测，有些作家所说印度河的平均宽度为四十斯台地，这话似乎接近事实。但在最狭窄的地方，因而也是最深的地方，就会缩小到大约十五斯台地。

在许多地方它的宽度就是这样。此外，我猜想，亚历山大渡过阿塞西尼斯河时，一定是找了一个最宽的地方渡过去的，因为那地方的水流可能缓慢。

（二十一）亚历山大过河后，就命令科那斯带着他那一旅人留在河边监督指导其余部队过河，因为这些部队将把粮食和其他物资供应从已经归顺的那些印度地区运到这里。还派波拉斯回到他本国，让他挑选最能打仗的印度人和把他所有的大象带来和他本人会合。然后，亚历山大打算用他那些装备最轻的部队追击那另外一个波拉斯，他是一个坏家伙。有消息说他已经离开自己那个省逃跑了。当亚历山大跟第一个波拉斯不和时，这个波拉斯就曾派代表团来见亚历山大，说他本人打算投降并献出他那个省。这主要是因为他跟第一个波拉斯有仇，并不是因为他对亚历山大有什么好感。但当他听说第一个波拉斯已被释放，除了他原有的那个省以外，现在还统治着另一个很大的新省，他就感到害怕。主要不是因为怕亚历山大，而是怕跟他同名的那个人。于是他就从自己的领土上逃跑，还尽可能说服了一些勇猛好斗的部族兵跟他一起逃走。

在追击途中，亚历山大抵达希德拉欧提斯河。这是另一条印度河流，差不多跟阿塞西尼斯河一般宽，但水流不那么急。在他经过的所有这一带地区，直到希德拉欧提斯河，都在最适当的地点留下兵力驻守，以便克拉特拉斯和科那斯的部队征集粮草物资时，可以安全地通过大部地区。又派赫菲斯提昂从这里率领一部分军队（步兵两个方阵、他自己那个骑兵团和德米特里亚斯那个团、弓箭手半数），朝反叛的那个波拉斯的省进军。命令他把那个省交给另

外那个波拉斯。在希达斯皮斯河两岸居住的其他独立的印度部族也都要由波拉斯来治理。后来他本人带领部队渡过了希德拉欧提斯河，未像渡过阿塞西尼斯河时那么困难。当他在希德拉欧提斯河彼岸继续进军时，大多数部族都主动前来投降。其中有一些是带着武器来的，搞不好就要打。有些则是在逃跑时被捉住用武力降服的。

（二十二）这时又有人向亚历山大汇报说，有些实行自治的印度部族，特别是那个叫作卡萨亚的部族，正在做好准备，一旦亚历山大到达他们的地方，就要跟他打。他们还挑动所有的邻近部族搞同样的勾当。他们的首府叫桑加拉[①]，据说城防很坚固，他们打算死守。人们认为卡萨亚人打起仗来相当勇敢顽强。此外，欧克西德拉卡和马利亚这两个印度部族也持这种态度。事实上，不久前波拉斯和阿比萨瑞斯就曾带兵去讨伐他们，还曾鼓动许多印度部族打他们。不过，虽然那次动用的兵力很大，但成就却不明显，后来就撤退了。

亚历山大了解这个情况之后，立即全速向卡萨亚人进军。过了希德拉欧提斯河之后又走了两天，到达一个名叫品普拉马的城市，这里住的印度部族叫阿德雷斯太，他们和亚历山大达成协议后投降。第二天亚历山大叫部队休息，第三天向桑加拉进军。卡萨亚人和入伙的邻近部族已在城外摆开阵势。他们是在一座四周陡峭程度不同的小山上。还把车辆摆在小山四周，在里面宿营。这

① 有些权威学者认为桑加拉即今日的拉合尔。据斯特拉波（所著书十五，1）说卡萨亚即索培西斯王国（卷六，二章后部）。——英译者

些车辆同时也形成三重防线。

亚历山大看到这些部族人数众多和地形情况，据此他作了当时最好的应急措施。命令马上弓箭手别耽误时间，立刻冲上去，在阵线前沿来回驰骋，从远距离射箭，以便在他完成全军部署以前印度人冲不出来。甚至在战斗开始以前他们就可能在自己的据点里头中箭负伤。他本人在右翼，部署了骑兵特别中队、克雷塔斯的骑兵，挨下去是他的近卫队，然后是阿格瑞安部队。把坡狄卡斯部署在他的左边，带着他自己的骑兵和伙友步兵各旅。两翼平均部署了弓箭手。

正当亚历山大作这些部署之际，后卫队的骑兵和步兵已赶到。他把这些骑兵分派两翼，用刚到的步兵加固方阵。然后他亲自率领部署在右翼的骑兵攻击印度人左翼的车辆。因为这边的地形看来比较容易推进，而且那些车辆摆得也不密。

（二十三）但是，当骑兵冲近时，印度人并未从车辆防线后边冲出来攻击骑兵，而是爬到那些车上去往外射排箭。情况既已变成这样，亚历山大认为这种打法已不适于运用骑兵，于是他就从马上跳下来步行着率领步兵方阵发动进攻。这样，马其顿部队很容易地就把站在第一线车辆上的那些印度人赶跑了。但在第二道防线之前，印度人把队伍摆得整整齐齐，没有多大困难就守住了。这是因为防线是环形的，第二环比第一环缩小了，因而队伍更加密集。马其顿人不能像先前那样通过空地接近他们，而是一个个都忙着把第一线那些车辆挪开，然后再从车辆的空隙中往里冲，各人找各人的路，毫无秩序。但后来在方阵的逼迫下，这第二道防线上的印度人还是撤退了。这时，他们也不打算防守这条车辆组成的第三

道防线，而是急速撤进城里，关上城门。于是，当天晚上亚历山大就叫步兵在城外四周宿营，当然只能在方阵的兵力围得过来的地方。因为城墙伸展很远，宿营时兵力不能把全城都包围。但在空隙处，有一个湖，离城不远。亚历山大派骑兵把湖包围起来。因为他看出湖水很浅，还猜测印度人可能由于刚才的失败害怕起来，夜间弃城逃跑。事情果然像他猜测的那样发生了。大约在二更前后，大部分印度人真的从城里溜出来和骑兵侦察哨遭遇。首批逃出的人被骑兵杀死，第二批人看到湖四周都有人把守，就又退回城里。

在城外无湖水防护的地方，亚历山大修了双重栅栏把城团团围住，在湖四周也加强了岗哨。然后他就决定把礌石器调上来攻城。但有些城里的居民逃到亚历山大这里，告诉他说城里的印度军队打算那天晚上在湖边(也就是没栅栏的地方)溜走。于是亚历山大就把托勒密(拉加斯之子)部署在湖边，交给他三个近卫团，阿格瑞安部队全部和一旅弓箭手。还把他猜测印度人最有可能冲出来的那个地点指给他看，对他说："一看见他们从这里往外冲，你立即率领部队阻击，不让他们再往远处跑，并马上命令号兵吹号报警。你们这些指挥官，听到号音，就带着你们的部队赶往出事地点，要跟着号音前进。在这次战斗中，我自己也绝不落后。"

(二十四)亚历山大的命令就是这样。于是托勒密就把印度人最初逃跑时留下的车辆尽量搜罗起来，横七竖八地摆在那里，为的是叫夜间往外逃的印度人遇上大批障碍。此外，托勒密又命令部队把所有由城根到湖边被破坏而未修复的栅栏都修好，使它连成整体。他的部队在黑夜里完成了这些任务。这时大约已是四更天。城里那些印度人，正像亚历山大得到的情报所说的那样，把面

对湖泊的一些城门打开，朝湖边跑过来。但他们并未逃出托勒密在这一带早就布下的天罗地网。他一见鱼儿游来，立即撒开大网，命令号兵吹号报警，亲自带着全副武装的整整齐齐的马其顿部队向这些印度人围过去。这些印度兵发现他们的逃路已被乱七八糟的车辆和城湖之间的栅栏挡住，而且托勒密又带着部队在号声中向他们紧紧逼来，于是他们就企图从车辆之间的空隙里溜走，他们溜得确实很快，马其顿人的砍杀也并不慢。结果又未溜成，只好扭头逃回城里。在溃退中，大约有五百人丧命。

这时波拉斯带着剩余的大象和五千左右印度兵回来了。亚历山大也已经把攻城用的礌石器安装完毕，正在对准城墙部署。当城墙的任何一部分都还未轰垮时，马其顿部队就开始挖墙脚，因为城墙是砖砌的，比较好挖。后来又在城墙四周都竖起梯子，用强攻的办法把这座城拿了下来。在战斗过程中，大约有一万七千印度人丧命，俘虏的有七万多人，另外还有五百名骑兵和三百辆战车。亚历山大的部队在整个战役中牺牲的还不到一百人。但负伤的人，比较起来，却显得太多，总数超过一千二百人，其中有近卫军官莱西马卡斯和几个其他军官。

亚历山大按惯例把阵亡官兵埋葬之后，就派他的文书攸米尼斯[①]带着三百名骑兵到和桑加拉同时叛乱的另外两个城市去，向守城的人宣布桑加拉已被占领，还公开对他们声明：假如他们安分守己，友好接待亚历山大，亚历山大是不会对他们不客气的。他过

① 攸米尼斯，卡地亚人，原来是腓力的文书或秘书，后在亚历山大手下任原职。普鲁塔克和讷波斯曾写过他的传记。在马其顿高级领导人物当中，他不太得人心。作为一个外交家和战士，他一生功绩卓著。最后被安提贡那斯杀死。——英译者

去对待那些主动归顺的其他自治部族，一向都是以礼相待。不过，这两个城市的人因为已听到消息说亚历山大已攻占了桑伽拉，他们异常惊恐，早就弃城逃跑。这一消息传到亚历山大耳朵里，他立即率部猛追。但因为追击开始时已经太迟，因而大部分印度人都已安全逃脱。剩下的都是一些体弱多病的人，大部队逃跑时把他们拉在后边，追击部队捉住就杀。总共有五百人死在刀下。亚历山大决定不再追击，回师桑伽拉，把全城夷为平地，把这一带领土交给原先实行自治、最近又主动归降的那些印度部族。亚历山大派波拉斯率所部回到那些已归顺的城市去建立城防部队。他本人则领兵进抵希发西斯河，打算把那一带地区的印度人也都征服。因为他感觉，只要还有任何敌对势力存在，战争就无从结束。

（二十五）有人向亚历山大汇报说，希发西斯河彼岸一带地方很富庶；老百姓勤于耕作，勇于征战，把自己的事情弄得井井有条；这一带多数在贵族统治之下，但这些贵族向老百姓提出的要求还算合理；民众也有大象，数量比其他印度部族多得多，而且个儿又大又勇猛。这样的汇报只能激起亚历山大继续进军的欲望。可是，马其顿人看出，他们的国王所进行的事业，只不过是一个苦差事紧接着一个苦差事，冒完一次险又冒另一次险。他们的情绪早已开始下降了。营地里三五成群地对他们眼下的遭遇叫苦连天。这还算是好的。有些人甚至理直气壮地表示不干了，即使亚历山大要带他们去干，也不干。亚历山大听到这个情况后，在他的部队的失望情绪和骚动进一步恶化之前，就把旅长们召集到一起，讲了这样一段话：

“马其顿同胞们，联军同事们，我发觉你们现在不再愿意以你们当初的那股热情跟我去冒各种危险。我把你们召集到这里来，是为了说服你们继续前进；不然就是我被你们说服，那咱们就向后转。假如在你们至今为止所经受的劳累中确实可以找到什么差错，或者在带着你们忍受这些劳累的人、即我自己身上真地可以发现什么问题的话，那我再多说也无益。不过，假如说由于你们大家的辛苦，现在爱奥尼亚已经是在我们手里，赫勒斯滂、上下福瑞吉亚、卡帕多西亚、帕失拉高尼亚、利地亚、卡瑞亚、利夏、潘菲利亚、腓尼基、埃及、利比亚的希属部分、阿拉伯的一部分、叙利亚低地、美索不达米亚、巴比仑、苏西亚、波斯、米地亚以及所有臣服波斯和米地亚的各国和未曾臣服过他们的各国，也都是属于我们的了；假如说里海附近各关口以外的地区、高加索山以外各地区、塔内河彼岸一带、巴克特利亚、赫卡尼亚和赫卡尼亚海都已属于我们；假如说我们已经把西徐亚人赶到荒凉的地方；假如说，除了这一切之外，印度河已经是在我们的领土上奔流，希达斯皮斯河，阿塞西尼斯河和希德拉欧提斯河也都是这样，那么，你们为什么不把希发西斯河彼岸的各部族也并入咱们马其顿帝国的版图呢？你们为什么犹豫？是害怕剩下的那些部族在你们进军面前把你们顶住吗？明摆着的现成的事实是：他们有的主动投降，有的逃跑后又被抓住，有的把他们的国家放弃后逃跑而留下领土任凭我们处理。我们已经把这些土地交给我们的盟国和主动归顺我们的人。

（二十六）"我认为，一个有志之士的奋斗是不应当划出一条什么界线的，只是那些导致崇高业绩的奋斗本身可能有自己的极限。不过，如果想知道我们目前正在进行的这场战争的界限究竟在哪里，我倒可以这样回答：在我们到达恒河和东海以前，剩下的地方

已经不太大了。我向你们保证，你们将会发现这个东海是和赫卡尼亚海相连的，因为伟大的海洋是包围着整个大地的。是的，我还要向马其顿部队和联军讲清楚，印度湾和波斯湾也都是连成一片的海水，赫卡尼亚海和印度湾也是这样。我们的舰队将从波斯湾起航绕到利比亚[①]，直至赫丘力士石柱，而且从石柱往里的整个利比亚地区[②]都将是我们的。甚至全亚洲和在亚洲的帝国边界（那些边界都是上帝给全世界划的）也都是这样。但是，如果你们现在就退缩，那么，在希发西斯河彼岸直至东海之间，将留下很多好战的部族；从这一带地方一直伸展到赫卡尼亚海以北的地区还有许多这类部族；离这些地方不远还有许多西徐亚部族。因此，如果我们现在就向后转，那就会有理由担心，即便是现在已被我们占领但还未巩固的地区，也会被那些还未被占领地区鼓动起来造反。这样，我们大量劳苦果实可就要千真万确地付诸东流；或者我们就得再从头开始，承受更多的劳累，冒更多的险。马其顿同胞们，联军同事们，最好大家坚持到底。只有不怕艰苦、敢于冒险的人才能完成光辉的业绩。生时勇往直前、死后流芳千古，岂非美事？难道大家不知道，我们的先辈[③]如果在提任斯或阿戈斯停下来不再前进（甚至在到达伯罗奔尼撒或底比斯时停下来），就不可能得到如此至高无上的荣誉，也不会从过去的人变成今天人们都承认的神吗？即使是比赫丘力士还高一级的神狄俄尼索斯，也曾经历尽了千辛

① 非洲被认为是亚洲的一部分。关于这些海和早期地理学家的观点，请参见卡瑞和瓦明顿所著《古代探险家》一书（米苏恩版）。——英译者

② 即非洲所有已知部分，亦即直布罗陀至埃及之间的部分。——英译者

③ 指赫丘力士。——英译者

万苦。而我们实际上已经越过了奈萨和阿尔诺斯山，连赫丘力士都未能拿下来的这个阿尔诺斯山寨，我们都已经拿下来了。现在，再把亚洲剩下的地方加到你们已经占领了的地方上边，这只不过是把小数加到大数上而已。确实，假如我们当初只是坐在马其顿，认为只要不费气力地守住我们的家乡，仅仅降服边界上的色雷斯人、伊利瑞亚人或特利巴利人，甚至对我们可能并无多大用处的希腊人，就算够了，那我们怎么能创造出我们已经创造出来的这些伟大而崇高的事业呢？

“再说，假如当你们在我的指挥下历尽艰险的同时，你们的领袖，即我自己却一不劳累二不冒险的话，那你们心里就会理所当然地感到厌恶。因为只有你们自己千辛万苦，而由此获得的果实却都给了别人。但事实并非如此。我和你们是苦累同受、祸患同当、福禄同享。因为所占的土地都是你们的，是你们在各处当总督或督办；大部分财宝也是到了你们手里。而且，当我们得到全亚洲之后，到那时候，我向老天起誓，我绝不会只是满足你们，你们那时得到的将要远远超过你们每个人对好事最高的要求。我将把所有愿意回家的人都送回老家，也许由我自己带着他们回去。那些愿意留下的，我会让他们受到那些回去的人们的称羡。”

（二十七）亚历山大就是这样地说了大致如上所述的一段话。然后就是长时间的沉寂。没有一个人敢于当场发言反对国王，但也不愿表示同意。在冷场期间，亚历山大又说，如果谁确实和他刚才所说的有相反意见的话，就请他发言。他这样表示了好几回。即使如此，还是沉默了很长时间。最后，科那斯（坡利摩克拉提斯之子）才鼓起勇气说了这样一段话：

"陛下，我知道您不愿意对马其顿人实行专横的发号施令，而是要特地说明您准备在征得他们同意的基础上才继续带领他们前进。如果得不到大家的同意，您是不会强制他们的。因此，我才想说几句。不过，我倒不是代表我们在场的这些人说话，因为我们这些人得到了比别人高的荣誉，多数也都已经得到了我们所付出的劳累的报酬；而且我们有权有势。因此，不论在什么事情上，我们比别人当然就更愿意热心推动您的事业前进。所以，我要说的话倒不如说是为全军的多数人说的。不过，即便是替他们说话，我也不会只是说些他们爱听的东西；我主要还是为您自己考虑的。我这些话不只是对您当今有用，而且对您的未来也是最为稳妥的。因为我已经上了年纪，在战友中也享有荣誉——这荣誉当然是您赐给的，也因为我在一切艰难险阻面前始终如一地表现了无可争议的勇气。我觉得我不应当隐瞒我自己认为是最好的意见。我认为，恰恰是因为我们大家的领袖您本人和跟随您从故国出发的人们已经创造了许许多多极其伟大的业绩，由于这个原因，我认为把我们的辛劳和艰险规定一个界限更为得策。因为，您自己知道，起初我们这些马其顿人和希腊人刚刚跟您出发的那个时候是多大一支队伍，到如今只剩下多少。在巴克特利亚，您看出塞萨利人无心再去经历艰险，于是您二话不说，就打发他们回家。这件事您办得好。但是其余的希腊人，有些您叫他们留在您新建的那些城市里安家落户，但他们并不都是出于自愿留下的；其他希腊人和马其顿人一直跟随您历尽艰险，在战斗中都有一定数量的损失；还有一部分因负伤而残废，流落在亚洲各地；但大多数是死于疾病。当年出发时浩浩荡荡的大军，到如今已为数有限了。而就是剩下来的这些人，当年的体力也都已丧失，旧日的精神则更是消磨殆尽。这些人，没有一个在不想念他们的爹娘——如果他们的爹娘还在世的话；没有一个不在想念他们的妻子和儿女；甚至没有一个人不在怀念他们自己的祖国，渴望能回去再看一眼。带着您给他们的财宝，像个有钱的人，而不再像过去的穷光蛋那样回去；像个大人物，而不再像过去的小百姓那样回去。这是人之常情，应该体谅的。队伍已经不再甘心情愿跟随您，您可别当这样一支部队的领袖。当他们已经毫无自觉自愿的精神时，一旦面对艰险，您将发现他们有气无力，离心离德。如果您认为适当，最好您本人也回您自己的家，看看您的母亲，料理一下希腊本土的事务，把这许多伟大胜利的果实带回您祖先的祠堂里。然后，如果您愿意，还可以准备另一次远征，再去进攻定居在由这里往东的那些印度部族。或者，如果您愿意，也可以进军攸克塞因海地区；或者去卡科顿[1]以及该城以远的利比亚其他地区。在所有这些未来的征战中，当然还应当由您来领导。那时，会有别的马其顿人和希腊人跟您去，会有年轻的来顶替年老的，精神饱满的来代替疲惫不堪的。由于他们还未亲身经历过战争，因而打起仗来一时还不至于害怕什么危险；由于他们对未来抱有希望，战争还会激发他们的热忱。而且，如果他们看到他们的前辈在历尽艰险之后还是平安地返回家乡，原来贫困的后来变为富有，原来默默无闻的后来变为大名鼎鼎。于是这些新人就会更有信心，以更充沛的热情跟随您东征西战。啊，大王陛下！当我们一切都顺利的时候，需要有自我克制的精神，这一点比

① 即古代著名的大城市迦太基，在北非北岸面对西西里岛的地方。——译者

任何事情都可贵。因为您作为我们的领袖和这样一支军队的指挥官，对任何敌人都是无所畏惧的。但是，对任何人来说，好运气是不能预料的，因而也是无保障的。”

（二十八）科那斯说完之后，在旁边站着的人当中就有人发出叫好的声音，许多人甚至还流下眼泪。如果需要什么证据的话，这件事就足以证明他们不愿意再向前推进。如果班师回国，他们一定会欢跃起来。但是亚历山大，由于科那斯出言放肆，又因为其他官员缺乏勇气，他很不高兴，于是就把会议解散了。第二天又把原来这些官员召集在一起，怒气冲冲地重申他本人要继续前进，但他绝不强制任何马其顿人违心地跟他去。他说，自然也会有自愿跟随他们国王的人。至于谁要回家，谁就可以回去。回去后，还可以对他们的朋友们说，他们自己回来了，把他们的国王留在被敌人包围的异域。说完他就回到自己的帐篷里，整天不接见任何人，连他的伙友也不见。第二天，第三天，都是如此。他一直等着，看那些马其顿人和联军同事们是否回心转意，因为在成群的战士里往往会出现这种情形，这样的变化出现之后，往往会使他们变得更加服服帖帖。但是，整个营地仍然是死一般的沉寂。明显地看出，官兵们对他的脾气感到很不服气，而且也绝不会因此会有任何回心转意的表示。后来，据托勒密（拉加斯之子）记载，他不管这些，仍然举行了祭祀，意欲渡河。但在祭祀中，牺牲显示了渡河不利的征兆。于是亚历山大就把伙友中年长的一些人、主要是跟他要好的一些朋友，召集在一起研究。结果是，既然都认为回去为好，于是他就向全军公开宣布，他已决定班师回国。

（二十九）全军一听到这个消息，立即高声叫喊起来，就跟一大

群乌合之众高兴得大声叫喊一模一样。接着多数人开始哭泣。还有一些人走到亚历山大的帐篷附近为他求神赐福。这是因为亚历山大在他们自己面前认输,承认他是被他们自己而不是被任何别的人打败了。于是,亚历山大就把全军分为十二部分。叫每一部分都修一座祭坛(其高度有如最大的塔,宽度还要超过),作为向诸神明的感恩礼,因为众神曾保佑他一直是战无不胜,同时也纪念他的艰苦卓绝的业绩。这些祭坛建成后,他亲自登坛按惯例献祭。还举行了体育竞赛和骑兵操练。把直至希发西斯河的领土也都交给波拉斯治理。然后他本人则开始率部回师希德拉欧提斯河。过了这条河,又回到阿塞西尼斯河。看到他原先派赫菲斯提昂修建城防的那座城市已经建成了。他在这座城里安顿了附近那些自愿在城里定居的部族和那些不再适应战斗生活的雇佣兵。然后就开始了全军经水路去大海的准备工作。

这时,与阿比萨瑞斯为邻的那个地区的总督阿萨西斯前来谒见,还带着阿比萨瑞斯的弟弟和其他亲属,还带来印度人认为最高贵的礼物以及阿比萨瑞斯的三十头大象。阿比萨瑞斯本人因病未能亲自来谒见。跟他们一起来的还有亚历山大原先派到阿比萨瑞斯那里去的代表。因此,亚历山大对他们所汇报的一切都非常放心,不再怀疑阿比萨瑞斯了。于是他就任命阿比萨瑞斯为他那个省的总督,让阿萨西斯辅佐,以治理那个地区。商量好他们应当交纳的贡赋之后,亚历山大又在阿塞西尼斯河边举行了祭礼。然后又渡河,回到希达斯皮斯河。在他的部队帮助下,修复了尼卡亚和布西发拉那两座城里被大雨冲坏了的房屋,并把那个省的其他事务安排好。

卷　六

（一）既然部队已经在希达斯皮斯河两岸准备了许多三十桨大船和一些较小的战船[①]以及一些运送马匹的运输船和其他够全军用的船只，于是亚历山大就决定沿希达斯皮斯河向大海航行。他在印度河中曾看见过鳄鱼，过去他除了在尼罗河里[②]见过鳄鱼之外，在其他河流里都没有见过。此外，他还曾见过阿塞西尼斯河两岸长着印度荷花[③]，和埃及生长的那种荷花相似。他还听说阿塞西尼斯河流入印度河。于是他就以为他已经发现了尼罗河的河源。他是这样设想的：尼罗河发源于印度的某一带地方，名印度河，然后流经面积极大的荒无人烟的地区，在那里才失掉印度河这个名称；然后，当它再次流经开化地区时，就被那一带的埃塞俄比亚人和埃及人叫成尼罗河了（荷马在他的史诗里还曾根据埃及这个地名把它叫成埃及河），最后才流入内陆海[④]。不仅如此，在亚历山大写给奥林匹娅斯的信里谈到印度情况时，除了别的以外，还

---

① "galley"这个字直译就是"一排半桨"；估计这可能是指的一种船，中央部分是双排桨，头尾是单排。但这种修饰性的名称不一定要按字义理解，因为习惯上只用这类名称表示船的大小，并不一定有若干排桨的含义。——英译者

② 恒河里也有鳄鱼。——英译者

③ "bean"的学名据说是"Nelumbium speciosum"，即印度荷花。——英译者

④ 即地中海。——译者

曾提到他认为他已经发现了尼罗河的河源。他就是这样，只凭极其微小的迹象就给这么重大的事情下了结论。但当他对印度河的地理情况做了更仔细的调查，才从本地人嘴里了解到：希达斯皮斯河流入阿塞西尼斯河，阿塞西尼斯河又流入印度河，二者都在汇流处失掉自己的名称；然后印度河向大海流去，入海处分为二支；本地人还说印度河跟埃及毫无关系。因此，他就把给他母亲的信里关于尼罗河那一段话删去。然后他命令部队把船都准备好，以便按他的设想沿河航行到大洋去。他那些船上的水手是由跟随他远征的腓尼基人、塞浦路斯人、卡瑞亚人和埃及人组成的。

（二）这时，亚历山大最信赖的伙友之一科那斯因病逝世。亚历山大尽其力所能及给他举行了隆重的葬礼。然后，他把诸伙友以及当时正来谒见的印度各地使节召集在一起，宣布波拉斯为他迄今占领的全部印度领土上的国王，属他治理的共有七个民族以及属于这些民族的共计二千余城镇。然后，他把全军分成几部分：一部分跟他一起上船，其中包括近卫队全部、弓箭手、阿格瑞安部队和骑兵特别中队；另一部分由克拉特拉斯率领，包括步骑兵各一部，沿希达斯皮斯河右岸行军；全军人数最多、实力最强的一部分兵力以及至今总数已达二百头的大象，由赫菲斯提昂率领，沿希达斯皮斯河左岸前进，这支部队奉命全速向索培西斯的宫殿进军。印度河西岸朝巴克特利亚方向，那一带地方的督办菲利普奉命等待，三天之后再率部跟进。亚历山大命令奈萨的骑兵回奈萨去。任命尼阿卡斯为舰队司令。他自己那只船的领航员叫欧奈西克瑞塔斯。这个人后来写了一本亚历山大传记。他在那本书里撒了一些谎。其中之一就是说他自己当时是舰队司令，事实上他只不过

是一名领航员。据托勒密(拉加斯之子,也是我写这本书的主要依据者)记述,全部船只的数目是:三十桨大船八十艘;运输船、轻型船、包括早已在河上长期使用的和临出发前赶造的各种船舶在内,总数将近二千艘。

(三)于是,当一切准备就绪后,天亮时部队就开始上船。亚历山大按惯例祭神,并按照占卜师的建议也祭了希达斯皮斯河神。他上船时,还在船头用一只金杯向河里洒了奠酒,祈求希达斯皮斯河神和阿塞西尼斯河神保佑。因为他听说阿塞西尼斯河是希达斯皮斯河最大的一条支流,而且这两条河的汇合地点也距此不远。他还祈求印度河神保佑,因为阿塞西尼斯河随着希达斯皮斯河一起流入印度河。然后也向他的老祖宗赫丘力士、阿蒙以及他经常祭祀的那些神奠酒。最后,才下令号兵吹号起航。各部队听到号音后即开始按顺序开船。辎重船、运马船和各种战船之间必须保持的距离,事先都已作了准确的规定,以免无秩序地行船时发生互撞事故。即使是那些速度最快的船也不许擅自离队乱驶。这么庞大的一支舰队,在同一瞬间一起开始划桨,水手头头们高喊着起桨落桨的号子,成千上万的桨板一起拨动水涡,哼着划桨人的小调。这个大合奏听起来真是不寻常。河的两岸常常高过船体,从而使这乐曲仿佛从巨大的喇叭筒中发出,在两岸之间不断回荡,听来更加响亮。河流两侧不时有幽谷出现,舰队经过时,山鸣谷应,声音愈益饱满高亢。运马船上的那些马匹,从离河老远的地方都能看见。在印度,人们从来没有见过船上装马(印度各部族回忆不起狄俄尼索斯那次远征印度时是否也是坐船来的),他们这回看见船上运这些马匹,感到很惊奇。因此,舰队出发时来看热闹的人成群结

队跟着舰队沿河走了很远的路。过去归顺了亚历山大的那些人当中，有些老远地听到橹工的喧闹和桨板击水的声音，也都跑到河边跟着走，还唱着他们自己的蛮歌。印度人确实是最喜欢音乐的民族。而且，自从狄俄尼索斯时期以来，那些曾经跟他一起狂欢过的人也都是极其热心的舞蹈爱好者。

（四）亚历山大就是这样在河上航行。第三天在一处靠岸停泊，就是他原先命令赫菲斯提昂和克拉特拉斯带领部队在两岸宿营的那个地方。亚历山大在这里停留两天。当菲力普率领其余部队赶到跟他会合时，亚历山大叫他率领原有部队到阿塞西尼斯河去，要他沿河岸前进。克拉特拉斯和赫菲斯提昂则奉命率所部按指定路线继续前进。他本人仍旧乘船沿希达斯皮斯河继续顺流而下。这条河因渐趋下游，其宽度从未小于二十斯台地。舰队遇到方便的地方就靠岸停泊。一路接待了沿河一带许多主动归顺的印度部族。其中有些曾进行抵抗后才来投降的。但当亚历山大向马利亚人和欧克西德拉卡人的地区前进时，就以全速行进。因为他了解到他们是这一带印度人当中人数最多、也是最好战的部族，而且还接到报告说，他们已经把老婆孩子转移到最牢固的城池里，他们自己则已下定决心要跟亚历山大打一仗。因此，亚历山大不断催促船队加速前进，以便他能在那些印度人还未作好打的准备、正在忙乱之际进攻，给他们一个措手不及。因此，船队在这次出发之后，第五天就到达希达斯皮斯河和阿塞西尼斯河的汇流处。这两条大河汇合后，成为一条很窄的水道。由于河道变窄，流速大增。河水奔腾呼啸，形成许多可怕的大旋涡，急流回荡，咆哮轰鸣，老远就能听到惊涛骇浪的声音。这情况本地人老早就已经告诉亚历山

大,亚历山大也早已通知到部队。可是,当船队终于到达两河汇流之处时,雷鸣般的怒涛震天动地,水手们一下子都停止划桨,这并非出于谁的命令,而是水手头头们已经吓得目瞪口呆,水手们也被这震耳欲聋的声响吓得手足无措。

(五)不过,当他们靠近汇流点时,各船的舵手叫水手们尽全力摇橹,用巨大的力量克服翻滚的水流,把船从急流中冲过去,以免卷入旋涡把船搞翻。船身短而粗的被水冲得打转转,但还能沿一条直线前进,实际上也是让水流冲着一直向前驶行。在渡过这一段险情时,除了引起水手们不小的焦急之外,倒都未受到多大损失。但船体较长的,在这翻滚的急流中却未能全部安然无恙地闯过去。在奔腾的浪涛中,它们动转失灵。那些有双层排桨的大船,靠下一层的排桨很难保持在水面上;而且,当船身被滚滚的洪流冲得船舷倾斜朝前时,桨也都折断,这样一些船实际上已卷入急流,失去控制后不能冲过去,以致许多船都吃了苦头,其中有两艘互撞沉没,上边的水手淹死不少。幸好后来河道逐渐宽展,水流也不再那么湍急,旋涡也不再凶猛地促使船打转转。后来亚历山大把船队带到一处可以避开主流的好地方,这里还可以把船拖到陆地上,部队在此上岸。这里还有一个突入中流的岬角,在上边打捞破船,救护破船上剩下的还活着的水手,都很方便。他打算尽最大努力救护这些水手,也要修复碰坏了的船只。这些事情办完之后,他就命令尼阿卡斯率船队顺流而下,直抵马利亚人的边境。他本人则率部开到尚未归顺的其他部族地区进行快速扫荡,以便阻止他们去支援马利亚人。事毕立即返回船队。

在这里,赫菲斯提昂、克拉特拉斯和菲利普再次和亚历山大会

师。然后亚历山大带着象队、坡利斯坡康旅、马上弓箭手和菲利普所部，渡过希达斯皮斯河，命令克拉特拉斯指挥他们。还命令尼阿卡斯率领船队，在陆上部队出发前三天起航沿河下驶。把其余部队分为三部分：命令赫菲斯提昂率领一部分先于主力五天出发。这样，如果亚历山大本人所率主力部队中有人开小差而想尽快逃到前边去的话，就会碰上赫菲斯提昂的部队，从而被擒。又将另一部分部队交给托勒密（拉加斯之子），叫他在主力出发三天之后再开始跟进。这样，他本人所率主力部队中如有人往后逃，就可以碰上托勒密的部队，从而同样被抓住。还命令先头部队一到阿塞西尼斯和希达斯皮斯二河汇流处就停下来，一直等到他自己所率主力部队以及克拉特拉斯和托勒密所率部队全都会合一起为止。

（六）然后他自己率领近卫队、弓箭手、阿格瑞安部队、培索的所谓步兵伙友一个旅、马上弓箭手全部以及伙友骑兵半数，通过一带缺水的地区，朝实行自治的印度部族之一马利亚人进军。第一天，在距阿塞西尼斯河约一百斯台地的一个小水塘附近扎营。亚历山大吃过饭，让部队稍事休息后，就传令叫人们把自己带着的所有能盛水的器皿都装满水，然后又开始前进。在那天剩下的时间再加上一个晚上，一共走了大约四百斯台地。天亮时到达有许多马利亚人逃去避难的一个城市。这些马利亚人连做梦都没有想到亚历山大会通过干旱缺水的地区向他们进军。因此，当时大部分马利亚人都在城外，而且都没有带武器。很明显，亚历山大之所以由这条路进军，正是因为这条路特别难走；恰恰也是由于这个原因，敌人才绝难料想他会走这条路。于是在他们毫无思想准备的情况下，亚历山大突然袭来。因为他们手里没有武器，大部分几未

抵抗,就都被砍倒在地。其余的人都逃入城里。于是亚历山大就让他的骑兵在城外摆成一圈,把敌人围困起来,等待步兵到达。步兵大部队一到,他立即派坡狄卡斯带着他自己的骑兵团和克雷塔斯的骑兵团以及阿格瑞安部队,去进攻马利亚人的另一座城(这一带有许多印度人都逃到那里躲避),命令他监视城里的人,在亚历山大来到之前,先不发动进攻;这样可以防止任何人从城里逃出去把亚历山大已在路上赶来的消息传到别的部族。作完这项部署后,亚历山大就亲自率领部队攻打城墙。但那些部族已失去继续守城的信心,纷纷从城里往外逃。亚历山大在追击中打死了大批印度人,其余的也多因负伤丧失了战斗力。他们逃到要塞里躲避,因为要塞居高临下、易守难攻,他们在里边还可据守一时。但当马其顿部队从四面八方猛扑上来,亚历山大又亲自在各处出现指挥作战时,要塞终于失守,里边的印度人全部砍杀净尽,总计约有二千。

与此同时,坡狄卡斯已到达他奉命前往的那个城市,发现已是一座空城。但了解到城里的人逃走的时间还没有多久,于是他就率领骑兵全速跟踪追击,轻装步兵也以最高速度跟进。他追上以后,杀死了许多逃亡者,剩下的则千方百计地逃入了沼泽地。

(七)亚历山大等他的部队吃过饭休息好之后,大约在一更时,就又开始进军。当晚走了很长的路,天一亮就到达希德拉欧提斯河。在当地了解到大部分马利亚人已经渡过河去,还有一些正在渡河。亚历山大趁他们渡河时就带着部队打死一大批。他片刻都不迟疑,立即跟马利亚人一起抢过河去,进一步追击那些早已过了河逃到前边去的马利亚人。追上后又砍杀一大批,也活捉了一些。

但大部分都逃进一个设有坚固防御工事的据点里。亚历山大等他的步兵也赶来会合后,立即派培索带着他自己那个旅和两团骑兵去攻打那个据点。攻击开始,第一次冲锋就拿下了据点。除了当场打死的,其余躲在里边的人全部被俘,并贬为奴隶。这个任务完成后,培索就把部队带回营地。

这时,亚历山大听说另有一些马利亚人逃到一座波罗门城市里去了,于是他就朝这个城市进军。到达之后,就亲自率领方阵以密集队形从四面围攻。守城的人看见马其顿人正挖城脚,而且向他们齐发箭石,打得他们站不住脚,于是他们就像其他城市的守军那样,放弃城墙,逃到要塞里自卫。有些马其顿部队跟着他们一起冲入要塞。这时,已退入要塞里的那些马利亚人紧紧地抱成一团作困兽之斗,把一些马其顿人赶了出来。他们往外撤时,还被马利亚人打死大约二十五人。这时亚历山大已命令部队一面挖墙脚,一面在要塞四周竖起梯子。当一座城楼因墙脚被挖而坍塌,城楼之间的城墙也有一部分被轰出缺口时,要塞的这一边就容易攻了。亚历山大第一个爬上城墙,大家都看得见他在那里坚守。马其顿官兵看见主帅已经上去,感到极其惭愧,于是这边一个,那边一个,官兵们争先恐后地纷纷往城墙上爬,终于把要塞占领。那些印度人,有些放火烧自己的房子,被当场捉住砍死,但大多数都是战死的。倒在血泊里的至少达五千人,因为他们进行了顽强抵抗。生擒的却很少。

(八)亚历山大在那里叫部队休息了一天。第二天又开始追击其余的马利亚人。他所到之处,一个个都是空城,听说居民已逃往荒凉的地方。他又叫部队休息了一天。第二天派培索和骑兵指挥

官德米特里亚斯再回河边执行任务。除了带着他们原来率领的部队之外，又拨给他们完成任务所需要的足够的步兵连队。亚历山大命令他们沿河搜索前进，遇到逃进树林里躲避起来的人（沿河有很多树林），除主动投降者外，一律格杀勿论。培索和德米特里亚斯的部队后来在沿河岸的树林里找到大批避难者，全都杀了。

这时，亚历山大本人正带领部队朝马利亚人最大的城市挺进。据说很多人放弃了别的城市逃到这个大城市里来。但当他们听到亚历山大逼来的消息之后，连这个最大的城市也不要了，又都弃城逃跑。但他们渡过希德拉欧提斯河后，就在对岸停下来，摆好阵势准备坚守。因为河岸很高，他们打算在这里阻止亚历山大过河。亚历山大一听到这个消息，立即率领他当时带着的骑兵全部驰往希德拉欧提斯河上马利亚人设防的地方，叫步兵随后跟进。当他到达河岸，看见敌人已在对岸摆开阵势，他毫不迟疑，立即率领骑兵，从大路上冲入渡口的河水中。敌人看见亚历山大的骑兵已到达河心，就很快地从岸上往后撤，但秩序很好。亚历山大仍然只带着骑兵追击。印度人看见他只带着一些骑兵追来，兵力单薄，于是就掉转头来，进行猛烈的抵抗，因为他们兵力雄厚，大约有五万人。亚历山大看见他们的步兵队形严整紧密，而他自己的步兵还未来到，于是就带着骑兵兜圈子，不时向敌人冲击一下，但不跟印度部队离得太近。不久，阿格瑞安部队和其他轻装连队已经赶到——这些都是他的部队中的精锐。弓箭手跟着也赶到，不远处步兵主力也可以看得见了。印度部队看到这些可怕的兵力向他们压过来，立即掉头飞跑，奔向附近一座设防的城市。亚历山大尾随敌后，紧紧追击，给逃敌以大量杀伤。敌人进入城里后，亚历山大一

面前进，一面就先叫骑兵包围城市。步兵跟上来时，就叫部队当天在城墙四周宿营。一来因为天快黑了，不能攻城；二来也由于步兵长途行军、骑兵连续追击逃敌，特别是由于全军渡河吃力，都已十分疲劳。

（九）第二天亚历山大把部队分开，自己指挥一部分开始攻城。另一部分交给坡狄卡斯。但印度守军并未等到马其顿人发动进攻，就放弃了城墙，一起逃到要塞里去。可是，亚历山大带领部队早已把一座小城门捣毁，深入城内。坡狄卡斯所率兵力因为爬城困难，落在后边。因为他们看见城墙上已无守军，以为城墙实际上已经被占领，所以大多数人都未带梯子来。但是，当他们看见敌人已很明显地在据守要塞，而且在要塞前边也有许多人摆好了阵势，于是马其顿部队有些立即开始挖墙脚，有些则在有机可乘的地方竖起梯子，力图强攻突入。这时，亚历山大眼看搬梯子的那些人似病非病、磨磨蹭蹭，于是就从一个人手里把梯子夺过来，自己把它竖在墙上，把身体缩在盾牌下边往上爬。挨着他的是朴塞斯塔斯，手持神圣盾牌（这个盾牌是亚历山大早先从伊利亚城的雅典娜庙里取出的，后来一直由他保存，打仗时就在他前边举着），近卫军官利昂那塔斯跟在他们后边往上爬。在另一架梯子上是阿布瑞亚斯，他是一个功勋战士[①]。这时，亚历山大国王已爬到城垛口处，他把盾牌靠在垛口上，把几个印度兵推下城里；手起剑落；把剩下的几个砍死，从而清除了那一段城墙上的守敌。这时，他的近卫队生怕国王出事，都慌忙在同一架梯子上争着往上爬，结果把梯子压

① 直译是“得双薪的人”（因为在战场上立过功）。——英译者

折，已经爬在梯子上的都摔了下来，没有爬上去的也上不去了。

亚历山大一个人站在城墙上，因为没有一个印度人敢接近他，于是他们就从附近的城楼里纷纷向他射箭。同时还有人从城里向他射箭，因为那个地方正是城边的一个大土堆，从土堆上往城上射箭距离很近。亚历山大确实极其显眼，一方面因为他的盔甲光耀夺目，另一方面也因为他勇武异常。这时他感到，如果他待在那里，必然要冒很大危险，也搞不出什么引人注目的业绩；但如果从城上跳下去，跳到城里，也许这个行动本身就会把印度人吓坏。即使有生命危险，但在完成伟大的壮举之后死去，也算死得光荣，值得后人传颂。他想到这一点，立即从城墙上一跃而下，跳进要塞里。他靠在城墙上稳住脚跟。有几个印度人冲过来要跟他肉搏，他挥动宝剑连扎带砍都给撂倒。甚至连大胆前来攻击他的印军总司令也被他砍死。又有一个冲了过来，他举起一块大石头一下子就把他砸倒在地。又来一个，还是如法解决。后来又有些人冲过来，一接近他，他就用剑把他们一个一个砍死。这时，印度人都不敢靠近他了，而是老远地从四面八方向他投掷各种东西，手里有什么投什么；抓到什么扔什么，势如暴雨。

（十）这时朴塞斯塔斯、功勋战士阿布瑞亚斯和利昂那塔斯——只有这几个人在梯子折断以前想方设法爬到城墙上去了——也跳了下去投入战斗，以保卫他们的国王。阿布瑞亚斯面部中箭阵亡。亚历山大本人也负重伤，一支箭穿透他的护胸甲扎入他的肺部上方。据托勒密说，他呼吸时，血从伤口流出。但只要他的血还是热的，亚历山大就继续战斗，保卫自己。但当他后来在一次呼吸中流出大量稠血时，就头晕目眩，在他原来靠着盾牌战斗

的地方倒了下去。他一倒下，朴塞斯塔斯立即叉开两腿横跨着他站着，手持伊利亚神圣盾牌保护他。利昂那塔斯站在另一边。他们俩抵挡着从四面八方飞来的暴雨般的箭石。这时亚历山大由于失血过多几乎昏迷过去。马其顿官兵有不少人刚才看见亚历山大在城墙上受到箭石围攻，跟着又看见他跳进要塞里面，于是他们个个热血沸腾，担心他们国王由于这种鲁莽行动而受害，在这紧急关头，他们把梯子拆开当工具用，想尽各种应急办法攀登城墙：有的在这用土砌起的城墙上钉木楔，抓着木楔吃力往上爬；有的搭成人梯踩着战友的肩膀往上冲。由于情况艰险，马其顿整个攻坚战役就陷入僵局。头一个爬上城去的人在国王躺着的地方跳了下去。大家一面哀号，一面高喊杀声，纷纷冲上前去。顷刻之间，在躺在地上的国王周围就展开了一场殊死战。马其顿人一个接一个地拿着国王的盾牌防护着亚历山大。与此同时，在两座城楼之间的一座城门的门闩被一些战士砸断，于是部队一股接一股地进入要塞。另一些人就用肩膀顶在已裂开一条缝的城门上，拼命往里顶，结果把城门顶开。于是要塞的这一边算是打开了。

（十一）现在大屠杀开始。马其顿人把要塞里的印度人一个不留地斩尽杀绝，甚至连妇女和孩子也不放过。同时，有一些人用盾牌把亚历山大抬走。他的伤势危殆，人们以为他活不成了。有些历史名家记述，说科斯城有一位出身于阿斯克利皮亚斯家族的名叫克瑞陶狄马斯的医生，把那支箭从伤口抽出，把附近的肉挖了。又有人说，由于当时情况紧急，手边又无外科大夫，于是近卫军官坡狄卡斯就用他的剑在伤口开刀，把箭取出来，还说这是亚历山大特令他这样做的。往外抽箭时，大量出血，以致亚历山大又晕了过

去，而血也因此止住。关于这次大祸，各史家曾有许许多多各不相同的记述。头一个人瞎编一段，别的人接过来就往下传，以讹传讹，一直传到今天。如果不是我现在用我这部历史加以澄清，恐怕这种谎话就要一代一代流传下去，断无休止。

首先，各种传说一致认为亚历山大这次大祸是发生在他和欧克西德拉卡人打仗的时候。但事实是，当他和印度一个独立部族马利亚人打仗的时候发生的。那个城市是马利亚人的城市，射伤亚历山大的也是马利亚人。不错，这些马利亚人确实曾经决定跟欧克西德拉卡人联合起来打亚历山大。但是，由于亚历山大急行军穿过荒凉地区，来得太快，使他们没有来得及从欧克西德拉卡人那里取得支援，也没有来得及去支援欧克西德拉卡人。和这个谬误类似的还有下述一事：许多传说一致认为亚历山大和大流士之间的最后一仗是在阿柏拉打的（指的是那次大战，当时大流士从战场逃跑，一直逃个不停，最后被柏萨斯和他的追随者杀死；当时亚历山大正在后边紧追）。这次大战以前那一仗是在伊萨斯打的；最初一仗，就是那次骑兵大战，是发生在格拉尼卡斯河上。事实是这样，那次骑兵大战确实是发生在格拉尼卡斯河上，跟大流士打的第二仗也真是在伊萨斯。但大流士和亚历山大之间的最后一仗，大多数历史家都说不是发生在阿柏拉，而是在离阿柏拉六百斯台地的地方发生的；那些把这个距离说得最小的历史家，也说有五百斯台地。而托勒密和阿瑞斯托布拉斯都说那次大战是在布摩达斯河边的高伽米拉进行的。而且高伽米拉并不是一个城市，只不过是一个大村庄。它并不是一个重要的地方，它的名字听起来也别扭。因此，我分析，由于阿柏拉是一个大城市，所以它就剥夺了这次大

战发生地的荣誉。假如说那次大战实际上是在距离阿柏拉那么远的地方发生的，我们偏偏一口咬定是在阿柏拉发生的，那么，我们也不妨坚持说本来在萨拉米斯发生的那次海战是在科任斯地峡发生的，本来在攸卑亚境内的阿特米西亚发生的那次战斗是在爱琴那或苏尼亚发生的。

言归正传。关于亚历山大在危急关头时究竟谁拿着盾牌保护他的这个问题，大家都说朴塞斯塔斯是其中之一。但在是否还有利昂那塔斯的问题上，大家并不一致。功勋战士阿布瑞亚斯是否也是一个，说法也不一样。另外，关于亚历山大负伤的事，有的说他先是在头盔上挨了一棍棒，晕倒在地，后来站起来时，胸部又挨了一箭，是穿透胸甲射进去的。但托勒密（拉加斯之子）说只有胸部这一处伤[①]。我认为撰写亚历山大历史的人们最大的错误就是下边这件事：有些历史名家说托勒密（拉加斯之子）当时是和朴塞斯塔斯一起跟在亚历山大后面爬上梯子的。亚历山大倒地时，托勒密还曾手持盾牌护卫他，因此人们称托勒密为救星。但托勒密本人在记述中却说，当时他本人根本不在场。事实上，他当时正带着部队在另外一个地方跟另外的部族打仗。这些离题的话，请允许我就说这么多。这样，后人对于这么伟大的事迹和巨大的灾祸必会认真对待。

（十二）当亚历山大还在这个地方休息并医治创伤时，最先的消息传到营地（他就是从那个营地出发去攻打马利亚人），说他已

① 这一段是出自杜卜诺版的《托勒密》第 20 章。科提亚斯批评克利塔卡斯和提马吉尼斯不应当说当时托勒密也在场。——英译者

因伤重死去。消息传开后，全军先是一阵恸哭。哀伤过后，随即想到全军统帅今后谁属的问题，就又陷入悲观失望之中。因为不只在亚历山大心目中，而且在全军心目中，很多将领的威望都不相上下。而且，当大家想到怎样才能安全回到自己家乡的问题时，也感到忧心忡忡。因为全军正处在众多好战部族重重包围之中。其中有些还未归顺，这些人必将为他们的自由而顽强战斗；另一些则因对亚历山大的恐怖一旦消除，也必然会反叛。万千官兵感觉他们现在已陷入了无法到达彼岸的迷津之中。失掉了亚历山大，仿佛一切都没有指靠和希望。但后来又有消息传来说亚历山大还活着，可是大家却很难相信，谁都不相信他还能活下来。后来又有人送来亚历山大的亲笔信，信里说他不久就回营地。甚至在这时，多数人仍然由于受惊太大，还是不相信。他们以为那封信是亚历山大的近卫和官长们伪造的。

（十三）亚历山大了解到这些情况之后，为了避免部队里发生骚乱，当他感觉好一些、能够走动时，就叫人把他抬到希德拉欧提斯河岸，然后乘船顺流而下，到达位于希德拉欧提斯和阿塞西尼斯二河汇流处的营地（赫菲斯提昂在营地负责指挥地面部队，尼阿卡斯负责舰队）。国王乘坐的小艇驶近营地时，他马上就叫人把船尾的篷布掀开，好让人都能看见他。但是，部队甚至在这个时候还是不相信，交头接耳地说运来的必是亚历山大的尸首。直到最后小船靠了岸、亚历山大向人群挥手时，他们才爆发出一阵呼喊。有的还高举双手感谢苍天，有的把手伸向亚历山大。这意外的欢欣还使许多人情不自禁地流下眼泪。人们把他抬下船时，近卫队的人给他抬来一副担架，但他不要，叫他们把他的马牵来。他一骑到马背上，当大家都看见他的时候，全军掌声雷动、经久不息。河岸和附近的山谷都回响共鸣，震天动地。亚历山大到达他的帐篷旁边时，从马上下来，好让部队看见他走路。于是大家从四面八方向他跑来。有的摸他的手，有的摸他的膝盖，有的摸他的衣服，有的在附近注视着他，为他说句祝福的话就走开了。还有些人把当时正在印度土地上开放的鲜花摘来扔到他身上，有的还编成花环扔过去。

据尼阿卡斯记述，亚历山大的朋友们因为他只身突入敌阵去冒这么大的危险而责备他，说这是战士的事，不是一位统帅应当干的。亚历山大听了很生气。我个人认为，亚历山大听到这些责难而生气，是因为他明白他们的话说得对，这些责备是他自己招来的。确实，正如其他人热衷于某种乐趣因而忘乎所以地不顾危险那样，亚历山大则由于热衷于战斗、醉心于荣誉，以致在危险面前控制不住自己。尼阿卡斯还接下去说，有一个上年纪的包欧提亚人（他没有说出这个人的名字），他看出亚历山大因为朋友们的责备而生气，脸上还流露出愤愤不平的样子，于是就走到他跟前用包欧提亚方言对他说："亚历山大，见义勇为，此乃大丈夫。"然后他又朗诵了一首诗，大意是："伟业渊源于艰辛。"这话立即得到亚历山大的赞赏，此后两人即成知交。

（十四）这时，剩下的马利亚人派使者前来为其部族请降。此外，欧克西德拉卡人各城市和各地区的首领也亲自来谒见，还有其他重要人物，总数将近一百五十人，带着最贵重的印度礼物，以全权代表的身份前来谈判全族归降的条件。他们极力坚持说他们的错误是有情可原的，因为他们没有能早一些派人来谈判。还说他

们最大的愿望就是自由和自治，说是自从狄俄尼索斯来到印度的那些年月直到亚历山大的到来，他们确实一直保持着他们自由的完整无损。不过，既然据说亚历山大也是神的后代，因此，如果他愿意，当然可以派总督去统治他们，不论派谁去，他们都接受，而且还愿意交纳亚历山大认为适当的贡赋。此外，不论亚历山大要多少人质，他们都可以交出来。亚历山大要他们把他们部族里的一千名首领交出来，如果他本人愿意，就叫他们当人质；不然就叫他们在他的部队中服役，直到他跟所有其余的印度人打完仗为止。后来他们果然按规定送来一千人，都是从他们族里挑选的最重要、最伟大的人物。而且未经索求，还一起送来五百辆战车和驾车的人。亚历山大任命菲利普为欧克西德拉卡人和剩下的马利亚人的督办，把那些人质都退还给他们，只留下了战车。

当他把这些事情都作了妥善处理，并且在他养伤期间又造了一大批新船之后，他立即命令部队上船。其中有伙友骑兵一千七百、跟以前同样数目的轻装部队以及约达一万名步兵，在希德拉欧提斯河上顺流而下。走不多远，希德拉欧提斯河就和阿塞西尼斯河汇流。从汇流处往下，就只叫阿塞西尼斯河，希德拉欧提斯这个名称就没有了。于是他们就沿阿塞西尼斯河继续下驶，直到阿塞西尼斯河和印度河汇流处。这四条都能通航的大河全都流入印度河。各河在汇流时并不是都保有自己的名称。情形是这样：当希达斯皮斯河流入阿塞西尼斯河时，将全部水量都注入其中，同时也就接受了阿塞西尼斯这个名称；然后阿塞西尼斯河又与希德拉欧提斯河相遇，接受了这条支流的水，仍然保持阿塞西尼斯这个名称；然后又接纳了希发西斯河的水量，仍以原有名称流入印度河，合流之后就和印度河混为一体。再往下就叫印度河了。从合流处直到印度河分支流入三角洲之前这一段河道,我想至少有一百来斯台地宽,或许还宽一些。它已经变得不大像一条河,倒更像一个湖。

(十五)在阿塞西尼斯河和印度河汇流处,亚历山大叫船队停下来,一直等到坡狄卡斯在进军途中征服了独立的部族阿巴斯塔尼亚人后,率领地面部队到这里跟他会合。这时,早已归顺的另一个印度独立部族扎西瑞亚人为亚历山大新造的一批三十桨大船和一些运输船,也送到这里来交给了他。还有另一个独立部族欧萨地亚人派使者前来为他们全族请降。亚历山大办完这些事之后,就把阿塞西尼斯河和印度河汇流处划为菲利普督办辖区的边界,给他留下色雷斯部队全部以及从其他各旅抽调的足够驻守全地区的部队。还命令他在二河汇流处修建一座城市[①],心想这样一座城市将来一定会兴旺发达,闻名世界。他还命令在那里创建船舶修造所。大约就在这时,亚历山大的王后罗克塞妮的父亲欧克西亚提斯(巴克特利亚人)前来拜会亚历山大。亚历山大还把帕拉帕米萨斯地区的管辖权给了他,撤掉原来的督办提瑞亚斯皮斯的职务,因为有人向亚历山大汇报说这个人办事目无法纪。

然后,亚历山大命令克拉特拉斯率领全军大部和象队渡到印度河左岸,因为重装部队在河左岸比较好走,也因为沿左岸各部族并不都是友好的。然后他本人率部乘船下驶到达皇城索格地亚。

① 许多命名为亚历山大的城市之一。有人认为这个城市就是现代的密顿城。——英译者

在那里又修建了一座设防的新城，还修建了新船坞，把那些破船都修理好。任命欧克西亚提斯和培索为自印度河与阿塞西尼斯河汇流处直至全部沿海印度地区的督办。

然后，他又命令克拉特拉斯率部通过阿拉科提亚和德兰吉亚地区回到原处。他本人则率部顺流而下朝穆西卡那斯的王国进军。据说这个地方是全印度最富庶的，但至今穆西卡那斯还没有亲自前来归顺，也不派代表前来修好。对一个大王，本来应当派人来谒见或奉献礼物，但他什么都没有办，也没有向亚历山大作过任何请示。亚历山大率部顺流飞速下驶，当他们已经到达这位穆西卡那斯的国境时，他还不知道亚历山大的大军已经朝他这里开过来了。亚历山大的突然出现使他大为震惊，于是他立即带着印度人认为最贵重的礼物和全部大象，亲自去谒见亚历山大，为他本人和全族请降并承认错误。这个办法是为达到某种目的而讨好亚历山大最为有效的了。果然，穆西卡那斯得到了亚历山大的宽恕。亚历山大非常欣赏他的国家和首府，于是就允许他继续享有主权。命令克拉特拉斯加强城内要塞的防御工事。在亚历山大停留在这个城市期间，工事就按要求修好。然后亚历山大派部队驻守其中。因为在他看来，这个地点对监视和控制附近各部族来说比较便利。

（十六）这一带地区的总督名叫欧克西卡那斯，他自己不来也不派代表来归顺献地。于是亚历山大就率领弓箭手、阿格瑞安部队以及跟他一起乘船来的骑兵出发去征讨。欧克西卡那斯所辖省内两个最大的城市都很容易地被攻占了。攻下第二座城时，欧克西卡那斯本人也被俘。亚历山大把所有俘获都发给部队，自己只把大象带走。全地区其余各城，亚历山大一到就都投降了，无一座

进行抵抗。这是因为亚历山大的威名和他那所向无敌的红运已经使所有的印度人闻风丧胆。

下一步,亚历山大就讨伐散巴斯。这个人原先由亚历山大亲自任命为印度山区的督办。他跟穆西卡那斯有仇,听说亚历山大饶了穆西卡那斯并叫他继续统治他那个省之后,据说散巴斯就逃跑了。但当亚历山大带着部队进抵他那个地区的首府辛地马那时,城门在他面前打开了,散巴斯的亲戚把他的财宝全数搬出来带着去见亚历山大,还把所有的大象都牵来。他们解释散巴斯逃走并不是因为对亚历山大有什么恶感,而是因为亚历山大对穆西卡那斯的宽大使他惊恐万状。与此同时,亚历山大又攻占了一座造反的城市,把那些应负罪责的婆罗门(即印度的智者)加以处决。对这些人的智慧,我将在本书末卷"印度"中如实介绍。

(十七)这些事情正在进行之际,穆西卡那斯反叛的消息传来了。亚历山大命令培索(阿格诺之子)率领足够的兵力去讨伐。他本人则去进攻臣服穆西卡那斯的各城市。有些城市,他把里边的居民贩卖为奴,把城市夷平;另一些城市,他加固了其中的要塞工事,派兵驻守。这些事情办完之后,他就回到自己的营地和船队那里。培索把穆西卡那斯俘虏以后,也押到这里。后来亚历山大下令把穆西卡那斯和教唆他反叛的那些婆罗门押回他们自己的国土处以绞刑。这时帕塔拉地区的总督也来到这里(我曾讲过,帕塔拉地区就是由印度河形成的那个三角洲,比埃及那个三角洲还大),亲自向亚历山大投诚,并献出他的国土和他拥有的一切。亚历山大命令他回到他自己的辖境,为迎接亚历山大的部队做好一切准备。然后派克拉特拉斯率领阿塔拉斯旅、迈立杰和安提格尼斯所

部各旅、弓箭手一部以及正在遣送回马其顿的那些超过服役年龄的伙友和其他官兵，路经阿拉科提亚人和扎兰伽亚人的地区，到卡曼尼亚去。把那些大象也叫克拉特拉斯带着。亚历山大还指派赫菲斯提昂统帅其余部队，只有随他本人沿河下驶前往大海的部队除外。命令培索带领马上标枪手和阿格瑞安部队到印度河另一边去，不在赫菲斯提昂进军的那一边。叫培索在已设防的那些城市里安顿一些人定居，把那一带企图反叛的印度人都平服之后，最后再到帕塔拉去跟他会师。

亚历山大在河上航行三天之后，得到消息说帕塔拉的首领带着他那个部族的大部分人已逃跑，留下的整个地区是一片荒凉。亚历山大听到这个情况后，立即加快了航行速度。到达帕塔拉时，发现城镇和乡村果然空无一人，既无居民也无劳力。于是他就派遣装备最轻的部队去追赶逃亡的人们。抓住一部分之后，就放了他们，让他们去找别的，告诉他们要回来，不要害怕，他们的城市仍然是他们自己的，可以照旧居住下去；农村也还是他们自己的农村，可以继续在那里种地。后来大部分人果然回来了。

（十八）亚历山大然后就命令赫菲斯提昂在帕塔拉城里的要塞上修筑工事。还派别的部队到附近的沙漠地区去打井，使那些地方适于生息。但附近有些部族却来袭击这支部队。由于他们的突然袭击，部队确实受到一定损失，但这些部族所受杀伤为数也不小，后来他们就逃到荒凉地区。因此，派去的部队还是完成了他们的任务。亚历山大听说部队受到土人袭击后，曾另派兵力前往支援，帮助他们完成任务。

印度河在帕塔拉分为两条大河入海，二者直到入海处都保有

“印度河”这个名称。亚历山大开始在这里修建港口和船坞。这些工程已有相当进展时，他提出计划沿右手那条河下驶直入海口。然后派利昂那塔斯带领一千骑兵和约八千的轻重装部队到帕塔拉岛上去，以便和船队齐头并进。亚历山大本人随即带着船队里最快速的水手驾着一批一排半桨船只、所有的三十桨大船以及一些轻快船[1]沿右边河流下驶。但因为这一带的印度人都已逃走，未能找到领航员，以致在航行中遇到了极大的困难。起航后的第二天，来了一场猛烈的暴风雨。狂风逆水而来，河面上顿时巨浪滚滚，向船队猛烈扑打。结果船只大部破损，有些则已完全破碎，甚至包括一些三十桨大船。幸亏在全部被毁以前，他们把一部分船只推到岸上。这样，只好又造了一些新船。然后，亚历山大派遣装备最轻的一些辅助部队到对岸地区捉了一些印度人，让他们在以后的航程中充当领航员。不过，当他们到达河道宽展的地方（最宽处甚至扩展到二百斯台地），狂风从海洋吹来，在大浪中，水手们连桨都难于举起。为了避风，在领航员的指引下，他们驶进了一条小河汊子。

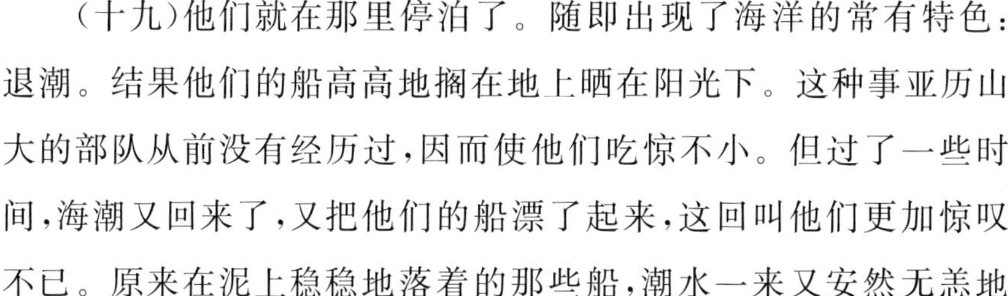

（十九）他们就在那里停泊了。随即出现了海洋的常有特色：退潮。结果他们的船高高地搁在地上晒在阳光下。这种事亚历山大的部队从前没有经历过，因而使他们吃惊不小。但过了一些时间，海潮又回来了，又把他们的船漂了起来，这回叫他们更加惊叹不已。原来在泥上稳稳地落着的那些船，潮水一来又安然无恙地

① 参见本卷第一节。“κὲρκονρος”是一种轻型船，显然还是速度快的一种。——英译者

把它们托起来,又可以自由自在地继续航行。但是那些停在硬地上而且又未落平稳的船只,汹涌的潮水一冲,它们不是相互碰撞而破损,就是被水冲翻摔坏。亚历山大尽可能把这些船只修好。然后派两只舢板载着些士兵顺流而下,到那个名叫西拉塔的岛上去视察,因为当地土人说,亚历山大乘船出海时,非在这个岛边停泊不可。侦察兵回来汇报说那个岛边确实有很好的停泊地点,还说那个岛很大,上边还有淡水。于是他的船队大部分就去那里停泊。亚历山大本人却带着船队中最好的水手驾驶另一批船到那个岛的另一边去,为的是看看河水入海处的情形,看看有没有安全出海的航道。当他们离开这个岛又走了二百斯台地时,发现了另外一个岛,就在大海之中。然后他们又回到河里那个岛,在由岛上伸出的一个岬角旁边抛锚。亚历山大在岛上祭神,就是他常说的阿蒙叫他祭的那些神。第二天他又朝那个海岛驶去,靠岸后,在岛上又以不同的仪式向不同的神贡献了不同的祭品。他说这些祭祀也都是按照阿蒙的神谕执行的。然后,他们就越过印度河的两个入海口,向大海驶去。据他自己说,他是为了看看附近的大海里是否还有别的国家。但是,(主要根据我的判断)他可能已经航行到印度以远的那个大洋里去了。然后他就宰了些牛投入海中向普塞顿致祭,后来还向海里洒了奠酒。又把金杯金碗投入水中作为谢礼,祈求海神保佑他打算叫尼阿卡斯率领海军安全到达波斯湾和幼发拉底和底格里斯二河的入海口。

(二十)办完这件事之后,亚历山大就回到帕塔拉。看见要塞工事业已完成;培索在成功地完成了交给他的全部任务之后,也已率部按时归来。这时,亚历山大又命令赫菲斯提昂为在港口设防和修建船坞所需一切都准备好。因为亚历山大打算在印度河分流处的帕塔拉城留下一支由若干船舶组成的舰队。

然后，亚历山大又顺着印度河另一条入海水道驶向大海，为的是了解一下究竟沿哪一条航行更安全。印度河的这两个入海口相距一千八百斯台地。当他顺流而下走到距河口不远处，就进入了一个大湖。这个湖是由河道展宽而成的（也可能是由于附近有别的河流注入而形成）。这里的水面宽阔。看起来就和一个海湾一模一样。事实上在这个湖里已经可以看到海洋里的各种鱼类。这些鱼比我们海里产的鱼还大。随后，亚历山大就在领航员的指导下在湖里一处停泊。他把大部分部队留在那里，由利昂那塔斯指挥，把所有轻快船也都留下。然后他自己带着三十桨大船和一排半桨大船驶出印度河口。发现沿这条水道航行，不但同样可以到达大海，而且比沿着另一条水道航行更觉容易。他随即在海岸停泊，自己带着一些骑兵沿海岸走了三天，视察沿海岸返航时附近陆地上的情况，叫士兵们沿路打井，以便部队返航时可以取用淡水。随后他就回到船上驶回帕塔拉，另派一些部队到更远处的海岸上干同样的活，叫他们干完之后返回帕塔拉。后来亚历山大再次驶往大湖，修建了另外一个港口和其他船坞。他留下部队驻守。在那一带又征集了全军四个月的给养，并做好了返航所需要的一切准备工作。

（二十一）但当时的季节不适于航海，贸易风[①]连续不断。这个季节，在我们自己国家里只刮北风，但印度河口一带的风却是从

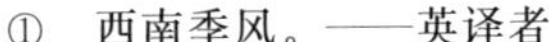

① 西南季风。——英译者

南面的海洋刮来。据说要等到初冬，从昂星消失到冬至这一段时间里，这一带的海洋才适于航行。到那时候，陆地当然都已被雨水浸透，因而微风从陆地吹向海洋。沿海岸返航时，不论用帆用桨都很方便。

因此，海军司令尼阿卡斯就和舰队等待航行季节到来。但在这期间，亚历山大却率领由陆上返国的全部队伍离开帕塔拉走了很远的路，到达阿拉比亚斯河。到那里之后，他就带着近卫队和弓箭手半数、所有所谓的伙友各旅、伙友骑兵特别中队、从各骑兵团抽出的一些骑兵中队以及马上弓箭手全部，转朝海洋方向进军(海洋在他左手边)，目的是为了挖井，以便在沿海一带给返航的部队准备充足的水源。亚历山大的另一个目的，就是因为这一带有一个长期独立的印度部族欧瑞坦人，从来没有向亚历山大和他的部队表示过任何友好姿态，亚历山大打算这回给他们一个突然袭击。他把留守部队交给赫菲斯提昂指挥。阿拉比亚斯河附近另一个印度独立部族阿拉比太人，在亚历山大看来是不值一打的。可是当他们知道亚历山大要来时，又不愿意投降，于是就逃到沙漠里去了。后来亚历山大渡过了河道又窄水又很少的阿拉比亚斯河，在夜间越过了沙漠很大的一部分，天亮时已接近有人烟的地区。于是他就命令步兵以行军序列跟进，他自己则率领骑兵先去突击。把骑兵分成许多中队，分别出击，以便扫荡尽多的地区。亚历山大就是这样侵入了欧瑞坦人境内。凡是进行抵抗的都被骑兵砍杀，活捉的人也很多。然后，亚历山大临时驻扎在一条小河边，等赫菲斯提昂率领留守部队跟上来之后，再一起继续前进。后来进抵欧瑞坦人最大的一个名叫拉木巴西亚的村庄。他觉得这个地点特别

好，如果在这里建一座城，将来一定会繁荣兴旺。于是他就把赫菲斯提昂留下完成这项任务。

（二十二）然后，亚历山大带着近卫队和阿格瑞安部队半数、骑兵特别中队以及马上弓箭手，朝伽德罗西亚和欧瑞坦人的边界前进。据说到达边界以前必须通过一条峡谷，而且伽德罗西亚人和欧瑞坦人已经联合起来在峡谷入口处扎了营，以阻挡亚历山大进来。实际上，他们都已经摆好阵势。但当消息传来说亚历山大已逼近时，大部人马都已放弃阵地从峡谷里逃跑。但欧瑞坦人的头目们倒是前来向亚历山大投降，并代表他们全族表示归顺。亚历山大命令他们把大部分欧瑞坦人召集起来，叫他们放心回家，保证不会伤害他们。派阿波罗发尼斯当他们的督办。还派近卫军官利昂那塔斯跟他一起留下，在欧瑞坦人的地区驻军。拨给他的部队有阿格瑞安部队全部、弓箭手和骑兵各一部以及希腊雇佣军步骑兵各一大批。利昂那塔斯的任务是在那里等待将要路过此地的舰队。舰队来到这之前，就在那里筑城，把欧瑞坦地区各种事情整理得有条有理，好让老百姓更勤奋地服从督办的领导。这时赫菲斯提昂已率留守部队赶来，于是亚历山大就率领全军大部向伽德罗西亚进军。经过的地区大都是沙漠。

据阿瑞斯托布拉斯记载，这一带沙漠里生长许多没药树，比普通的没药树高得多。这种树的树干上产一种树胶。因为生长在这一带的这种树很粗大，而且从来没有人采过树胶，所以采起来特别丰富。随军做生意的腓尼基人把这种树胶采集起来，放在骡背上驮着。沙漠里还产一种甘松根，又多又香。腓尼基人也采集它。这种甘松根很多，大部队经过时，脚下踩踏的就不少。从这些踩踏

过的甘松根上发出扑鼻的芳香，随风飘散，老远的地方都能闻到。沙漠里还生长别的树木，其中有一种，叶子长得好像月桂，生长在海水冲得到的地方。潮水一退，它们就都露在地面上；潮水回来，它们又都泡在水里。好像在海里也能生长。有些还长在海水总也退不走的空隙的地方，虽然树根老泡着，海水也伤害不了它。这一带长的这种树有的有三十库比特高。部队路过时，树正开花，很像白色的紫罗兰，不过它的香味可清甜得多了。还有一种高杆的蓟树从土里长出。树干上的刺特别厉害，骑兵在树边经过，衣服一再被这些刺钩住，常常把人从马上扯下来，而那些刺都在树上，依然不动。据说野兔在树林里奔跑，兔皮一触到刺，就钩住了，就像小鸟被鸟胶粘住或者像鱼上了钓钩一样。不过，这种刺一斧子就能砍下来，砍破的树皮上流出很多树汁，比春天的无花果的汁还多，味道也很浓烈。

（二十三）亚历山大从这个地方继续前进。通过伽德罗西亚地区，路途坎坷，供应缺乏。特别困难的是，部队常常找不到饮水。人马不得不利用夜间赶路，在离海很远的地方，每晚长途跋涉。亚历山大本人打算沿海边走，一路视察现有海港，并为海军尽可能创造些方便条件，比如挖些井、清理一些场地、准备抛锚的地方等等。但伽德罗西亚沿海完全是一片荒凉。于是他就派陶斯（曼德罗多拉斯之子）带着少数骑兵到海边去看看那一带有无抛锚的地方，有无淡水和其他必需品。他回来汇报说他在海边发现了一些渔夫，住在闷人的小屋子里，小屋的墙是用贝壳砌起来的，屋顶是用鱼脊骨搭的。但这些渔夫很少喝到淡水。他们常挖开砂石取水，但还不能常常取得淡水。

但当亚历山大在伽德罗西亚境内到达一处粮秣比较充足的地方，搞到了一些食物，把它包扎起来，贴上盖着他自己图章的封条，分派给各运输队，让他们运到海边去。但在部队向距海最近的一个休息站前进途中，士兵们，甚至警卫本身，都不把亚历山大的封条放在眼里，他们把给养包打开吃了，还分给已饿得要命的一些人。这些人饿极了，只好先考虑解决马上就要饿死的这个明摆着的严重问题，认为这么干是应当的；至于国王的惩办，也就顾不得了，那个危险还比较遥远，也难肯定。果然，亚历山大了解到他们的处境确实严重，也就饶恕了这些犯法的人。然后他又派部队遍搜整个地区，尽可能多搞些食物，派克瑞西亚斯(卡拉提斯人)负责运到海边交给乘船的部队，还命令高原地区的居民把粮草运下，尽可能多磨些面运来，还要带下椰枣和羊，部队照价收买。还派伙友之一太利发斯带着一小部分磨好的面到另一个地方去。

(二十四)然后，亚历山大就向伽德罗西亚的首府进军。这个地区叫保拉。亚历山大自从由欧瑞坦地区出发到达这里一共走了整整六十大。撰写亚历山大历史的人多数都认为，把亚历山大的部队在亚洲所经历的一切苦难加在一起，也比不上他们在这一个地区所受的罪。这并不是因为亚历山大不了解走这条路的困难(只有尼阿卡斯一个人是这么说的)，而是因为他听说从来还没有哪个人带着部队成功地通过这条道路。只有一个女酋塞米拉米斯从印度逃跑的那次曾走过这条路。当地人流传说即使是她，在带领全军走完这条路以后，也只剩下十二个人了。居鲁士(坎比西斯之子)率部通过此道后，幸存者只有七人。居鲁士确曾到过这里，企图侵入印度国土，但在他到达目的地之前，由于一路荒无人烟、

困难重重，全军损失了绝大部分。亚历山大听到这些传说后，就激动起来，一定要跟居鲁士和塞米拉米斯比个高低。这是一方面的原因；另外，据尼阿卡斯说，也是因为海军舰队已距此不远，可望给他提供一切给养，所以他才决定走这条路。不管哪一种原因，反正一路上烈日当空，几无滴水，以致大批人马丧生在茫茫荒漠之中；特别是驮运牲口死得更多，因为它们身负重载，脚下沙土既深且烫，踩下去简直像受火刑。但大多数还是因为没有水喝渴死的。它们在高高的沙丘上走着走着，常常一下子就躺倒在沙上，不是因为被鞭打而倒的，而是因为沙土太松软，陷下去就如同陷入烂泥或无人踩过的积雪里那样。此外，不论上坡下坡，因为地面极其坎坷，下脚不稳，骡马受的罪真是难以形容。长途跋涉叫部队也实在够呛，因为沿途缺水，往往为了赶到一个有水的地方，非一鼓作气、走很远的路程才行。如果在夜间走完了必须走的路，天亮时到达有水的地方，这还不算太受罪；但如果路程太长，白天还必须继续赶路，部队就要备受酷热和干渴之极度困苦。

（二十五）驮运牲口损失之大，另外还有原因。有些是由部队故意弄死的。没有东西吃时，人们凑到一起，把骡马杀了吃肉，一匹又一匹地把大部分牲口都杀了，就说它们是渴死的或累死的。没有一个人揭发事实真相，因为大家都在受煎熬，都参与了犯罪活动。亚历山大并不是不知道这些事情。但他很明白，解决眼前灾难最好的办法就是假装不知道，这比公开纵容还好些。另一个难题是无法照顾那些病号和那些累坏了躺在路上掉了队的人。一则是缺少驮运牲口，再则也因为拉车的人不断破坏车辆，因为在这么深的沙土上拉车简直是不可能的。在这次行军开始时，正是由于这个原因，他们曾不得不避开较近的沙土路，去走车辆好走的远道。这样，有些人就拉在部队后边跟不上来，其中有的得了病，有的累倒，也有的中暑，还有些是渴坏了的。没有一个人伸出一只手扶起他们前进，也没有一个人留下来照顾他们。因为行军急如星火，大队人马在一片焦躁紧张之中，某些个别人的不幸也就顾不上了。由于一段段路程大多要在夜间走完，有些人困得要命，躺下就睡。醒来时，如果还有余力，就跟着部队的脚印往前赶。在大批这样的落伍者当中，只有少数得救，多数人则如同沉入大海，消逝在这漫无边际的沙漠之中。

部队后来又遇上另一大灾难。它给部队和牲口带来的损失，恐怕比哪种灾祸都严重。季风吹来，伽德罗西亚地区暴雨成灾，就和印度常有的情形相仿，山区比平原雨量大。风起云涌，遇到高山阻挡，云层超不过山顶就化为雨水倾盆而下。当时部队正在一条小溪旁边宿营——实际上是因为这里有水才来此宿营。大约在半夜二更天，小溪陡然暴涨。部队并未看见下雨，洪水却排山倒海而来。随军的妇孺大多被山洪席卷而去，御用帐篷以及其中的一切均荡然无存，许多在行军中残存下来的牲口也都一扫而光。部队本身也是几经挣扎才保住性命，除了武器之外，其他已什么都没有了，甚至武器也不是全都保住。许多人在长时间的干渴折磨之后，好容易才看见这喝之不尽的水呀，于是就大喝特喝起来，这些人多数也因此送了命。就是为了这个缘故，亚历山大一向不准他的部队紧靠河边宿营，一般都在二十斯台地开外，这已成了惯例。就是怕他们一窝蜂似的拥到水边拼命喝，把自己和牲口的命都送了；同时也怕那些最贪喝的人们，跳到水里把水搅混，搞得全军谁都喝不

成。

(二十六)写到这里,我忽然想起亚历山大一件极其高贵的行为。由于我粗心大意,在上文中漏掉未写。这件事究竟是发生在这个地区,还是像有人说的那样,是早些时候在帕拉帕米萨斯发生的,我已记忆不清。反正当时部队正在沙漠里行军。虽然烈日早已当空,炎热异常,但由于部队必须在找到水源以前赶完全部路程,所以仍然在极度困难中继续前进,而水源离此还远。亚历山大这时也已渴得要命,但他仍然咬紧牙关,尽最大努力,徒步带队向前。这样,有苦大家一起受,没有什么人特殊,部队就觉得罪过还好受一点(在这种情况下,人们往往是这样)。这时,有些轻装部队离开大队去找水。他们在一条很浅的干河床上,找到一个小得可怜的水坑。费了很大劲才从里边淘出一点点水。于是他们就带着这点水飞快地跑到亚历山大那里,好像是给他送来了多么了不起的礼物似的。走到他跟前,就把盛在头盔里的水送给国王。亚历山大接了过来,向那些弄水来的人们表示感谢;然后当着全军的面,把那点水泼在地上。他这一泼,全军感到这样振奋,好像每个人都喝到了亚历山大泼出来的那点水。对亚历山大办的这件事,我最热烈地表示赞扬。这件事充分证明,他作为全军统帅,有多大的耐力,有多卓越的品德。

部队在这个地区行军时,还发生另一件事。带路的向导终于说他们找不到路了。因为狂风把一切辨认方向的标志吹得模糊不清。在茫茫无际的大沙漠里,四望都是沙丘沙岗,看不出有任何不同。既无路边常见的树木,又无坚硬的土丘石岗,认不清哪里是道路。这些向导又不习惯于晚上凭星星、白天靠太阳认路,就像腓尼

基水手凭小熊星座和其他人凭大熊星座航海那样。亚历山大心里明白他应当带领部队朝偏左的方向前进，于是他就带着少数骑兵在最前面引路。当马匹因炎热开始走不动时，他就叫大部分人留在后边，自己只带着几个人骑马前进。后来看见大海了，就在海边的砂石里往下挖，找到清新的淡水。于是全军都开过来。后来部队沿海岸走了七天，一路都有水喝。然后向导又认出路来了，于是又带着部队往内陆开去。

（二十七）最后全军开到伽德罗西亚首府。亚历山大叫部队在那里休息。撤销了阿波罗发尼斯的督办职务，因为发现他对所有的命令都采取玩忽的态度。派陶斯接替他的职务。陶斯不久又病死，又派西比尔提亚斯接任。这个人不久前曾被亚历山大任命为卡曼尼亚督办。现在亚历山大又调他兼管阿拉科提亚和伽德罗西亚两个地区。命令特莱坡利马斯（坡索发尼斯之子）接管卡曼尼亚。亚历山大已开始向卡曼尼亚进军之后，又接到报告说管理印度部族的督办菲利普被雇佣兵阴谋刺杀，他的马其顿卫士当场就杀死一些凶手，其余的后来也都抓住了。亚历山大知悉后，就给印度的攸达马斯和太克西利斯写信，命令他们暂时接管菲利普原辖地区，等他将来再派一个督办去管理。

亚历山大进入卡曼尼亚时，克拉特拉斯所率其余部队和大象也都到达，把反叛后被捕的奥达尼斯也押来。阿瑞亚督办斯塔萨诺和扎兰吉亚督办也都来了。跟他们一起来的还有帕西亚和赫卡尼亚督办福拉塔弗尼斯的儿子发瑞斯马尼斯。到这里来会见亚历山大的还有原先和帕曼纽一起带着部队留守在米地亚境内的一些督办克连德、西塔西斯和赫拉康。他们把大部分部队也带来了。

米地亚人和部队官兵都告发克连德、西塔西斯和他们手下的人抢劫庙宇、挖掘古墓并对居民横行暴虐。亚历山大接到这些控告之后，就把这两个人处决。这是为了杀一儆百，叫那些留在地方上当督办或总督的人有所戒惧。如果他们胆敢干这类勾当，就会得到同样的下场。最主要的，还是为了使那些部族稳定安分，不管是被征服的还是主动归顺的部族，为数确实不少，而且彼此相距又很遥远。杀这两个督办就是为了告诉他们：只要是在亚历山大势力范围以内，任何统治者都不许为非作歹、欺压百姓。赫拉康当时确实还无人控告。但不久之后，苏萨人终于揭发了他的罪行，说他曾洗劫苏萨庙。因此，他也受到了惩罚。伙友斯塔萨诺和福拉塔弗尼斯给亚历山大带来一大批驮运牲口和骆驼。他们听说亚历山大向伽德罗西亚进军时，就曾猜想他的部队准会遇上灾难，后来的事实果然是这样。他们这时才来，也总算是适时的，特别是带来那些牲口和骆驼。亚历山大把牲口分给军官每人一匹。其余的人，按牲口和骆驼的数目，每中队、每百人或每纵列各分配若干。

（二十八）有些史家还记述了亚历山大另一段故事。不过这件事我是不大相信的。他们说亚历山大叫人把两辆战车连在一起，他和他的伙友们在车上舒舒服服地靠着，旁边还有人吹着笛子消闲解闷，在卡曼尼亚境内巡礼。同时部队头戴花环在后边跟着，边走边闹。卡曼尼亚人还把吃喝以及其他寻欢作乐的东西摆在他们经过的路旁。还说这一切都是亚历山大为了仿效酒神狄俄尼索斯那样狂欢作乐而精心设计的，因为据说很久以前还有这样一段关于狄俄尼索斯的故事，说他在降服印度之后，就曾用这种方式走过亚洲大部分地区。狄俄尼索斯当时还给自己起了个外号叫“凯旋”。由于同样的理由，他得胜后举行的许许多多庆祝游行都叫作“凯旋式”。所有这一切，不论托勒密（拉加斯之子）还是阿瑞斯托布拉斯（阿瑞斯托布拉斯之子）都无记述。任何其他可信的史家也都未编造过这样的故事。至于我自己，我把这些仅仅作为传闻记载在这里。但下述这些事，我是根据阿瑞斯托布拉斯的记述写下来。他说亚历山大曾在卡曼尼亚为征服印度献祭谢神，也是为他的部队安全通过伽德罗西亚沙漠。还为此举行了体育和文艺比赛。还把朴塞斯塔斯列为近卫军官之一。他已经内定朴塞斯塔斯为波斯督办。因为朴塞斯塔斯在跟马利亚人作战当中表现得极为英勇，亚历山大急于要在正式任命之前，就赐给他近卫军官这个表示荣誉和信任的头衔。到这时为止，亚历山大已挑选了七个人当他的近卫军官。其中有利昂那塔斯（安提亚斯之子）、赫菲斯提昂（阿明托之子）、莱西马卡斯（阿伽托克利斯之子）、阿瑞斯托诺斯（皮萨亚斯之子），这几位都是培拉人；此外还有坡狄卡斯（欧戎提斯之子，欧瑞斯提斯人）、托勒密（拉加斯之子）和培索（克拉提亚斯之子，攸达亚人）。现在又加上第八位，朴塞斯塔斯。他曾用自己的盾牌救了亚历山大的命。

这时，尼阿卡斯已率领舰队完成了在欧瑞坦地区、伽德罗西亚和伊克西欧发吉诸地区外围海上的航行，在卡曼尼亚有人烟的地区靠了岸。然后只带少数人乘船到亚历山大那里去汇报在大海上航行的结果。亚历山大又叫他回去率领舰队继续航行到苏西亚地区，在底格里斯河口靠岸。关于尼阿卡斯从印度河出发、经过波斯海、到达底格里斯河口的经过，我打算以尼阿卡斯本人的记述为根据，另作撰述，用希腊文另写一部关于亚历山大的传记。这恐怕要

等到将来什么时候，情况适当，我拿定主意后再说了。

亚历山大现在派赫菲斯提昂率领全军大部、运输队以及象队，从卡曼尼亚出发沿海岸前进，命令他把部队带到波斯。因为当时正值严冬，波斯沿海一带阳光充分、比较暖和，沿途供应也比较充足。

（二十九）然后亚历山大本人带着装备最轻的步兵、伙友骑兵和弓箭手一部，沿着通向波斯境内的帕萨伽代城的道路前进。派斯塔萨诺回他自己的家乡。当亚历山大到达波斯边界时，不见督办福拉索提斯来迎接。原来亚历山大还在印度时，他就病死了。现在是欧克西尼斯在治理波斯，这并不是亚历山大指派他干的，而是他自己感到波斯没有别的总督的情况下，为了替亚历山大维持波斯的秩序，自认为自己是最适当的人选。米地亚督办阿特罗帕提斯也来到帕萨伽代地区。还押来一个米地亚犯人巴瑞阿克西斯，这家伙曾把帽尖朝上戴着，自称波斯和米地亚之王。一起押来的还有跟他一起造反的同党。亚历山大下令把他们都处决。

据阿瑞斯托布拉斯记述，亚历山大发现居鲁士的坟墓被捣毁抢劫，对盗窃居鲁士和坎比西斯坟墓的罪犯特别恼火。这位居鲁士的坟墓就在帕萨伽代境内的皇家花园里。四周植有各种树木，都已成林，林中有渠水灌溉。到处都是高高的芳草地。墓基是用正方形的石头砌成的长方形底座。上边盖了一间石头顶的屋子。屋子有一小石门，窄极了，一个身材细小的人也要费很大的劲，才能挤进去。屋里放着一具金棺，棺里放着居鲁士的尸体。棺旁放着一条有靠背的长凳，凳腿也是包金的，上边铺的是巴比仑毛毡，下边衬着紫红绒毯，上边放着一件外衣和一些马甲，也都是巴比仑

手工艺品。此外，据阿瑞斯托布拉斯说，还有米地亚裤子和蓝色的、紫色的和五颜六色的袍子。还有项链、弯刀和镶着宝石的金耳环。旁边还摆着一张桌子。放着居鲁士尸体的金棺就放在长凳上边的正中央。在院里通到陵墓的甬道旁边，还有一所为守墓的马吉亚人盖的小房子。他们自从居鲁士的儿子坎比西斯以来，祖祖辈辈就在这里看守居鲁士的坟墓。波斯国王每天发给他们一只羊，还供给粮食和酒，每月还给一匹马，用以祭祀居鲁士。墓上有用波斯文撰写的墓志："在世的人们！我是波斯帝国的创始者和亚洲霸主坎比西斯的儿子居鲁士。因此，请把我这个纪念馆保留下来吧！"

亚历山大征服波斯后，就急于要拜访居鲁士的陵墓。他发现除了金棺和长凳外，一切都已洗劫一空。盗匪甚至还破坏了居鲁士的尸体。他们曾把棺盖打开，把尸体扔到外边；还曾企图把金棺砸成一块一块的以便搬走。这里凿开一些，那里砍下一点，但最后未能达到目的，只好留下金棺跑了。据阿瑞斯托布拉斯记述，他曾亲自奉亚历山大之命把坟墓恢复原状，把尸体的残存部分放回棺内，把棺盖盖上，破损的地方加以修补。把长凳饰以丝带，然后一件一件地完全按原样放好。为了消除室门被盗匪破坏的痕迹，仍用石头砌好，一部分用泥涂上，还在泥上盖上御玺印记。后来，亚历山大还把看坟的马吉亚人抓来刑讯，让他们交代罪犯的情况。但在任何严刑拷打之下，他们都供不出什么来，既未供出是他们自己干的，也未供出其他人。看情况他们跟这个盗窃案无牵连。于是亚历山大就把他们放了。

（三十）然后亚历山大就率领部队朝着他自己原先放火烧毁的

波斯王宫前进。我上回谈到这件事时曾表示不赞成。亚历山大本人回来之后,也表示不以为然。此外,波斯人还针对福拉索提斯死后擅自在波斯掌权的欧克西尼斯,提出许多控诉,证实他曾洗劫庙宇和皇陵,还无故处决了许多波斯人。于是亚历山大就派一些人去把他绞死。正式任命近卫军官朴塞斯塔斯为波斯督办。亚历山大认为朴塞斯塔斯对他特别忠诚,这主要是他跟马利亚人打仗时表现英勇,自己冒着生命危险去救亚历山大。而且他那东方式的生活方式在波斯也易于被当地接受。这一点他后来又用事实证明了。他当上波斯督办之后,立即换上米地亚服装(其他马其顿人可不喜欢这样)和学习波斯话。在其他许多方面,也仿效波斯人的作风。对他在这方面的表现,亚历山大都是赞赏的。波斯人看见他宁愿像波斯人那样生活而不坚持他本国的习俗,也都很满意。

卷　七

（一）亚历山大到达帕萨伽代和波斯波利斯之后，又产生了一个强烈的愿望：一定要沿底格里斯河和幼发拉底河航行到波斯海。打算看看这两条河的入海口，就像上回视察印度河口那样。还要看看附近的大洋。有些史家记载，亚历山大还打算乘船绕过阿拉伯半岛大部、经过埃塞俄比亚、利比亚，再绕过阿特拉斯山以外的游牧民族地区，直到我们的海里的伽代拉。如果把利比亚和卡科顿都降服，亚历山大那时再称为全亚洲之王就算名符其实了。因为波斯和米地亚历代国王实际上连亚洲一小部分都未控制过，因此不配自称为大王。有的史家还说，亚历山大还想从那里再去攸克赛因海，到西徐亚和米欧提斯湖。还有人说他还打算去西西里和埃阿皮吉亚海岬，这是因为罗马的声名远扬，使他难于忍受。

究竟亚历山大心里是怎么想的，我猜不准，因为我没有什么根据，而且我也不想猜。但有一点我是可以断言的，这就是：亚历山大雄心勃勃，绝不会满足于已占有的一切。即便是在亚洲之外再加上欧洲，把不列颠诸岛也并入欧洲，他还是不会满足。他永远要把目光投向远方，寻找那些他还未见过的东西。他永远要胜过对手。实在没有对手时，他还要胜过他自己。在这种事情上，我倒是

很赞赏那些印度智者。据说亚历山大有一回在野外一片草地上看见几个智者。平时他们常常在这片草地上辩论各种问题。那天他们看见亚历山大带着部队来到时,就停止争论和其他活动,只是在各自站着的地方跺脚。亚历山大叫通译问他们,这么跺脚是什么意思。他们回答说:"啊,亚历山大大帝,我们每个人在大地上只能占有他脚下踩的这一点地方。你也不过是跟别人一样。只不过你特别好动,特别狠心。老远地离开自己的家乡,在这大地上到处游荡,给你自己找了不少麻烦,也给别人添了不少麻烦。可是,过不了多久你就要死去。死后,你在这大地上所能占领的,最多也不过是你的坟头所占的那一小块土地而已。"

(二)当时,亚历山大热烈赞扬了他们说的话,也夸奖了说这些话的人,但他的所作所为,却总是反其道而行之。例如,据说他听到辛诺普城的代欧吉尼斯[①]的情况之后,表示惊异。有一回,代欧吉尼斯正在地峡某处晒太阳,亚历山大正带着他的近卫队和步兵伙友从旁路过。他们看见代欧吉尼斯就停下来,问他需要什么东西。代欧吉尼斯说他什么都不要,只要求他和他的随从别挡住他的太阳光就行。由此可见,亚历山大并不是没有高超的思想。只是因为他的野心太大,使他不能自拔,以致到了可悲的地步。有一回,他到达太克西拉,看见一些印度智者一丝不挂地在路上走着。因为亚历山大特别佩服他们的耐性,所以很想请他们当中的一位跟随他。于是这些智者当中有一位最年长的人,也就是他们这一

① 代欧吉尼斯曾是苦行讽世派哲学家安提西尼斯的门徒。他曾在一次去爱琴海航行中被海盗俘虏并卖给科林斯城的森尼阿地斯当奴隶。后为森尼阿地斯的儿子们的家庭教师,鼓吹自我克制主义。——译者

伙人的师傅，名叫丹达米斯。他说，他本人不跟随亚历山大，也不许他的徒弟去。据说他回答亚历山大时说自己跟亚历山大一样，也是宙斯的儿子。他无求于亚历山大，因为他对自己现有的东西已感到满足。他还说他看得很清楚，跟着亚历山大走遍天涯海角的那些人，一点也不比他自己好受，而且他们的奔波是永无止境的。因此，他并不想得到亚历山大能够给他的任何东西，也不怕得不到亚历山大可能得到的东西。他活着的时候，印度的土地就能提供他所需要的一切，到什么季节，他就能得到什么果实。他死时，只不过是从一个不愉快的伙伴——他的身体——的纠缠之下得到了解脱。亚历山大听了这些回答，体会到他是一个真正自由的人，因而也并没强迫他跟自己走。但根据米伽西尼斯的记述，说是在这一带的智者当中有一个叫卡兰那斯的，被说服跟了亚历山大。其他智者都认为这个人是他们当中最不能控制个人欲望的。他们责怪他抛弃了他们正在享受的快乐，偏偏去伺候一个并非是上帝的主子。

（三）我之所以把这些都记载下来，就是因为如果不提卡兰那斯，亚历山大的历史就没法写了。这个人虽然过去一直没得过病，但到了波斯之后，就一天天地消瘦起来。但对一般人的任何治疗他都不接受。只是对亚历山大说，他愿意就这样结束他的生命。不然他将来就会受痛苦，到那时，他将不得不采取其他办法自尽，反而用不上他们习用的方式。亚历山大跟他争辩了很久。但最后看出卡兰那斯不可能让步，如果不迁就他的话，他真会用别的办法找死。于是就下令由近卫军官托勒密（拉加斯之子）负责，按照卡兰那斯本人的愿望，给他准备了火葬用的柴堆。有些史家还记述，

说亚历山大还命令他部下的人马搞了一个大规模的仪仗队，一些部队全副武装，其他的则拿着各式各样的香火准备往柴堆上放。别的史家还说，有的人还拿着金杯银碗、王室衣袍等等。因为卡兰那斯病得走不动，于是给他准备了一匹马。但他已经连马都上不去了，只能用担架抬着他。他躺在担架上，头戴印度式的花环，嘴里哼着印度歌曲。据印度人说这些歌是唱给某些神听的赞歌。原来准备给他骑的那匹马是一匹奈萨亚御马。在卡兰那斯登上柴堆以前，就作为礼物送给跟他学过哲学的徒弟之一莱西马卡斯。亚历山大叫人们扔到柴堆上的那些金杯银碗、锦衣锦被之类，他也都一件件分赠给他的门徒。然后他就在众目睽睽之下庄严地登上柴堆，躺在上边。亚历山大看见自己亲近的一个人这个情景，感到很不自在。至于其他的人，看到卡兰那斯在烈焰中怡然自若、毫不退缩，只是感到惊讶。据尼阿卡斯说，就像亚历山大事先吩咐的那样，当负责点火的人把柴堆点着时，为了向卡兰那斯致敬，号兵立即吹起喇叭，全军也像进入战斗时那样高声呼喊，大象也如临大敌大声吼叫。关于印度人卡兰那斯这段故事以及一些类似的故事，许多史家都有记述。对人类说来，这故事并非毫无价值。至少对于某些想了解下述一点的人是有用的：当一个人决心要实现他的志愿时，他能有多么顽强的毅力和毫不退缩的精神。

（四）这时，亚历山大吩咐阿特罗帕提斯，等他本人率部向苏萨进军后，就回他自己的督办辖区。他到苏萨后，因为苏萨总督阿布莱提斯滥用职权，亚历山大就把他本人和他的儿子欧克萨斯瑞斯抓起来处决了。因为在亚历山大用武力征服的许多地区，不少统治者搞了许多违法乱纪的活动，诸如劫庙盗墓和涂炭百姓等等。

他们敢于这样胡作非为，就是以为国王远征印度已有年月，一路又都是异族部落，还有那么多能打仗的大象，看样子亚历山大不可能活着回来，命运已注定他是要死在印度河彼岸，也许死在希达斯皮斯河、阿塞西尼斯河或希发西斯河彼岸。后来亚历山大在伽德罗西亚遇上灾难，更使以近的这些督办们放心大胆，一笔勾销了关于亚历山大回来的任何顾虑。有人说这时亚历山大更容易听信控告，好像凡是控告都是可靠的；而且对犯有较轻罪过的人也严加惩处。这些说法虽不能算错，不过，这是因为亚历山大感到如果听任他们发展，那他们就会犯更大的罪。

然后，他还在苏萨举行了集体婚礼——他和他的伙友们一起举行婚礼。他娶了大流士的大女儿巴西妮[①]。据阿瑞斯托布拉斯说，他同时还娶了欧卡斯最小的女儿帕瑞萨娣斯。他过去已娶过巴克特利亚人欧克西亚提斯的女儿罗克塞妮。他把大流士的另一个女儿德莉比娣斯送给赫菲斯提昂，她是巴西妮的妹妹。亚历山大希望将来赫菲斯提昂生的孩子就是他自己的外甥和外甥女儿。他又把大流士的弟弟欧克西亚提斯的女儿阿玛斯特莉妮给了克拉特拉斯。给坡狄卡斯的是米地亚督办阿特罗帕提斯的女儿。给近卫军官托勒密和皇家秘书攸米尼斯的是阿塔巴扎斯的两个女儿：阿塔卡玛给了托勒密，阿托妮斯给了攸米尼斯。给尼阿卡斯的是巴西妮[②]和门托所生一女。给塞琉古的是巴克特利亚人斯皮塔米尼斯的女儿。给其他伙友的也都是波斯和米地亚最显贵的人物的

① 不然就是斯塔苔拉。可能是阿里安搞错了。——英译者

② 亚历山大的前妻，赫丘力士的母亲。（W. W. 塔恩所撰文章［见《希腊研究杂志》］卷四十一，第一部分对此有不同说法。）——英译者

女儿。加在一起一共有八十个。婚礼是波斯式的。给这些新郎按顺序摆好座位,大家一起祝酒之后,新娘就进来,各自坐在自己的新郎旁边,新郎握住新娘的手,亲吻。由于婚礼是在一起举行的,所以一切动作都由国王带头。人们认为,在这件事情上,亚历山大还能俯身下士,表现了战友精神。这种事倒是不多见的。新郎得到新娘之后,就都领着回家。对每一对亚历山大都送了礼物。对其余娶了亚洲女子的马其顿人,亚历山大也都送了礼,把他们的军籍也都取消,这样的竟有一万多人。

(五)现在,看来已是清理全军债务的好时机。亚历山大下令造了一张欠债清单,还作出保证要偿还一切债务。但开始时,只有几个人在单子上签了名。这是因为人们担心亚历山大也许只是想试试,看谁不靠薪饷生活,谁胡花乱花、铺张浪费。亚历山大了解到大部分士兵不签名,反而把债券藏起来。于是他就针对部队这种疑虑进行了批评。他说,国王对臣民说话必须算数,臣民也不应当对他们的国王怀疑,怕他说话不兑现。接着就叫人在营房里设立了一些柜台,上边放着现款,叫会计人员清理债务。吩咐他们,凡是持债券前来的人,都如数付款,连姓名都不用登记。于是士兵们都相信亚历山大说的是真话。大家不但感谢他还清了欠饷,更感激他允许人们不必写出自己的名字。据说这次清偿欠饷总数达二万塔仑。

此外,对某些名誉特别好或在危难中有显著英勇表现的人,还额外发给各式各样的奖品或奖金。对有特殊英勇行为或巨大贡献的军官,还赐戴金冠。第一顶金冠给了曾救了他本人性命的朴塞斯塔斯。第二顶给了利昂那塔斯,因为他救过他的命;还因为他在

印度冒过大险，打败了欧瑞亚人；当他面对欧瑞坦人和临近部族的反叛时，只用留在身边有限的兵力就打败了他们；还因为他跟欧瑞亚人打仗时所作的各种战斗部署也是令人满意的。此外，他为了表彰尼阿卡斯率领部队由印度沿海岸航行归来（这时尼阿卡斯也已回到苏萨），也给他戴上一顶金冠。其次也给了他的皇家旗舰舵手欧奈西克瑞塔斯。赫菲斯提昂和其他近卫军官也都得了金冠。

（六）后来，亚历山大创建的那些新城市和占领的那些地区的总督们，带着总数大约有三万的青年人来到苏萨。这些青年的年龄都一般大。亚历山大称呼他们为他的"继承人"，都给他们穿上马其顿服装，按马其顿军训制度进行训练。据说，他们这一来，使马其顿人很不高兴，觉得亚历山大仿佛正在千方百计地想把马其顿人在将来踢开。事实上，很久以前，当他们看见亚历山大穿上米地亚服装时，就已经感到痛心。那次举行波斯式的婚礼，多数人不满意。的确，即使那些新郎，虽然因为和国王一起结婚抬高了身价，得到了荣誉，但在他们当中心情不舒畅的也不乏其人。至于波斯督办朴塞斯塔斯不论在衣着上还是在语言上都仿效波斯，东施效颦。甚至亚历山大还对他这些东方习气表示赞赏，这就更叫马其顿人感到气愤。还有，巴克特利亚、索格地亚那和阿拉科提亚的骑兵，由扎兰伽亚人、阿瑞亚人、帕西亚人，还有叫作伊瓦卡的那一部分波斯人所组成的骑兵，都跟最漂亮最优秀的伙友骑兵编在一起，从而使他们十分神气。这也使马其顿人看不惯。除此之外，还新成立了一个骑兵第五团。这个团不都是东方人。但整个骑兵部队扩大了，为了扩编，特地挑选了一些东方人。在骑兵特别中队

里，还招收了阿塔巴扎斯的儿子科芬[①]、马扎亚斯的两个儿子海达尼斯和阿提包利斯、帕西亚和赫卡尼亚督办福拉塔弗尼斯的两个儿子西西尼斯和福拉达斯米尼斯、亚历山大的妻子罗克赛妮的弟弟、欧克西亚提斯的儿子希斯塔尼斯。还有奥托帕兰斯以及他的弟弟米特罗巴斯；还竟然把巴克特利亚人希斯塔斯皮斯任命为他们的指挥官。他们手里拿到的不是东方式的标枪，而是马其顿长矛。所有这一切，都表明亚历山大的心已经完全东方化，他已经很少考虑马其顿的风俗习惯，甚至连马其顿人都不放在眼里。马其顿人对这一切都表示愤愤不平。

（七）这时，亚历山大下令赫菲斯提昂率领大部分步兵去波斯海。当时希腊海军已在苏西亚地区靠岸。他自己则率领近卫队、骑兵特别中队和一些伙友骑兵上船，沿埃拉亚斯河驶向大海。在距河口不远处，把大部分船只和那些有毛病的船都留下，自己带着一些快船从埃拉亚斯河口沿海岸驶往底格里斯河口。船队的其余部分沿埃拉亚斯河驶至该河与底格里斯河之间开凿的运河处，顺运河驶入底格里斯河。

现在介绍一下幼发拉底和底格里斯这两条河。叙利亚的一部分位于二河之间，这一部分的边界就是这两条河。因此，当地居民把二河之间这一地区称为美索不达米亚。底格里斯河流域地势较低，有许多运河和沟渠从幼发拉底河把水引来，此外还有许多支流注入。因此底格里斯河在流入波斯海途中形成流量很大的一条河。又因为它的水并不用于灌溉两岸的土地，水量不减，所以下游

① 因此，也是迈农的孀妇巴西妮的弟弟。参见卷四(七)段。——英译者

直至入海口，无处能徒涉。因为两岸土地高于河身，所以它的水也未通过运河或沟渠流入任何别的河流。与此相反，其他河流的水有不少注入它的河道。因此它的水不能用于灌溉两岸土地。幼发拉底河则正好相反，河床高，河水一路向两岸泛滥。人们还挖了许多运河和沟渠把水引走。有些长年有水，沿沟渠的百姓可以利用；也有些人等到土地干旱时才引水灌田。这个地区大多长年无雨，用水很多。因此幼发拉底河流到末尾，水量很小，最后流入分散在海边的沼泽中。

这时，亚历山大沿着埃拉亚斯和底格里斯河之间的波斯湾海岸驶抵底格里斯河口。然后溯流而上，到达赫菲斯提昂带着他的全部兵力扎营的地方。然后又开到修建在河边的欧皮斯城。逆流上驶途中，把原先在河里修筑的水堰一个个都拆毁，使河道畅通。原先波斯人修这些水堰是为了防止外国海军沿河入侵征服他们的国家。波斯人不谙海战，所以才搞出这个名堂来。他们在河里隔不远就搞一个水堰，使上溯到底格里斯河的航行极为困难。亚历山大说，搞这种名堂的人，就是因为自己没有军事上的优势。他认为这种防御措施对他来说毫无价值。波斯人下这么大工夫修起来的这些东西，亚历山大不费什么气力就都给破坏了，可见它们的价值是不值一提的。

（八）到达欧皮斯后，亚历山大就把马其顿部队召集在一起，宣布凡是超过年龄或因残废不能继续服役的都就地解除军职遣送回家。答应在出发之前发给每个人许多钱。说他们回家之后，乡亲们一定会羡慕他们。这样就可以鼓动其他马其顿人踊跃参军，热情地跟亚历山大去打江山，不畏艰险。亚历山大说这些话，显然是

为了讨好马其顿人。可是他们并不领情。他们感觉亚历山大现在已经瞧不起他们,认为打起仗来他们这些人已经毫无用处。因此,他们听了亚历山大这些话,很自然地感到厌烦。在整个远征过程中,使他们厌恶的事情已经不少:他穿着波斯服装,叫人一看就气愤;还把他的东方“继承人”装备得和马其顿部队一模一样;还把异族的骑兵编入伙友的行列。这一切,只能说明一个问题:他的心变了。因此,马其顿人再也控制不住自己,再也不能保持沉默。他们向他呼吁,要求把他们这些人都从军队里清除出去算了,请他在他的“老头子”(他们用这个头衔轻蔑地暗指阿蒙)的帮助之下继续打他的江山。和过去不同,现在亚历山大的脾气越来越大;东方人在他面前的卑躬屈膝使他不大喜欢马其顿人。他听了这些,一下子就从讲台上跳下来,身边的军官也跟他跳下来。他命令他们把带头扰乱军心的人抓起来。他亲自用手指着那些应当抓起来的人,叫卫兵去抓。一共抓了十三名。他下令把他们押出去处决。在场的其他人,个个目瞪口呆,全场鸦雀无声。然后,亚历山大再登上讲台,讲了下边一段话:

(九)“马其顿同胞们!现在我想对你们说的,并不是要阻挡你们回家的愿望。就我个人说,你们愿意上哪儿去都可以。但是,你们应当想想,假如你们就这样走掉,那你们究竟算是怎样对待寡人的呢?而寡人又是怎样对待你们的呢?因此,我打算先从我父亲腓力说起,这是应该的,也是适当的。腓力起初看到你们的时候,你们不过是些走投无路的流浪汉,大多数只穿着一张老羊皮,在小山坡上放几只羊。为了这几只羊,还常常和边界上的伊利瑞亚人、特利巴利人和色雷斯人打个不休,而且往往吃败仗。后来,是腓力

叫你们脱下老羊皮，给你们穿上大衣，把你们从山里带到平原上，把你们训练成能够对付边界敌寇的勇猛的战士。因此，你们才不再相信你们那些小山村的天然防卫能力，而相信了你们自己的勇气。不仅如此，他还把你们变成城市的居民，用好的法律和风俗把你们变成文明的人。腓力使你们当上了原先那些欺压你们、抢劫你们财物和亲人的部族的主子，再也不当他们的奴隶和顺民。他把色雷斯大部并入了马其顿版图，夺取了交通便利的沿海城镇，给你们的家乡带来了商业，使你们能安全地开发自己的宝藏。然后，他又叫你们当上了多年来叫你们怕得要死的色雷斯人的老太爷。他还制服了福西亚人。由你们家乡通到希腊的道路原来既窄又难走，后来他把它开成又宽又好走的大路。过去，雅典和底比斯一直在伺机毁灭马其顿，但他后来降服了他们。我们马其顿不但不再向雅典和底比斯交纳贡赋，相反，他们现在必须争取到我们的允许才能生存。现在，我们大家正在分享我父亲腓力这些功业的成果。后来他又进入伯罗奔尼撒，把那个地方也搞得服服帖帖。然后，他被宣布为全希腊的最高统帅远征波斯。他赢得这么高的威望，并不只是为他自己，主要地还是为了马其顿。

“我父亲为你们大家完成的这些崇高的事业，就其本身而言，确实是很伟大的，但跟寡人的成就相比，不免显得渺小。我从我父亲手里继承下来的，只有几只金杯银碗，还有不到六十塔仑的财宝。可是他欠的债务却多达五百塔仑。在这个数字之外，后来我自己又借了八百。当时我们的国家不可能叫大家过舒适的生活。就是从这样一个国家里，我带领你们出发，开始远征。虽然当时波斯人是海上霸主，但寡人还是一举打通了赫勒斯滂海峡。然后，又

用我的骑兵打垮了大流士的许多督办，于是就在你们的帝国的版图上加上了爱奥尼亚和伊欧利亚全部，上下福瑞吉亚和利地亚；米莱塔斯是在寡人围攻之下夺到手的；其余各地都是投降的。这些胜利果实我都交给你们分享。埃及和西瑞尼[1]，我不费一枪一箭就拿到手，那里的东西都归了你们。叙利亚盆地、巴勒斯坦和美索不达米亚现在也为你们所有。巴比仑、巴克特利亚和苏萨也属于你们。利地亚的财富、波斯的珍宝、印度的好东西，还有外边的大洋，通通归你们所有。你们有的当了督办，有的当了近卫军官，有的当了队长。在经历了这么多的艰难困苦之后，留给我自己的，除了王位和这顶王冠之外，还有什么呢？除了你们已经占有的和我为你们保存的以外，谁也指不出我还有什么财产。我并未为我个人需要保留什么东西。因为我跟你们吃一样的饭，睡一样的觉——不，在你们当中有些人，我很难说我跟他们吃的一样，他们吃的可讲究呢！我还知道，我每天比你们早起，为的是让你们安安静静地在床上多睡一会儿。

（十）"可是，你们也许认为当你们忍受劳累和痛苦的时候，我自己则是轻闲自在地坐享其成。但我要问，你们当中有谁真正感觉到他为我受的苦和累比我为他受的还多呢？或者，你们当中那些负了伤的，不论是谁，请把衣服脱下来叫大家看看，我也脱下来叫大家看看。我的全身，至少是前面，没有一个地方没有伤疤。没有一种武器，不管是近距离的还是远距离的，没有在我身上留下伤痕。这是事实。在肉搏中我挨过敌人的刀；还不知道挨过敌人多

① 埃及西边一地区。——译者

少箭；还受过弹弓子弹的打击；棒打石击则更是不可胜数。这一切都是为了你们，为了你们的荣誉，为了你们的财富。我带着你们以胜利者的姿态走遍陆地、海洋、河流、山脉和平原。我结婚，你们也结婚。你们许多人的孩子将和我的孩子结为血肉相连的亲戚。还有，对你们当中欠了债的人，我不是好管闲事的人，都未加追究，而你们的薪饷确也已够高，每当攻下一个城镇时，你们还都分了那么多战利品。我实在不明白你们怎么会欠下公家的债。但我不管这些，把你们欠下的债务通通一笔勾销。而且，你们大多数都得到了金冠。这是你们英勇功勋的纪念，也是我对你们关怀爱护的象征，是永远磨灭不了的纪念品。不论谁牺牲了，他的死都是光荣的，葬礼也都是隆重的。多数还在家乡立了铜像。父母受到尊敬，还豁免一切捐税和劳役。因为自从我率领你们远征以来，还没有一个人是在溃逃中死掉的。

"现在，我本来打算把你们当中那些不能再参加战斗的人送回家乡，成为乡亲们羡慕的人。但是既然你们都想回家，那你们通通都走吧。到家之后，告诉乡亲们，就说你们的国王亚历山大打败了波斯、米地亚、巴克特利亚、萨卡亚，征服了攸克西亚、阿拉科提亚和德兰吉亚，当了帕西亚、科拉斯米亚以及直至里海的赫卡尼亚的主人；他曾越过了里海关口以远的高加索山，渡过了奥克苏斯河和塔内河，对了，还有除了狄俄尼索斯之外谁都未曾渡过的印度河，还有希达斯皮斯河、阿塞西尼斯河、希德拉欧提斯河，如果不是因为你们退缩的话，他还会渡过希发西斯河；他还曾由印度河的两个河口闯入印度洋，还越过了前人从未带着部队越过的伽德罗西亚大沙漠；在行军中，还占领了卡曼尼亚和欧瑞坦地区；当他的舰队

由印度驶回波斯海时，他又把你们带回苏萨。我再说一遍，你们回家之后，告诉乡亲们，就说你们自己总算回了家，但把国王扔下了，把他扔给你们曾经征服过的那些野蛮部族去照顾。当你们当众宣布这件事的时候，毫无疑问，这在人世间一定算得上是无上的光荣；在老天看来，也一定够得上是虔诚无比。你们走吧！”

（十一）亚历山大说完后，立即从讲台上跳下来，大步跨进王宫里。这一整天，他生活上的各种需要一概不顾，连伙友都不接见。甚至到第二天还是这样。到第三天，才把波斯亲信召集起来，分派他们掌管各旅。只允许现在已经成了他的亲戚的人像往常那样吻他一下。马其顿人这方面，当时听了他的讲话都很受感动，站在讲台周围一声不响。但当国王离去时，除了他自己的伙友和近卫之外，没有一个人跟他出去。一大群人待在那里，既不言语，又不动作，也不想走开。但当他们听到波斯人和米地亚人受到器重，还听说指派了波斯人当指挥官，东方的官兵被选派担任各级职务，一个波斯中队改用马其顿番号，还有由波斯人组成的所谓“步兵伙友”以及其他人组成的“伙友”，还有一个波斯“银盾牌”连和一支“伙友骑兵”，甚至其中还有一个新成立的“皇家中队”等等。马其顿人听到这些，再也沉不住气了。于是一起跑到皇宫门口，把武器扔在地上，对国王表示哀求。大家在门外呼喊，要求开门让他们进去。他们还说要把上回搞骚动的教唆者和带头叫喊的人交出来。实际上，他们已下定决心不论白天黑夜都不离开宫门，除非亚历山大对他们有了某种怜恤的表示。

这个情况汇报给亚历山大后，他立刻就出来。看见这些马其顿人这样低声下气，听见多数人都在抽泣哀伤，他自己也不禁掉下

眼泪。后来他走上前来好像是要说什么，大家仍然苦苦哀求。其中有一个人，就是在伙友骑兵军官当中年龄较大级别也很高的那个很有名的卡利尼斯。他说："国王陛下，马其顿人伤心的是，您叫波斯人当了您的亲戚，称波斯人为'亚历山大的亲戚'，您允许他们吻您，而马其顿人反而没有这个权利。"亚历山大听到这话之后就插嘴说："可我把你们也都当成我的亲人呐！从今以后我就这样称呼你们。"他这话说出后，卡利尼斯立刻走到他跟前吻了他。其他愿意吻他的人也都去吻了。于是他们又拿起自己的武器，一面喊着，一面唱着胜利之歌，回到营房。为了这件事，亚历山大祭祀了他经常祭祀的神，表示谢恩。接着就大摆宴席。自己坐在中间，马其顿人都围坐四周，往外是波斯人，再往外就是声望较高的其他部族的人。亚历山大和战友们用同一只大杯喝了酒，还一起洒了奠酒。充当司仪的希腊占卜者和波斯僧人这时也开始了仪式。亚历山大为许多事情祈福，特别是为帝国内部的马其顿人和波斯人之间的和谐和友谊祈祷。据说出席那次宴会的有九千人，他们一起洒了奠酒，一起唱了胜利之歌。

（十二）然后，那些因年老或伤残不适于继续服役的马其顿人，在自愿的基础上和亚历山大告别。他们共有一万人左右。亚历山大不只是按他们退役的日期发给他们全饷，而且连到家以前在路上的时间也照发。此外，每个人还发给一塔仑的赏金。对那些有亚洲妻子而又生了孩子的人，他吩咐他们把妻子和孩子都留下，免得回马其顿后，这些外国妻子和她们的孩子跟原来留在家乡的妻子和孩子之间发生麻烦。他答应把他们留下的孩子照应好，给他们以马其顿式的训练。在军事训练方面，马其顿人是

有他们的特长。等他们长大成人之后,亚历山大将亲自把他们带回马其顿去交给他们的父亲。这些事,在他们临走时,亚历山大虽然都答应办,但看来有点含糊,不一定有把握办成。于是,亚历山大为了表明他对这些还乡人的好意和热情是真实的,他考虑最好再加上一项更硬棒的证据:他派他最忠诚的侍从、亲得像他自己的生命一样的克拉特拉斯护送他们返回家乡。随后他就跟大家告别。他和这些要离去的人一样,眼睛里都含着泪水,就这样送走了他们。他吩咐克拉特拉斯,在完成带领他们安全回到家乡之后,就把马其顿、色雷斯和塞萨利都要管好,还要保持希腊的自由。他还命令安提培特征召适龄的马其顿青年服役,顶替这批退役回乡的人。临行还派了坡利斯坡康充当克拉特拉斯的副手。因为克拉特拉斯有病,万一他在路上出什么事,回乡的人们也不至于无人率领。

这时,喜欢议论王室事务的人正在暗中流传着这样一些谣言。越是偷偷摸摸,传得就越来劲。往往把可靠的消息任意加以歪曲,再加上自己的揣测甚至恶意中伤,胡扯一气,完全不管事实真相。谣传的内容是:亚历山大的母亲在给他写的信里说了安提培特大量坏话,在这些诽谤中伤的压力下,亚历山大吃不住劲,急于要撤掉主管马其顿政务的安提培特的职务。不过,我推测亚历山大解除安提培特的职务,并不是有意对他贬黜,而是因为安提培特跟他母亲之间的不和,连亚历山大本人也无法去解决。为了避免他们二人之间发生更不愉快的事情,亚历山大才不得不这样办。他们二人一直不断地给亚历山大写信说对方不好。安提培特在信里说奥林匹娅斯性情粗鲁,脾气暴躁,爱管闲事,干扰他的政务。作为

亚历山大的母亲,实在太不应该等等。于是,关于亚历山大的母亲的所作所为,就有许多流言蜚语,说亚历山大偶尔曾说过这么一句话:他母亲说因为怀了他十个月,硬要他拿出一大笔钱作为代价。奥林匹娅斯则在给亚历山大的信中控告安提培特,说他身居高位,已受到应有的尊敬。但他骄傲自大,待人接物极其狂妄无礼。甚至把赐给他高位的恩人都忘了。他忘乎所以,一心想凌驾于一切马其顿人和希腊人之上,作威作福。在这一点上,亚历山大显然吃不住劲了。如果有什么原因使亚历山大不再信任安提培特的话,再没有比不忠二字更厉害了。不过在亚历山大公开的言论和行动方面,都还没有这样的记载可据以判断安提培特在他心目中的地位比过去低了。

(十三)据说赫菲斯提昂在这些流言蜚语的影响下,跟攸米尼斯和好了。攸米尼斯是愿意和好,赫菲斯提昂则是不得已。据说就是在这次行军途中,亚历山大看见了放牧御马的平原大牧场。这片平原叫奈萨平原,这些马叫奈萨马。这都是历史家希罗多德说的。御马总数原来有十五万匹以上。但亚历山大看到时已不足五万。据说大部分已被盗匪抢走。

据说就是在这个地方,米地亚督办阿特罗帕提斯献给亚历山大一百名妇女,说她们是阿马宗人[①]。她们装备得像是骑兵,只是手里拿的不是长矛而是斧子,不是盾牌而是小靶子。有人说她们的右奶较小,打仗时露在外边。亚历山大把她们送回去,不让她们

① 古传系女儿国,国内无男子。外国男人和她们的女王交配,生许多女儿。——译者

接近他的部队,免得马其顿和外籍部队对她们粗鲁无礼。亚历山大叫她们捎口信给她们的女王,说他本人将去看她,希望叫她生后代。不过,这件事阿瑞斯托布拉斯和托勒密二人都未提过。其他可靠的史家也都未记载过类似的事。我个人认为,阿马宗这个种族不会存在很久。实际上,在亚历山大的时代以前,色诺芬在记述希腊人到达特利比宗以前或又从那里出发之后,虽然曾经提到他们遇到了发西利斯人和科其亚人以及一些别的部族,但并没提到他们遇到过阿马宗人。如果这些女人那时还有残留的话,那些希腊人一定会在特利比宗一带遇上她们。但是,如果说许多很好的历史权威都曾提到过的这个女儿国根本不存在的说法,我认为这也未见可信。因为赫丘力士曾被派到她们那里去,而且还把她们的女王希波莱特的腰带带回希腊。这事早已家喻户晓。还有人说,当这批女人侵犯欧洲时,还是西索斯带着雅典人首先把她们打败的呢。画家西蒙也曾把雅典人跟阿马宗人打仗的情景画成画,和他画的希腊人和波斯人打仗的画一样。而且希罗多德也经常提到这些女人。而且,雅典所有为阵亡将士们念颂词的人都还特别提到雅典人跟阿马宗人打仗的事。综上所述,我认为,如果阿特罗帕提斯确曾献给亚历山大一批女骑兵的话,这些人很可能是另外一些学会了骑马的其他部族的妇女,只是他把她们的外表打扮得像传说中的阿马宗人那样罢了。

(十四)在埃克巴塔那,亚历山大也像往常在一件事情成功之后祭神那样,进行了祭祀,又举行了体育和文艺竞赛,还跟他的伙友们痛饮。在这期间,赫菲斯提昂病了。据说当他病到第七天时,正赶上那天特别热闹,运动场上满都是人,因为那天正好是男孩子进行体育竞赛。就在这时，亚历山大听说赫菲斯提昂病得很厉害，于是他急急忙忙离开运动场去看他，但当他看见他的时候，他已经死去。

赫菲斯提昂死后，亚历山大极为悲痛，这一点是所有史家的记述都一致的。但在亚历山大表示哀痛的具体行动方面，则是各有各的说法，所记内容悬殊很大。这跟他们对赫菲斯提昂有好感或恶感是有关系的，实际上是因为他们对亚历山大的好恶各有不同。在这些史家当中，有的人详详细细地记述了亚历山大当时的丑态。我看，一方面，这可能是因为他们认为亚历山大的一切言行都是好的，只不过是由于他最亲密的人死了，当时他过分悲痛，因而在举动上有些失常；反之，就是认为他一切都不好，他这些举动实在不像话，太失身份，任何国王都不应当这么办，亚历山大当然也不应当这么办。有的说，那天他大半天都爬在他的好友的尸体上痛哭，怎么劝都不下来，最后还是被他的伙友们硬给拉开的。又有人说，他一整天一整夜都一直爬在尸上。还有人说他绞死了格劳西亚斯大夫，因为他开错了药方；又有人说是因为格劳西亚斯看见赫菲斯提昂狂饮不停而未加制止。有的还说亚历山大为了纪念死者，把自己的头发都剃了等等。我觉得这样的事倒还是有些可能的，因为他这是在跟阿基利斯争胜[①]，因为他从小儿就把阿基利斯当成竞赛对手。有人还添上这么一段，说亚历山大还曾一度亲自驾着殡车。这说法我认为很不可信。甚至还有人说他曾下令把埃克巴

① 阿基利斯有个密友帕特罗克拉斯，在攻打特洛伊时被海克托打死，于是阿基利斯狂怒，为密友报仇，血洗特洛伊。当他的密友帕特罗克拉斯被害时，阿基利斯把头发剃去，以表示哀悼。所以说亚历山大是在跟他争胜。——译者

塔那的阿斯克利皮亚斯[①]庙铲平。这是野蛮的命令，跟亚历山大的风格毫无共同之处。这倒有点像薛西斯对神物粗暴无礼的做法，跟他搞的那套脚镣是一脉相承的——据说他曾把一套脚镣扔到赫勒斯滂海峡里，妄想惩办海峡之神。不过有人记述的下边这件事，我认为并不完全超出可能性的范围：说是亚历山大在去巴比仑的路上，遇上从希腊来的使者，其中有几个埃皮道拉斯代表。他们求亚历山大的事他都答应了。然后亚历山大叫他们把一座雕像带回去给阿斯克利皮亚斯，放在他的庙里，雕像上刻着这样的话："阿斯克利皮亚斯对我并不慈悲，连我看得比我的生命还宝贵的战友都不替我保佑。"多数史家还记载，说后来亚历山大还下令把赫菲斯提昂作为英雄经常祭祀。又有人附加了一段：他派人到阿蒙处祈求神谕，问是否可以把赫菲斯提昂当神祭祀，神拒绝了。

下边这一段情况，各史家的记述是一致的：在赫菲斯提昂死后的三天当中，亚历山大一点东西都不吃，对自己的健康也毫不在意，一天到晚躺在床上呜呜咽咽，愁眉苦脸，一言不发。他下令在巴比仑给赫菲斯提昂修造一个极大的火葬台，一共花费了一万塔仑。有的说比这个数字还要大。他还下令东方诸国同时举哀。为了向赫菲斯提昂表示崇敬，亚历山大的许多伙友把自己的身体和武器贡献出来殉葬。这是攸米尼斯首倡的。在上文不远处[②]，我们曾谈到他和赫菲斯提昂之间曾有争吵。他现在这样做是为了使

---

① 阿斯克利皮亚斯是一位神医，各地都修庙供奉，埃皮道拉斯城修的庙最大。据传阿斯克利皮亚斯治病特别灵，能把死人治活。主神宙斯听到这个情况后，认为这很危险，如果凡人都死不了，他就无法治理他们。于是就打死了阿斯克利皮亚斯。——译者

② 参见（十二）段后部。——英译者

亚历山大不会怀疑他会因赫菲斯提昂之死而高兴。不管怎样,赫菲斯提昂死后,亚历山大没有再派任何人去接任他的伙友骑兵大将的职务,以便叫赫菲斯提昂的名字不致在他的原属部队里消失。部队仍叫赫菲斯提昂旅。行军时队伍前头的人举着他的遗像。后来亚历山大又倡议举行极盛大的体育和文艺比赛。排场之大,花钱之多,都是空前的。参加竞赛的人也极多,共有三千人。这些人不久之后又参加了亚历山大本人的丧礼。

(十五)治丧哀悼已有时日,亚历山大逐渐复元,他的伙友们能扶着他走动走动。于是他就又率领部队去讨伐攸克西亚边界上的一个好战的部族科萨亚人。这些科萨亚人都是山寨居民。任何军队开进他们的深山僻谷时,他们就一起成群转移,按各小股的方便,分散溜走,使企图以武力进攻他们的人扑空。敌人一走,他们就又恢复沿路打劫等土匪活动,以此维持生活。可是亚历山大这回却把他们这个部族赶跑了。袭击虽然在冬天进行,但数九寒天和崎岖山路都未能把他们挡住。托勒密(拉加斯之子)率领的那一部分部队也克服了这一切困难。事实上,亚历山大不论打什么仗,任何困难从来都是不在话下。

亚历山大回到巴比仑之后,利比亚派使者前来献给他一顶王冠,庆贺他当了亚洲之王。还有从意大利的布拉提亚、卢卡尼亚和提瑞尼亚来的使节,也是为了同样的目的。据说卡科顿人也派代表来了。还有从埃塞俄比亚和欧洲西徐亚来的。凯尔特人和伊比瑞亚人也派使节来修好。对希腊人和马其顿人来说,这些民族的名称确实是他们头一回听说的,这些人的模样他们也是头一回看见。这些民族派人来,据说有的甚至是请求亚历山大仲裁他们之

间的纠纷。这时，不只是亚历山大本人，甚至连他的部下，都特别清楚地感觉到他确实像是所有的陆地和海洋的主宰。在撰写亚历山大的历史的作者当中，还有阿瑞斯塔斯和阿斯克利皮亚第斯，他们二人确实还曾肯定地说，甚至连罗马都派来了使节。当亚历山大看到这些罗马代表时，注意到他们勤勤恳恳，有条有理，热爱自由，又听到他们谈到罗马宪法的一些情形时，他曾说他可以预见罗马将来一定会强大起来。我只是把这件事记下来，但不敢肯定是真是假。不过，关于罗马派使节去见亚历山大这件事，至今还没一个罗马人提到过。作为我写这部亚历山大历史主要依据的二位史家托密勒（拉加斯之子）和阿瑞斯托布拉斯，也未提及此事。而且，当时的罗马共和国是完全自由独立的，这样的国家派使节去拜见一位外国国王也是不适当的。特别是当时亚历山大又离他们那么远，他们既不感到迫使他们非去不可的恐惧，也并不期望亚历山大的任何援助。特别是因为他们这个民族一直就憎恨国王，甚至一提到国王这个名称就厌恶。

（十六）亚历山大把这些事情办完之后，就派赫拉克雷第斯（阿伽亚斯之子）带领造船工人到赫卡尼亚去。命令他们在赫卡尼亚的森林里采伐木材，按照希腊式样修造战船。有带甲板的，也有槽式的。他下令造这些船，是因为他又产生了一个愿望，也要到这个里海（也叫赫卡尼亚海）里去探索一下，看看它还跟别的什么海相连；是不是和攸克塞因海相通；或在朝向印度的东边，围绕印度的那个大海是否也注入赫卡尼亚湾，就像他已发现的波斯海（有人也叫红海）只不过是大洋的一个海湾那样。因为到那时为止，还没有人发现过里海的发源地。虽然它四周住着许多部族，也有许多通

航的河流注入其中，像奥克苏斯河——除了印度诸大河以外，它就算是亚洲最大的河流——就是老远地从巴克特利亚流来，注入这个海；还有流经西徐亚地区的雅克萨提斯河也是这样[①]。一般还都说阿拉克西斯河是从亚美尼亚流入这个海。这些河是最大的。此外还有许多河流汇入这些大河中，也都随着它们注入这个海里。其中有一些是在亚历山大远征经过的一些地区发现的。至于在海湾以远那边的河流以及经过西徐亚游牧地区的那些河流，至今仍完全不了解。

亚历山大率领部队渡过底格里斯河之后，就向巴比仑进军。半路遇上一些卡尔达亚的占卜家。他们把亚历山大从伙友那里拉到自己一边，请求他停止向巴比仑进军。他们说，这是因为他们从柏拉斯神那里得到神谕，说亚历山大那时到巴比仑去一定会凶多吉少。可是，亚历山大却引用了戏剧家攸瑞庇狄斯一句韵文回答他们，说道：

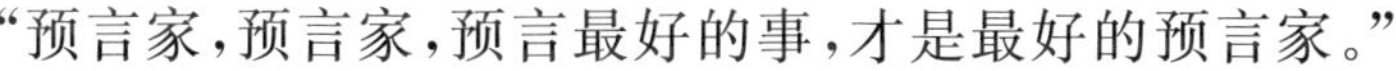

“预言家，预言家，预言最好的事，才是最好的预言家。”

“不过，国王陛下，”那几位卡尔达亚人说，“您可别朝西看，也别带您的部队往西走。您最好带着您的部队向后转，往东走吧。”但是因为往东去的道路太难走，他不能去。于是命运就注定叫他走向一条死亡的道路。就在他这功业辉煌和众望所归的时刻死去，也许比将来死于平常的灾祸要好一些。也许就是根据同样的道理，梭伦[②]曾劝克罗萨斯[③]要注意一个人的长寿如何结束，在那

① 这两条大河注入的是咸海（即米欧提斯湖），不是里海。——译者

② 雅典法典制定人。——译者

③ 利地亚国王。——译者

一天到来之前，就不能说他是幸福的。比如，赫菲斯提昂的死对亚历山大来说，也是不小的灾难。我相信，亚历山大宁愿自己死在他前头，也不愿意活着受这份罪。对阿基利斯的死，我也这么看。我认为他也是宁愿死在帕特罗克拉斯之前，而不愿在他死后替他报仇。

（十七）这些卡尔达亚人的话引起了亚历山大的怀疑，觉得他们说的不像是预言，而像是为了他们的私利。因为他们在这个时候阻止他进入巴比仑对他们自己有好处。柏拉斯庙就在巴比仑全城中心，极其宏伟，用砖砌的，砖缝不用灰浆而用天然沥青黏合。这座庙跟巴比仑其他的庙宇一样，薛西斯从希腊回来以后，一座座都给铲平。亚历山大打算重建柏拉斯的庙。有人说他计划在原来的庙基上重建，因此才叫巴比仑人清除旧址上的瓦砾。还有人说他打算把庙修得比原来的更大。但自从他上回离开巴比仑之后，那些负责施工的人拖拖拉拉，完成不了，所以他打算用他的全部兵力参加，把工程完成。亚述的历代国王曾陆续给柏拉斯神供献了许多土地和财宝。过去这座庙的修缮和祭祀用的款项就是从这里边出的。自从庙被毁之后，这些收入就放着不用，而这些卡尔达亚人却享用着神的这些收入。亚历山大怀疑他们就是因为这个原因才不想叫他把部队开进巴比仑城，免得大庙迅速完成，他们就再也不能享用这些收入。不过，据阿瑞斯托布拉斯说，关于部队进不进城的问题，亚历山大很想向他们让步。于是第一天他就叫部队在幼发拉底河边宿营。但第二天在河左边行军时，走到城墙朝西的那一面，本想尽快走过去，以便转弯向东。但因为那地方很不好走，带着部队过不去。因为如果从西边进去，再转向东，一路就全

是沼泽，到处都是水洼水坑。所以，他这回没有能听从神谕。一方面是有意的，另一方面也是不得已。

（十八）此外，阿瑞斯托布拉斯还记述了这样一段情节：亚历山大的伙友之一、由他留给巴比仑督办马扎亚斯的部队指挥官、安菲坡利斯人阿波罗多拉斯，当亚历山大从印度回来之后，他曾见到过亚历山大，发觉他对各省督办惩罚很严，有些担心自己也受到惩罚，于是就写信给他弟弟培萨高拉斯。他这个弟弟是一位占卜家，能根据牺牲尸体的情况作出准确的预言。阿波罗多拉斯请他弟弟也预卜一下他未来的祸福。他弟弟写回信问他哥哥最担心的是谁，为什么要求助于占卜。阿波罗多拉斯又去信说他最担心的就是国王和赫菲斯提昂。于是培萨高拉斯先为赫菲斯提昂的事杀牲问卜，看见牺牲的肝上没有肝叶。于是他就把这情况写在信上，封好，从巴比仑寄到埃克巴塔那他哥哥手里。向他哥哥保证说他不必担心赫菲斯提昂，因为不久他就会从他的道路上消失。据阿瑞斯托布拉斯说，就是在赫菲斯提昂逝世的前一天，阿波罗多拉斯收到了这封信。然后培萨高拉斯又为亚历山大的事杀牲问卜，牺牲的肝叶也没有显露出来。于是他又给他哥哥写信说亚历山大也有类似的凶兆。这回阿波罗多拉斯没有保密，把他得到的这个消息告诉亚历山大，意欲讨好国王，叫他在近期内小心行事，避免灾祸。阿瑞斯托布拉斯接着还说，亚历山大听到后，对阿波罗多拉斯表示感谢。等亚历山大到达巴比仑之后，就问培萨高拉斯，究竟是什么样的具体征兆使他给他哥哥写这样的信。他回答说他发现牺牲没有肝叶。亚历山大又问这现象预兆的是什么。他回答说："兆主大凶。"亚历山大听了之后，不但一点都不生他的气，反而因为他直言

不讳而很尊敬他。阿瑞斯托布拉斯在记述中说，这件事是他亲耳听培萨高拉斯说的。他说后来培萨高拉斯还给坡狄卡斯和安提贡纳斯占卜，结果都是凶兆。坡狄卡斯是后来在跟托勒密作战时死于战场；安提贡纳斯在伊帕萨斯跟塞琉古和莱西马卡斯打仗时阵亡。除此之外，还有与亚历山大的死有关的先兆，记述过印度智者卡兰那斯的一段。说当他走上火葬柴堆自尽时，曾向所有的伙友们打招呼告别，唯独不到亚历山大面前去告别，只说他将在巴比仑跟他会面，在那里欢迎他。当时他这话人们都没有在意。但当亚历山大后来在巴比仑逝世之后，当初听见卡兰那斯说这话的人才回忆起来，认为他在那时实际上就已经对亚历山大的死有所预感。

（十九）亚历山大进入巴比仑之后，希腊各地都派代表团前来朝见。但历史上并没有记载这些代表团来的目的。我推想，他们多数是来向亚历山大献花环，庆贺他取得的许多胜利，特别是在印度取得的胜利；同时对他从印度安全归来也表示高兴。据说他接待这些代表时态度温文尔雅。像往常那样，在对他们表示了问候之后，就叫他们回去。还托他们带回许多珍贵文物。其中有过去薛西斯从希腊弄到巴比仑、帕萨伽代、苏萨和亚洲其他城市的一些雕像以及其他艺术品和谢恩奉献之物。据说哈摩第亚斯和阿瑞斯托吉唐二人的铜像，还有凯尔卡人①阿提米斯的坐像，就是这次运回雅典的。

阿瑞斯托布拉斯记述，亚历山大还在巴比仑和他的小舰队重逢。其中有一部分已随尼阿卡斯从波斯海出发沿幼发拉底河上

① 此名未见过。——英译者

驶。其余的则都已从腓尼基调来。其中有两艘五排桨的腓尼基战船，三艘四排桨战船，十二艘三排桨战船，还有三十多艘三十桨战船。这些船都是先在腓尼基拆卸装车，运到幼发拉底河上的萨普萨卡斯城，在那里重新装配好，然后再放进河里顺流下驶到巴比仑。阿瑞斯托布拉斯还说，当时在巴比仑地区也砍伐了柏树，给亚历山大造了另一批船。因为亚述境内只有这一种树到处生长，别的造船木材一概都没有。新船队的水手和其他水师人员都是从腓尼基和其他沿海地区招来的一些采捞紫贝的潜水人和其他在海上谋生的人。据说亚历山大还在巴比仑挖了一个港口，足供一千只战船抛锚之用。港口里还修了船坞。还派克拉左米那人米卡拉斯带着五百塔仑到腓尼基和叙利亚去雇用或收买习于海事的人。因为亚历山大打算在波斯湾沿岸一带和距海岸较近的海岛上殖民。他认为这一带地方将来很可能像腓尼基那样繁荣。他在海上的备战主要是针对大部分阿拉伯人的。因为在这一带所有的部族当中，只有他们从来没有派使团来过，也从来没有办过一件值得赞许的事或向亚历山大表示过敬意。我估计，真正的原因在于亚历山大的占领欲永远不会得到满足。

（二十）还有一段流行的故事，说亚历山大听说阿拉伯各部族只崇拜两个神，即乌拉那斯[①]和狄俄尼索斯。他们崇拜乌拉那斯是因为他们看得见他，因为他拥有一切星辰，特别是太阳。显而易见，是太阳从多方面赐给全人类最大的幸福。他们崇拜狄俄尼索斯，因为他曾远征印度。因此，亚历山大认为阿拉伯人应当把他本

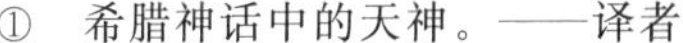

① 希腊神话中的天神。——译者

人当作第三位神来崇拜，因为他完成的业绩比狄俄尼索斯更加闻名于天下。至少，如果他真地把阿拉伯人征服并允许他们按照他们自己的习惯治理（就像他允许印度人那样），他们就会这样崇拜他。此外，阿拉伯地区的富庶招引他去，因为他听说阿拉伯半岛的绿洲上生长肉桂，有些树上还产没药和乳香；从灌木上还可以割取桂皮；在草地上，不用人工下种就可生长出天然的甘松。还有，这个地区幅员辽阔，有人向他汇报说阿拉伯半岛的海岸线并不比印度的短，距海岸不远处还有一些岛屿，沿岸到处有港口，足够他的舰队停泊，还可以在各港口修建城市，看来这些城市将来可能会很富。

还有人向他汇报说幼发拉底河口附近有两个岛。头一个离河口较近，距海岸约一百二十斯台地，这个岛较小，上边林木茂密，还有一座阿提米斯[1]神殿，附近的居民主动照管殿里日常祭祈等事。岛上有野山羊和小羚羊，都是为阿提米斯保留的供品，不许任何人猎取，为了祭神可以作为例外。有人就利用供神为借口去打猎，这样就可以不受禁止。据阿瑞斯托布拉斯说，亚历山大下令给这个岛命名为伊卡拉斯，为了和爱琴海上那个伊卡拉斯岛同名。据传说，伊卡拉斯是代达拉斯[2]的儿子，他父亲给他在背上用蜡贴上两个翅膀，嘱咐他要靠近地面飞低些，千万别飞得太高。但他调皮，飞得太高，太阳把蜡晒化，翅膀掉了。结果他就从天上掉下来，掉在那个岛上摔死。于是人们就用他的名字给那个岛命了名，叫伊

① 希腊神话中的月亮和狩猎女神。——译者

② 名建筑师和雕刻家。——译者

卡拉斯岛，附近的海就叫伊卡拉斯海。据说幼发拉底河口外边的第二个岛叫太拉斯，距河口较远，乘顺风船还要一天一夜才能到达。这个岛大，岛上大部分地区地势平坦，也没有森林，地上长有果树，可按季节收获。

所有这些情况都向亚历山大作了汇报。一部分是由阿科亚斯汇报的，他曾奉命乘一只三十桨大船沿海岸侦察去阿拉伯半岛的路线，到达太拉斯（Tylus）岛[①]之后，他就没再往前走。安德罗西尼斯也曾奉命乘另一艘三十桨大船沿阿拉伯半岛海岸走了一段。在派去视察的人当中，要算索利人海戎走得最远。他是个舵手，也是从亚历山大处得到一艘三十桨大船驶去的。亚历山大给他的命令是围绕整个阿拉伯半岛航行一周。他一直驶到面向埃及那边靠近赫利欧波利斯的阿拉伯湾，这时他已围绕阿拉伯半岛走了大半圈，但不敢再向前进。他回来向亚历山大汇报说，这个半岛极大，不亚于印度，还有一处陆地向海洋突出很远。这个突出部分，尼阿卡斯率领舰队从印度回来转向波斯湾以前，海员们就曾看到过。他们认为这块陆地突入海中并不太远。他们当时还差点儿就在那里靠岸，至少舵手欧奈西克瑞塔斯曾提出这个建议。尼阿卡斯说他当时拒绝这么办，因为他已完成了绕行波斯湾的整个航程，必须去向亚历山大汇报执行任务的情况；他并未奉命在大洋上航行，只是奉命视察大洋沿岸的情形，诸如沿岸居民、抛锚地和淡水供应状况以及岸上居民的风俗习惯、什么地方适于种庄稼、什么地方不行

① 在斯特拉波的著述（十六节三段）中说这个岛叫“Tyrus”，即今巴林（Bahrein）岛。——英译者

等等。这就是亚历山大能够带领部队安全通过的原因。如果沿着阿拉伯沙漠地区的海岸航行,显然就不能这样顺利。这也是海戎所以能够回来的原因。

(二十一)当战船正在修造、巴比仑港口也正在挖掘的时候,亚历山大乘船从巴比仑出发沿幼发拉底河下驶,打算到距巴比仑八百斯台地的波拉科帕斯河去视察。这条河是从幼发拉底河引出的一条运河,它没有自己的河源。幼发拉底河发源于亚美尼亚山区,冬季水小,在河槽里流。但一到春季,特别是伏天,流量大增,河水溢出两岸,在亚述境内到处泛滥。这是因为天一暖,亚美尼亚山上积雪融化,洪水沿河而下,使水流猛涨,因而溢出河槽向两岸泛滥。为减少两岸涝灾才挖掘了波拉科帕斯减河。这条河把洪水引到一连串的湖泊和沼泽,直到接近阿拉伯半岛的地方,从那里再往下就全是沼泽地。一直到入海处都是迷迷茫茫,一片水乡,看不出哪里是河口。山上积雪融化后,大约在昴宿星团下落时,幼发拉底河的水量才渐渐减少,但多余的水量仍需借助于波拉科帕斯减河泄入湖泊。不过,如果不及时把减河堵住,幼发拉底河的水量将全部泄走,亚述平原就再也没有水灌溉了。因此,人们到时候就得把减河入口处堵住,使幼发拉底河保持一定水量,以利灌田。巴比仑督办每年都要费很大人力物力堵口。不过把堵口打开却很容易,因为堵口用的完全是附近松软的泥土,河水很容易流入减河。而且一旦通了水,再堵住可就难了。尽管如此,为了这项工程,他们往往动用上万亚述民工干三个月才能完成这项任务。

人们把这情况向亚历山大汇报后,他很想帮亚述的忙。于是他就决定想办法把幼发拉底河水流入波拉科帕斯减河处堵牢。当

他到距减河入口三十斯台地处勘察,发现土质坚硬有石性。他看到这情况后就认为如果在这里挖一条新河道跟老减河相连,因土质坚硬,可避免冲刷,到该堵的季节时也很容易堵住。为了搞这项工程,他乘船进入减河,顺流而下,朝阿拉伯半岛方向进入沼泽地带。路上发现一处适于筑城,于是就筑了一座新城,还修了城防工事。另外,希腊雇佣军中有些人,凡志愿留下来的和年老伤残不能继续服役的,可留下定居。

(二十二)卡尔达亚占卜家的预言好像已被亚历山大证明是错了。因为这些日子以来,亚历山大在巴比仑并没有像他们所说的那样遭到灾害,而是又平安无事地带着部队离开了巴比仑。因此,当他在巴比仑左边的湖沼里航行时,胆子还很壮。这时,他的一部分船队因为没有领航员,误入一条狭窄的水道,直到亚历山大亲自派了一名领航员去,才把他们带回河道。传说亚述历代国王的多数坟墓都修在湖沼地带。正当亚历山大在这一带航行时,据说他正在一只三排桨大船上亲自掌舵,忽然一阵疾风吹来,把他的草帽和帽带都吹跑。草帽因为比较重就掉到水里,帽带却被风吹到一根芦苇上挂住。这根芦苇就是古代国王的坟墓附近生长的那种芦苇。这件事本身的兆头已是不妙。不过,有一个水手游了过去,把那条帽带从芦苇上取下来。怕把它弄湿,所以往回游时没有把它攥在手里,而是缠在头上带了回来。多数史家都说亚历山大因为这个水手机敏,还赏给他一塔仑。但因为预言家对亚历山大说过,不论谁,如果把国王的帽带缠在自己头上,这个人的头就不应当再留着。于是他就叫人把那个水手的头砍下来。不过,阿瑞斯托布拉斯的记述和这个不同,说那个水手收下了那一塔仑;由于他曾把

那条帽带缠在自己的头上，因而挨了一顿鞭打。他还说那个取回帽带的人是一名腓尼基水兵。又有人说是塞琉古，而且还说这件事就预兆着亚历山大的死并把他的大帝国留给塞琉古[①]。不管怎么说，反正塞琉古是亚历山大死后最伟大的国王。他的思想也最像一个伟大的帝王。他统治的地区极其辽阔，仅次于亚历山大的大帝国。这些都是不可否认的事实。

（二十三）后来亚历山大又回到巴比仑。这时朴塞斯塔斯已从波斯带来两万波斯兵。还带来一些科萨亚和塔普瑞亚兵，据说在波斯边界上各部族中，这两个部族最勇猛善战。前来会师的还有菲罗克森那斯从卡瑞亚带来的部队，迈南得从利地亚带来的部队，还有米尼达斯带来的他部下的骑兵。这时又有从希腊各城邦来的代表团。他们走到亚历山大面前时，头戴花环，依次给亚历山大戴上金冠，简直像向神仙进香朝圣一样。不过，亚历山大的死已为期不远。

然后他又对那些波斯兵讲话，表扬了他们的热情，说他们在一切方面都很好地服从了朴塞斯塔斯的领导。也表扬了朴塞斯塔斯本人，说他治理有方。随后把这些波斯兵编入马其顿部队各旅。每一名马其顿十人班长[②]带领一个小队。小队中除小队长外，还有领双饷的马其顿军士和“十元级”[③]军士各一名。所谓“十元级”

---

① 亚历山大死后，他的大帝国分崩离析，有实力人物纷纷自立为王。塞琉古当了叙利亚国王，是当时诸王国中最大的一个。——译者

② 马其顿部队里带兵的人常以所带兵员数目称呼，如“十人班长”、“百人队长”等。——译者

③ “stater”有二义，一为古希腊金币，约合第二次大战前美金 5.75 元；二为价值不等的几种古希腊银币。此处译为“元”。——译者

是一种薪饷级别，少于双饷，多于普通士兵（功勋等级除外）。除了这几个人之外，就是十二名波斯士兵，小队排尾还有一名“十元级”马其顿军士。这样，一小队中，计有马其顿军士四名（其中三名有额外薪饷），小队长一名和波斯士兵十二名。马其顿人带的是本国的武器，波斯人手持弓箭或标枪，标枪用皮带挂在身上。

在这期间，亚历山大还不断地训练他的舰队。经常在河上进行三排桨大船或四排桨大船竞赛，橹工赛橹工，舵手赛舵手，优胜者戴花冠。

这时，亚历山大原先派到阿蒙神托所去祈求神示的特使也已回来。他们是奉命请示应如何祭祀赫菲斯提昂。他们向亚历山大汇报说，阿蒙的神谕说，把赫菲斯提昂当英雄祭祀是合法的。亚历山大听了很高兴。从那时起就一直把他当英雄祭祀。于是，亚历山大就派人送信给在埃及作恶多端的坏人克利欧米尼斯。他在这封信中表达了他对赫菲斯提昂和对他的死的怀念。这些我是无可非议的。我认为很不妥当的是下述一些事：他在信里下令克利欧米尼斯在埃及的亚历山大港为赫菲斯提昂修建英雄殿。在城里修一座，在灯塔所在地的发罗斯岛上再修一座。殿堂要修得特别宏伟，要尽量多花钱，显得有派头。还吩咐他把那个岛改名赫菲斯提昂岛。而且，凡是商人互相交换的纪念品，上边都要刻上“赫菲斯提昂”字样。我对这些可以不加指责，这只不过说明亚历山大没有在大事上下工夫。但下边的事，我就不能不指责了。他竟然在信中对克利欧米尼斯说：“假如你能在埃及把赫菲斯提昂的庙宇和殿堂修好，使我看了满意，那就不管你过去犯了什么错误，我一概可以宽恕。将来也一样，不管你再犯多大的过错，也不会在我手里吃亏。”这就是

一位伟大的国王给统治着一个人口众多的伟大国家的人——而且是一个很坏的人——下的命令。这我是绝对不能赞许的。

（二十四）亚历山大本人的末日也快到了。据阿瑞斯托布拉斯记述，他死前还出现过一些事情，投下了一种阴影。有一天，他正在把朴塞斯塔斯从波斯带来的士兵以及菲罗克森那斯和迈南德从海上带来的士兵分配给马其顿部队各单位，一时感到很渴，离席位而去，使宝座空着。宝座两旁各有一列扶手椅，椅腿都镶着银子，这些椅子是侍从伙友们常坐的位子。这时，有一个样子十分卑贱的人来了——有人说是从牢里放出的一个假释罪犯。他看见宝座空着，两旁许多椅子也空着（因为国王离位时，伙友们也都跟着走了），宝座周围还站着许多宫廷大臣。于是他就从大臣群里钻了进去，坐在宝座上。这些大臣，由于某种波斯礼法的限制，真的没有从宝座上把他拉下来，而是一个个扯破自己的衣服，捶自己的胸，打自己的脸，仿佛是发生了什么可怕的灾难。亚历山大了解到这个情况后，就下令严刑拷打这个擅自登上宝座的怪人。估计他干这件事，也许背后有什么阴谋诡计。施刑逼迫他招供。但他只说这是他一时心血来潮干的。情况如此，占卜家们就更说这件事是预兆着要出大事了。

没有过多少天之后，亚历山大向平时常常祭祀的诸神献祭，对神明赐给他的好运气和对由于占卜家的劝告而未出事表示谢恩。当晚还和他的朋友们宴饮直到夜里。据说他还把牺牲分给部队叫他们分别献祭，还把酒按小队或每百人分若干，叫大家都喝。有的记载还说他本想离开狂饮的人们回到自己的寝室去，但路上碰见他当时最亲信的伙友之一迈狄亚斯。迈狄亚斯又请他到他那里去

喝，说要玩个痛快。

（二十五）据随驾日记记载，那些日子他的确实情况有如下记述：那天晚上，他确实是跟迈狄亚斯一起饮酒作乐。后来离席去洗澡，睡了一会，又和迈狄亚斯一起吃饭，然后又喝到深夜。后来又停止狂饮去洗澡，洗完又吃了些东西，就地睡下。这时他已开始发烧。但每天还用担架把他抬去作宗教礼拜，并像往常那样进行祭祀，祭完就在男宿舍躺到天黑。这期间，他指示一些军官如何行军、如何航行等事。对一些人说准备三天之后开始行军，对另一些准备跟他一起航行的人说，陆上部队出发后再过四天就起航。后来他躺在垫着褥子的担架上从那里抬到河边，乘船渡河到对面的花园里，又洗了澡休息。第二天又洗了澡并像往常那样献了祭，然后回到自己的屋里躺着，和迈狄亚斯谈话，叫军官们明天清早来见他。然后稍许吃了些东西，抬回自己屋里，一宿发高烧。第二天洗澡后又献了祭。然后又指示尼阿卡斯和其他军官三天之后的整个航行应当如何指挥。第二天又洗了澡，进行了规定的祭祀，祭祀之后，一直发烧不止。即使如此，他还是把军官们召来，叫他们把航行的准备工作都做好。晚上又洗了澡，洗完后病更加严重。第二天又抬到洗澡房附近的屋子里，进行了规定的祭祀。虽然他的病已很厉害，但仍把主要军官叫来，再次对他们的航行作了指示。第二天他尽力挣扎着，还是叫人抬到祭祀的地方献了祭，再次指示军官们如何航行。第二天在重病中仍进行了日常祭祀。不过这回他叫将军们在院里听令，千人指挥官和五百人指挥官[①]在门口听候。

① 参见前注“十人小队长”、“百人队长”等职称。——译者

因为这时他病得太重，人们就从花园把他抬到宫中。官员们来了，他还能认出是谁，但已经不能再说话。两天两夜高烧不止。

（二十六）上述这些情况都是随驾日记上写的，他的战士们这时都渴望去看他。有的是想在他死前见他一面，有的则是听说已宣布他死了，但他的近卫把这事隐瞒了起来——至少我是这样猜想的。多数人则是出于悲痛，惦念自己的国王，要挤进去看看。据说当士兵在他身边鱼贯而过时，他已不能说话，但还能吃力地抬头，以目示意。向他们逐个表示欢迎。据随驾日记记载，在塞拉皮斯庙里参加通宵值勤的有培松、阿塔拉斯、代摩凤和朴塞斯塔斯。克利欧米尼斯、米尼达斯和塞琉古祈求神示，是否可以把亚历山大抬到神庙里向神祈祷，然后请神治疗。但神谕说不要把他抬到神庙里去，最好叫他待在原处。伙友们公布这项神谕后，亚历山大不久就断了气。这就是神所谓的“最好”的事。除了这些情况之外，托勒密和阿瑞斯托布拉斯两人就再也没有别的记述。不过，另外还有人记载说伙友们问他打算把王国留给谁。他回答说：“留给最好的人。”还有的人记载说他还附带说了一句，叫在他的丧礼期间，举行盛大的竞赛。

（二十七）关于亚历山大的死，当然，我知道还有人记述了许多其他细节。例如：有人说安提培特曾送给亚历山大一服药，说亚历山大吃了这服药才死的。还说这服药是亚里士多德替安提培特配的。这是因为卡利西尼斯死后，他怕亚历山大害他。还说这服药是安提培特的儿子卡散德送到亚历山大那里去的。有人还说这药是盛在一个骡蹄壳里，是由卡散德的弟弟埃欧拉斯递给亚历山大喝的，因为他是亚历山大的御林侍从。不久前亚历山大冤枉了他，

他很气愤。还有人说，在这件事情中，迈狄亚斯还插了一手，因为他迷恋着埃欧拉斯。那次狂饮就是迈狄亚斯提议的。说亚历山大一口把那杯酒喝完后，就感觉剧烈疼痛，说这就是他当时离席的原因。有一位作家甚至还写出这样荒唐的事，说亚历山大知道自己活不长了，就跑到幼发拉底河边去投河，以便从人间消失，使后代更加相信他本自神中来，又还神中去，要永远流传下去。但他的妻子罗克塞妮看见他往外跑就拦他。于是他就大声喊叫，说他要永远叫人们相信他是神的儿子，要永远保持这个名声，她这样拦他，就是有意不叫他成圣名。这类故事写这么多已够了。我的目的是要说明我知道有这些故事，并不是说这些东西一定可靠。

(二十八)亚历山大死于第一一四奥林匹亚德[①]，在雅典正值赫吉西亚斯执政。据阿瑞斯托布拉斯记载，亚历山大一共活了三十二年又八个月，在位十二年零八个月。他体格健美，酷爱艰苦生活；机智勇敢，以艰险为乐；他热爱荣誉，对宗教十分重视；在肉体享乐方面极有节制，但在精神享受方面却永无满足，一切都不放在眼里，一心追求光荣显赫。他采取行动时英明果断，即使在昏暗迷茫中，也从不犹豫；情况明朗时，则更是目光炯炯、成竹在胸。对部队，从装备训练到调动指挥，都异常精明巧妙。他善于鼓励士气，使全军感到前途光明。遇有艰险则身先士卒，冲锋陷阵，一往无前。在胜负难分成败不定之际，他能当机立断，大胆行动。他能急

① 古希腊纪年法，即利用每四年举行一次的奥林匹亚运动会纪年，两次运动会之间的四年为一个奥林匹亚德。最早一次奥林匹亚运动会是在公元前 776 年举行的，纪年即由此开始。第一一四奥林匹亚德应为公元前 324—前 320 年。亚历山大死于公元前 322 年。——译者

中生智，掐算如神，常使敌人措手不及，束手就擒。他对敌人的阴谋诡计经常保持高度警惕，绝少陷入圈套。他言必信、行必果。他在金钱问题上，对自己一贯苛刻，对别人则十分大方。他的品德崇高，人世罕见。

（二十九）如果说亚历山大曾在仓猝之际或恼怒之中犯过错误，或者说他在仿效东方式的骄矜方面走得未免远了一些的话，我倒觉得这些并不能算是什么重要问题。如果读者能从宽厚的胸怀考虑到亚历山大还很年轻；他的一生一直处在连续不断的胜利之中；而且，朝臣对王上一贯是谄媚而不是规劝，甚至明知要陷国王于不义但往往偏要这么干；考虑到这些之后，就可以理解我的意思。但我可以断言：在历代一切国王当中，只有亚历山大一个人曾经对自己的错误表示过悔恨。这只能归因于他品德的崇高。就多数人来讲，即使承认自己有什么错误，往往也是百般为自己辩护，好像他办的是什么好事，以为这样就可以把错误遮掩起来。这样才算是莫大的过错。至少我个人的认识是这样：医治罪恶只能是坦白认罪并有悔恨表现。因为，只有为害者承认自己做错，受害者才不至于太委屈。对为害者本人来说，也只有对自己过去的罪恶表现出悔恨，以后才不致再去为害他人。这样，他的未来才能有较好的希望。至于亚历山大说他自己出身于神，即使这样，我并不认为是严重问题，除非他为了愚弄百姓、哗众取宠、骗取威望而纯粹搞诡计。就事实而论，我认为他这个国王的威望并不低于迈诺斯①、伊卡斯②

① 古希腊塞克拉地斯国国王，文治武功均极昌盛，在全希腊威望极高。——译者

② 希腊神话中传说他是宙斯和河神阿索帕斯（Asopus）之女阿吉娜（Agina）所生之子，以公正闻名。曾充任阴间判官，传系阿基利斯之祖。——译者

或拉达曼萨斯。他们都说自己的老祖宗是宙斯，然而在古人看来也并不认为他们在擅自骄矜。西索斯[1]还曾说他自己是海神普塞顿的后代，埃昂[2]说自己是阿波罗的后代，也无人责怪他们。而且，我认为亚历山大采用波斯服饰器物，只是对双方都有好处的一种手段：对波斯人来说，这可以表明国王对他们并不疏远；对马其顿人讲，也是对他们的粗鲁和傲慢的一种纠正。我猜想他也是基于这个原因才把波斯贵族引进马其顿各骑兵中队，把高举"金苹果"标志的波斯部队编入马其顿队伍里。据阿瑞斯托布拉斯说，他举行的宴饮，有时拖到深更半夜，但醉翁之意不在酒（因为他并不是个酒鬼），而是在于战友情谊。

（三十）谁说亚历山大坏，那就请他把亚历山大的坏事指出来，但不能只把那些可以说得上几句坏话的事情端出来，而应当是把他的全部行为作为一个整体和盘托出，再下针砭。还是让这样的人首先考虑考虑他自己，他自己的人格和他自己的一生一世吧。然后再去考虑亚历山大。试想，在他成为欧亚两大洲的无可争议的主宰和他的名声远播天涯海角之后，他成了什么样的人，他的成就在人世间达到了何等辉煌的程度！我再说一遍，让这个说他坏的人再考虑一下他究竟在说谁坏呢！而他自己只不过是个渺小的人物，两只眼睛成天盯在渺小的事情上，而连这些渺小的事情他都还没有搞成功。我确信无疑，在当时，全世界没有哪一个种族、哪一个城市或哪一个人没有听到过亚历山大这个名字。因此，即使

① 传说中的雅典国王。——译者

② 据传系阿波罗之子，爱奥尼亚人的祖先。——译者

是我，也不能设想，像他这样超乎一切人之上的人，在出生时没有一点神力的影响。而且亚历山大的死，据说神也早有预示，各式各样的人也有这方面的梦幻。全人类对他这样超乎一切的崇敬，在他死后对他这样超乎对一切人的怀念，也都使人得到同样的结论。甚至在相隔这么多年之后的今天，仍然有神谕降临马其顿民族。这一切都表明，人们对他的估价是至高无上的。不错，在我自己写的这部亚历山大的历史当中，对他的某些行为也曾提出异议，但这并不妨害我对亚历山大仍然大胆赞美。我之所以对他的某些行为进行斥责，一方面是因为我要说真心话，一方面也是因为这样做对全人类有益。这就是为什么我要写这么一部历史的原因。我的写作也只能说是在上帝的支持之下才得以完成。

（亚历山大远征记完）

卷　八

印　度[1]

（一）位于印度河以西直至科芬河的全部领土上居住着属于印度的部族阿斯塔西尼亚人和阿萨西尼亚人。他们跟印度河以东的印度人不同。他们的身材没有那么高大，也没那么勇猛，也不像大部分印度人那么黑。这些人古时受亚述统治，接着又受米地亚统治，所以后来又臣服波斯[2]。他们奉居鲁士（坎比西斯之子）之命，以自己地区的物产向他交纳贡赋。奈萨亚人不是印度种族，而是原先狄俄尼索斯带到印度去的一批人，甚至还可能是他原先带去打印度、后来因超过服役年龄而留在那里的一些希腊人，也许是当时附近一些部族的志愿军，后来狄俄尼索斯让他们和希腊人一起定居在那里。那一带地方因奈萨山而定名为奈萨亚，城市本身就叫奈萨。奈萨城建在另一座山的山脚下，这座山叫迈罗斯[3]，起这个名字是为了纪念狄俄尼索斯的出生。关于狄俄尼索斯这一切，

① 这一卷讲了一些亚历山大在印度的情况，也介绍了印度概况。但主要篇幅是记述尼阿卡斯率领舰队沿印度和波斯海岸返航的情况。——译者

② 波斯征服米地亚后，原来米地亚的属地又都臣服波斯。——译者

③ 意即“大腿”。——英译者

诗人多有歌颂。这些事都留给希腊或东方的史家去记述吧，我在这里就从略了。阿萨西尼亚人有一座大城叫马萨卡，里边住着他们全族的要人。离印度河不远处还有一座叫朴塞拉的城市，也很大。从印度河往西直到科芬河这一带，当时都有人烟。

（二）我在下文中所说的印度，是指印度河以东的地区，那里的居民我称为印度人。印度的北界是陶拉斯山脉。在印度，现在这条山脉已不再叫陶拉斯。它是从潘菲利亚、利夏和西里西亚对面的大海开始，往东横跨亚洲直至远方的东大洋。这条山脉在不同的地区有不同的名称。在一个地区叫帕拉帕米萨斯，在另一个地区叫赫木达斯，在另一处又叫埃玛昂。可能还有许多别的名称。不过，跟亚历山大打仗的那些马其顿人管它叫高加索山脉，不是西徐亚那座高加索山，而是另一座。因此，人们才传说亚历山大曾到达过高加索山以远的地方。印度的西部以印度河直至大洋一线为界。印度河分二支入海，跟伊斯特河分为五支后又合流入海的情形不同，而是像尼罗河形成埃及三角洲那样，也形成一个印度三角洲，不比埃及三角洲小。印度话里的三角洲叫帕塔拉。① 由此往南，印度大陆与大洋相接。大陆东边也是大海。印度河口和帕塔拉附近靠南的一部分，亚历山大、马其顿人和许多希腊人曾进行过考察。至于印度东部，亚历山大并没越过希发西斯河再往东去。少数史家曾描写过恒河以近的一些地区的情形，也叙述过恒河口以及恒河上印度最大的城市帕利木包特拉的情况。

（三）我希望读者允许我对西瑞尼人埃拉托西尼斯表示特别的

① 梵文里的“leaf”（“树叶”）是帕塔拉。——英译者

称赞，因为他是一位地理学者。据他说，从印度河发源地的陶拉斯山开始，沿印度河直至河口处的大洋，印度大陆的这一边共长一万三千斯台地。对面的那一边，即从同一座山开始直到东大洋，他认为比这一边还长，因为那边有一块陆地突入海中很远——大约有三千斯台地。因此，他认为印度东侧的总长度有一万六千斯台地。这就是他说的印度的宽度。至于印度大陆从西到东直至帕利木包特拉城的这一段的长度，则有一万斯台地——他说他根据的是用芦秆量过的距离，因为有一条御道贯通东西。由那座城再往东，情况就不很明确。一般人说，包括突入大海中的陆地在内，印度东西延伸约一万斯台地，但靠北部的长度约有两万斯台地。尼达斯人提西亚斯断言印度大陆的面积和亚洲其余部分加在一起的面积相等，这说法是荒谬的。欧奈西克瑞塔斯[①]说印度的面积有全世界的三分之一，这也是荒谬的。尼阿卡斯则说，在印度平原上从一头步行到另一头，要用四个月的时间。米伽西尼斯则说，从东到西应当算是印度的宽度，别人却都把它看成长度。据他说最窄处也有一万六千斯台地。他认为从南到北才是印度的长度，从最南部的尖端往北量，共长二万二千三百斯台地。印度的河流比亚洲其他地区的任何河流都大。最大的要算恒河和印度河，印度的名称即由后者而来。这两条河当中的任何一条都比埃及的尼罗河和西徐亚的伊斯特河大，甚至把这两条接起来都不行。我个人认为，即使是阿塞西尼斯河也比伊斯特河或尼罗河大。阿塞西尼斯河接受了

① 亚历山大沿希发西斯河直至印度河率领舰队返航时，欧奈西克瑞塔斯是他那艘司令舰上的舵手（参见〔一六〕段）。这个人回希腊后曾把那一段经历写成书出版。阿里安在这里引用的，就是他那本书上的说法。——译者

希达斯皮斯、希德拉欧提斯和希发西斯三条河的水量，当它流入印度河时，总有三十斯台地宽。印度大陆上还很可能有其他一些更大的河流。

（四）因为亚历山大没有到过希发西斯河以东，所以我无把握叙述那边的情形。但关于恒河和印度河这两条最大的河流，我还可以谈谈。据米伽西尼斯说，恒河比印度河大得多。其他谈到恒河的人也都这么说。据他们说，恒河在它的发源地就已经是一条大河了。后来又接纳了许许多多支流，如凯那斯、埃兰诺包斯、科索那斯等河流，都是能通航的大河；又如索那斯、西托卡提斯、索罗马提斯等河，也都是通航的；此外还有康多卡提斯、散巴斯、马贡、阿高拉尼斯、欧乌利斯等河；汇入恒河的还有一条很大的卡门那斯河，还有从曼狄亚狄那族所住地区流来的卡库西斯河和安多马提斯河；再往下还有流经卡塔杜帕斯城的阿米斯提斯河，还有在帕扎莱地方流入恒河的欧克塞马吉斯河；流经印度马太族地区的埃任尼西斯河也汇入恒河。据米伽西尼斯说，上述这些河流，没有一条是小于可通航的米延德河。因此，恒河最窄处也有一百斯台地宽。恒河的河道有时还扩展为湖泊，在这些地方，由于地势低洼，又无突出的山冈，所以人们看不见对岸。印度河也是这样。流经坎比索利亚人地区的希德拉欧提斯河，接受了流经阿斯特利柏人地区的希发西斯河，又接受了流经塞西亚人地区的萨兰吉斯河以及流经阿塔西尼亚人地区的尼德拉斯河，挟所有这些河流的水量注入阿塞西尼斯河。流经欧克西德拉卡人地区的希达斯皮斯河，接受了流经阿瑞斯帕人地区的西那拉斯河，也汇入阿塞西尼斯河。还有一条叫土塔帕斯的大河也汇入阿塞西尼斯河。所有这些河流的

水量注入阿塞西尼斯河之后，使它的流量增大了许多。这样，流经马利亚人地区的阿塞西尼斯河，就骄傲地保持着自己的名称，注入印度河中。在朴塞劳提斯人境内流过的科芬河，接受了马兰塔斯、索斯塔斯和加罗亚斯诸河的水量之后也汇入印度河。此外，还有相距不远的帕任那斯和萨帕那斯二河也流入印度河。流经阿比萨瑞斯人山区和无任何支流的索那斯河也注入印度河。据米伽西尼斯说，上述这些河流，大部分也是通航的。如此说来，就流量讲，尼罗河和伊斯特河根本就不能跟印度河或恒河相比；这一点就不应当怀疑了。因为，我们知道，尼罗河不但没有支流注入，反而挖了许多沟渠把它的水引去灌溉埃及的土地。至于伊斯特河，它的河源只是一条极小的溪流，它虽接受了不少支流，但跟印度河或恒河的支流比较起来，不但数目少，而且能通航的只有几条。我自己只知道其中的埃那斯和索斯二河可以通航。埃那斯河流经诺瑞卡和莱提亚二地区的交界处汇入伊斯特河；索斯河流经培欧尼亚汇入伊斯特河。诸河汇流的地区叫陶兰那斯。如果有谁知道伊斯特河还有哪些支流能通航的话，他所知道的一定为数不多。

（五）如果有谁打算说清楚印度河流的数目和大小，我倒是很希望他这样做。我在这里所说的就算无稽之谈。除了印度河和恒河之外，米伽西尼斯还提到过许许多多其他河流的名称，这些河也都流入东方或南方的大洋。单就印度能通航的河流讲，他说一共有五十八条。就我所知，即使是米伽西尼斯，也没有在印度旅行过多大的地区。但比起跟随亚历山大（腓力之子）去的那些人来，他走过的地方却又多得多。因为他说他曾去见过印度最大的土邦王上森德拉科塔斯，甚至还见过一个比这个土王还大一些的坡拉斯

王。这位米伽西尼斯还说印度人不打仗,他们不打别人,别人也不打他们。和印度这种情形不同的是,埃及人塞索斯特利斯曾征服亚洲大部地区,然后又率领军队侵入欧洲,后来才回去。西徐亚人印达西尔西斯从本国出发,征服了亚洲许多部族,还成功地侵入了埃及。亚述女王塞米拉米斯曾企图侵犯印度,但计划还未完成她就死了。事实上,侵入过印度的只有亚历山大一个人。在亚历山大以前,大量传说都讲狄俄尼索斯曾侵入印度并把印度民族征服。关于赫丘力士远征印度的传说就没这么多。关于狄俄尼索斯到过印度的事,奈萨城可以说就是他那次远征的重要见证;还有迈罗斯山,山上长着常春藤;还有,印度人出战时有敲锣打鼓的习惯;衣着花花绿绿,像狄俄尼索斯式的狂欢作乐者的穿戴。关于赫丘力士入侵的纪念物却很少见。不过倒有传闻说亚历山大攻占的阿尔诺斯山寨[①],赫丘力士曾想攻下但未能实现。可是我认为这只不过是马其顿人吹牛而已。这就跟他们管帕拉帕米萨斯山叫高加索山一样,谁都知道那座山和高加索山毫无关系。甚至,当他们了解到帕拉帕米萨斯山区有一个山洞时,就说那就是巨人之一普罗米修斯的那个山洞——他是因为盗取天火才被囚在这个山洞里并钉在十字架上。他们看见一个叫西巴人的印度部族穿着兽皮,于是就说这是赫丘力士远征后的遗俗。更不着边的是,因为西巴人手持木棒,而且是用火棒给牛打烙印,于是他们又把这件事跟赫丘力士的大棒联系起来,以证明他去过印度。假如有人相信这种事,至少也别认为他们说的这个赫丘力士就是底比斯的赫丘力士,而是别

① 参见《远征记》卷四(二十八)和(二十九)两段。——英译者

的赫丘力士，也许是提尔的或埃及的那个赫丘力士，或者是离印度不远的高原地区的一位大王。

（六）这话未免离题太远。不过，这是为了让人们不要过于相信某些人关于希发西斯河以远的印度人描述的情况。我们倒是有理由相信亚历山大的部下所说的希发西斯河以近的情况。米伽西尼斯还讲了另一条印度河流，说它的名字叫西拉斯，它的源泉也叫西拉斯，它的流域的居民叫西拉斯人。这条河里的水很特别，什么东西都不能在水里游，也不能在水上漂；不论什么，一沾水就沉到河底。跟别的河里的水比起来，这条河的水极其稀薄，极其轻飘。一入夏季，印度全境降雨，山区雨量尤大。帕拉帕米萨斯、赫木达斯、伊毛斯等山上的山洪泻入各河，使河水猛涨、奔腾澎湃，一泻千里。印度平原往往在夏季也是阴雨连绵，大部分地区变为沼泽。事实上，亚历山大就是在仲夏间，正当阿塞西尼斯河泛滥时，就从那里撤兵。这情形使人联想到尼罗河泛滥的景象。可能是因为埃塞俄比亚山区夏季降雨，山洪倾泻尼罗河中，溢出两岸，淹没了埃及土地。在夏季，尼罗河的水也是浑浊的，洪水可能不是积雪融化而来；再者，如果夏季有季候风能抑制它的流速，当然也不致如此混浊。另外，由于埃塞俄比亚气候炎热，山上可能无积雪。但那地方也能像印度那样下雨，这一点倒是完全可能的。因为在其他方面，印度和埃塞俄比亚并无不同。印度的河流里也有鳄鱼，就和流经埃塞俄比亚和埃及的尼罗河一样。有些印度河流里的鱼类和其他较大的水生动物也跟尼罗河里的一样，只有河马除外。不过欧奈西克瑞塔斯说，印度的河流里也有河马。印度和埃塞俄比亚居民的相貌也差不多。印度南部的人和埃塞俄比亚人极其相似，黑

面孔、黑头发，只是不像埃塞俄比亚人的鼻子那么扁平，头发不那么卷曲。印度北部的人的外貌则极像埃及人。

（七）米伽西尼斯说，印度的部族一共有一百一十八个。印度的部族确实不少，我同意他的说法。但他究竟是怎样搞到这些具体数字并把它们记载下来，这我就难以猜测。因为，他在印度并没有走访过很多地方，而且印度各部族相互之间又很少来往。他还说，印度人起初都是游牧民族，就跟不从事农业的西徐亚人一样。西徐亚人常常是坐在大车上在他们那个地区到处迁移，时而住在一处，时而又住在另一处。他们不在城市定居，也不修庙敬神。当时印度人也是这样，既无城镇也无庙宇。身上披的是兽皮，吃的是树皮，印度话管这种树叫“塔拉”①，就像棕榈树那样，顶上也长着像绒毛团似的东西。他们猎取到的动物是生吃的，至少在狄俄尼索斯到达印度以前是这样。自从狄俄尼索斯到达并统治了印度之后，他就叫人们建筑了许多城镇，制定了城市法律，教给印度人酿酒喝酒，就和他教给希腊人那样。还给他们种子，教他们种地。这也许因为德米特②派特利托利马斯到大地来撒种时，没有到印度这边来的关系吧。也许是在他来到印度之前，这位狄俄尼索斯（不管他是哪一位吧。）就已经来了，给了印度人已驯化了的植物种子。后来他还亲自带头把牛套在耕犁上。于是，大部分印度人就从游牧者变成了庄稼汉。他还教给他们拿着武器打仗。此外，狄俄尼索斯还教给印度人敬神。当然啦，特别是要敬他本人。一面敲锣

① 芭蕉扇棕榈。钻孔后就流出糖汁。——英译者

② 希腊神话中的谷物女神。——译者

打鼓，一面跳着萨提尔[①]式的舞，希腊人管这种舞叫“考代克斯”。为了敬神，他还教给印度人留长发、戴圆锥帽、涂面油抹香水等等。所以，后来印度人与亚历山大打仗时，还敲锣打鼓。

（八）当亚历山大做好一切准备离开印度时，他指派他的伙友之一斯帕坦巴斯当印度王，这是因为他精通酒神礼节。斯帕坦巴斯死后，由他儿子布狄亚斯继位。父亲当了五十二年印度王，儿子当了二十年。他死后，又传给他的一位叫克拉狄亚斯的儿子。再往后，也大都是父传子子传孙，一代一代地往下传。后继无人时，就指定杰出的人物继位。但据传说，远涉万水千山到达印度的赫丘力士，印度人竟然管他叫“乡亲”。崇拜这位赫丘力士的，主要是印度一个叫苏拉森尼亚的部族。他们有两座大城，一座叫迈索拉，一座叫克雷索包拉。在他们的领土上，还有一条可以通航的叫埃欧巴瑞斯的河流。米伽西尼斯还说这位赫丘力士穿的衣服和底比斯那位赫丘力士穿的一样。对此印度人有同样的记述。这位赫丘力士在他的国家里也有不少儿子，因为他也娶了很多妻子。他只有一个女儿，叫潘达娅。她出生的那个国家，也就是赫丘力士教给她治理的那个国家，也是跟着他这个女儿起的名字，叫潘达亚。她父亲给了她五百头大象，四千骑兵和多至十三万的步兵。关于赫丘力士，有些作家还叙述了下边的情况，说他走遍了全世界的陆地和海洋，把地球上一切害人的怪兽全部消灭干净之后，在海里发现了女人特别喜爱的一种珠宝。因此，即使是我们当代，凡是从印度买货出口到我们国家来的人，都在印度以高价收购这种珠宝运出。

① 希腊神话中狂热的、色情的森林之神。——译者

古时所有的希腊阔人和近代罗马的暴发户都特别热衷于购买这种宝贝。印度话管这种宝贝叫海珠。因为赫丘力士发现这种宝贝特别招人喜爱，就在从希腊一直到印度的所有的大海去捞集珠宝，以装饰他的女儿。米伽西尼斯说，产这种珍珠的牡蛎是用网捞取的。它们在海里就像一窝蜂那样聚集在一起，也像蜂那样有王有后。如果有人碰巧捞住牡蛎王，其他牡蛎也就很容易捞住；如果牡蛎王从网眼溜走，其他的也不能捞住。印度人捉到牡蛎后，让它们的肉烂掉，用它们的外壳作装饰品。在印度，这种珍珠的价钱有时能相当于它自身重量的三倍的黄金，而金子也在印度挖掘。

（九）在赫丘力士的女儿当女王的那个国度里，女孩子七岁就可婚配，男子也活不过四十岁。在印度人当中还流传着跟这件事有关的一个故事，说赫丘力士在壮年时期生了他这个女儿之后，知道他自己的末日快到了，又找不到一个有为的男子配得上他的女儿，于是等她长到七岁时，就亲自当了她的丈夫。就这样，他们留下的后代就当了印度历代的国王。赫丘力士在他的女儿那样小的年龄就跟她婚配，结果，潘达亚所有的王族都仿效他，也享受同样的特权。但我想，如果说赫丘力士能干得出这么荒唐的勾当，那他就应当有本领延长自己的寿命，以便等女儿再成熟一些再跟她婚配。如果说这个地区的女子成熟的年龄真是这么早的话，我看男子也应当有类似的趋势。既然最老的男人四十岁就要死，那他们的成熟期就应当相应地提前。如果说他们在三十岁就进入老年时期，那么二十岁就已进入壮年，十五岁成年。果真如此，那么女子到七岁就可能成熟婚配。确实，这个国家的水果都比别国的成熟得早，也烂得早，这是米伽西尼斯自己说的。印度的国王，从狄俄

尼索斯算起直到森德拉科塔斯，共一百五十三世，历时六千零四十二年。其间曾有三次求解放的起义……历时三百年，另一次历时一百二十年。印度人说狄俄尼索斯比赫丘力士早十五代。除了这两个人以外，再没有别人侵入过印度。即使是坎比西斯的儿子居鲁士也未去过。虽然他曾远征西徐亚，而且在其他方面也都是亚洲诸王当中精力最旺盛的，但他还是未能侵入印度。亚历山大却来到这里并用武力征服了他所到达的一切国家。如果他的部队愿意跟着他继续干下去的话，他很可能早已把全世界都征服。但印度人和他不同，他们至今还没有一个人越出自己的国境去侵略别人。他们的正直实在可佩。

（十）据某些人记述，印度人对死者不搞什么纪念建筑。他们把那些逝者的品德视为足够形成对他们的怀念所需要的一切。在丧葬期间，他们还唱悼歌思念故人。至于印度的城市，因为太多，无法统计出准确的数字。在近河近海的城市里，都用木头修建房子。这是因为雨水太多，河流又不断泛滥淹没平地，用砖泥建筑不能持久。不过那些建筑在地基较高的地方的城市，则都用砖泥修造。印度最大的城市叫帕利木包特拉，位于普拉西亚境内埃兰瑙包斯河与恒河汇流处。恒河是一切河流当中最大的。埃兰瑙包斯河可能是印度第三大河，它本身就比其他各地的河流都大。但它还要让恒河领先，因为它本身只不过是注入恒河的一条支流。据米伽西尼斯说，跨河修建的这座帕利木包特拉城，最长的地方能有八十斯台地，宽约十五斯台地。四周挖的护城河有六普莱特拉[①]

① 长度名，相当六分之一斯台地，约 101 英尺。——译者

宽,三十库比特深。城墙上有五百七十座塔楼和六十四座城门。所有印度人都是自由民,连一个奴隶都没有,印度的这一特点是很出色的。在这方面,印度和拉斯地蒙相仿。不过拉斯地蒙人把赫拉特人当奴隶使用,叫他们干奴隶的苦活。而印度人却不使用任何异族奴隶;印度人本身,更是无人当奴隶。

(十一)印度人一般分为七个等级。被称为智者这个等级的人数最少,但荣誉最高,最受尊敬。他们不必进行任何体力劳动,也不必把工作成果交给公家。实际上这些智者受不到任何约束。只管代表全族的人祭神。如果有某一个私人要祭神,就由一个智者当指导,不然他的祭祀就不会被神接受。这些智者还垄断占卜预言这一行。除智者外,谁都不许占卜预言。他们预言一年四季的时令或即将降临公众头上的灾难。但他们不替私人私事占卜预言。这或许是因为他们的预言范围不能下及众生私事,也许是因为他们不屑于理睬这些琐事,认为有失尊严。如果一个智者三次预言都错,也不受处分,只不过以后永远不再预言就完了。对这样一个受到责令不再预言的人,任何人也不会再去求他。冬天,这些智者赤身露体在野外的阳光下消磨时光;夏天太阳炎热,他们就在大树[①]下边的草地上或沼泽边乘凉。据尼阿卡斯计算,一棵这样的树,四围能有五普莱特拉,一棵树下边就能待下一万人乘凉。这种树可真大。这种人按季节以各种果类为食,也吃树皮[②]。这种树皮既甜又有营养,简直和椰枣差不多。在智者这个等级以下的

① 指榕树。——英译者

② 这可能弄错,如同上文(七 3)那样。(树皮剥下来,不是吃的。)——英译者

就是农民。农民是印度人数最多的一个等级。他们不使用武器，不打仗，只管种地。他们向国王或自治城市交纳赋税。如果在印度人之间发生内战，打仗的人也不干扰这些农民，也不毁坏他们的庄稼地。往往有这样的情景：一边有些人正在打仗，正在砍杀前来的对手；而他们身边的农民却在平平安安地耕地、摘菜、摇果树或收庄稼。印度人里边的第三个等级就是放牛放羊的牧民。他们不在城镇或村庄居住，而是一年到头在山坡上以游牧为生。他们用牲畜交税，也在乡间猎取鸟兽。

（十二）第四个等级是工匠和店员。这些人都是干活的，都要交纳行业税。只有制造武器的人除外，他们由公家支付工资。造船工和河上的水手们都属这一等级。第五个等级是士兵。他们的人数仅次于农民。他们最自由，最神气，只干军事一行。他们的武器由别人替他们造；马匹也由别人来提供；营房里的各种活也另有人干，如饲养马匹、擦拭武器、赶大象、保管和驾驶车辆等事。他们自己只是有仗打时才去打仗，在不打仗的和平时期，就成天玩乐。他们从公家领取优厚的薪饷，很足以养活别人。第六个等级是那些叫作检查员的人，他们负责检查全国或全城邦一切事务进行的情况。在国王管辖地区，他们就把检查到的情况向国王汇报；在独立的城邦，就向城邦当局汇报。人们向这些检查员报告假情况是犯法的。实际上也没有任何一个印度人被指控假报情况。第七个等级是那些协助国王或自治城邦当权者审议公事的人们。这个等级人数很少，但他们的智慧和正直是突出的，受到其他各等级的拥戴。各级政府所有的长官，包括总督、区长、议员、司库、财务官、陆海军官、农业检查官等等，都是由这一等级选出的。不同等级的人

通婚是非法的。例如：工匠的女儿嫁给农民或农民的女儿嫁给工匠，都是不许可的。一个人也不能从事两个等级的行业，也不能从一个等级转到另一个等级，如牧人转成农民、工匠转成牧民，都不行。只允许从各等级转成智者，因为智者的职业并不容易，可以说是最为艰苦。

（十三）希腊人猎取的野兽，印度人多数也都猎取。但印度人猎象跟猎取任何别的野兽都不同，因为这种动物也跟别的动物很不一样。情况是这样：猎人先挑选一块向阳的平地，挖一道壕沟围成一个大圈，简直有一个大部队的宿营地那么大。壕沟有五呏①宽，四呏深。挖出的土就堆在壕沟两边作土墙。然后在外边那道土墙上挖窑洞，洞里留下透亮的小窗。猎人就住在这些窑洞里，利用小窗透过的光线监视前来的野象，看着它们冲入围墙。然后就留下三四头最老实的母象，把别的都轰走。壕沟只留一个入口，在那里搭上桥，在桥上撒上许多土和草，使野象看不出是桥，免得叫它们疑心。这时猎人就躲到壕沟里的掩体里，外边一点都看不见。白天，野象一般都不到有人烟的地方去。但一到天黑，它们就成群结队到处去找东西吃，由个子最大长得也最好的大象领头，如同公牛带领牛群那样。当它们走到壕沟附近，听到里边的母象吼叫，嗅到它们的气味时，就冲到围墙边上，在沟外摸索道路，最后找到那座桥，就从上边冲进围子。猎人看见野象进来之后，有的就机警敏捷地把桥拆掉，有的就跑到附近的村子里告诉村民说野象群已入围子。村民听到消息后，就骑上最勇猛最听使唤的大象赶到围子

① 一呏等于 6 英尺或 1.829 米。——译者

这边来。来到之后,并不是马上就和野象斗,而是先让那些野象挨饥受渴,折磨得它们沮丧,杀一杀它们的威风。当猎人认为已经把它们折磨得差不多,就又把桥修好,骑着家象进围子。于是家象和野象之间就展开了一场激烈的战斗。不久之后,野象就驯服了。这是可以想象得到的,因为它们本来就已经饿得够呛,又受了这么一大阵子折磨。这时,骑在家象上的人就下来,把这些无精打采的野象的四条腿用绳子捆在一起,然后又叫家象一再打击它们,一直打得它们失魂落魄、卧在地上为止。然后猎人就走到它们跟前,用绳套套住它们的脖子,趁它们躺着的时候,爬到它们身上骑着。为了不叫它们把骑在身上的猎人甩下来或进行伤害,猎人用尖刀在它们的脖子上拉一整圈伤口。绳套就顺着伤口拴上。这样,由于怕痛,它们的脑袋和脖子就都不敢动弹。如果它想掉头干坏事,绳下的刀伤就擦痛难忍。于是,它们只好不声不响,承认被征服,老老实实地被家象用绳子牵着走。

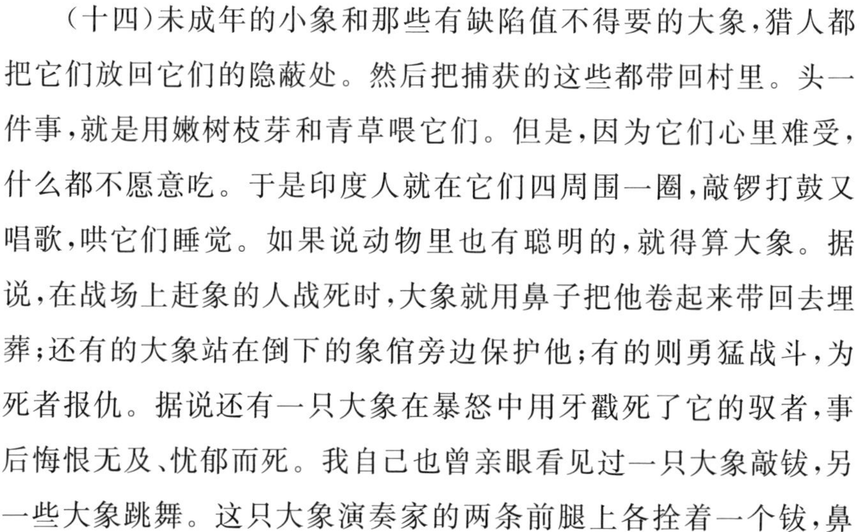

(十四)未成年的小象和那些有缺陷值不得要的大象,猎人都把它们放回它们的隐蔽处。然后把捕获的这些都带回村里。头一件事,就是用嫩树枝芽和青草喂它们。但是,因为它们心里难受,什么都不愿意吃。于是印度人就在它们四周围一圈,敲锣打鼓又唱歌,哄它们睡觉。如果说动物里也有聪明的,就得算大象。据说,在战场上赶象的人战死时,大象就用鼻子把他卷起来带回去埋葬;还有的大象站在倒下的象倌旁边保护他;有的则勇猛战斗,为死者报仇。据说还有一只大象在暴怒中用牙戳死了它的驭者,事后悔恨无及、忧郁而死。我自己也曾亲眼看见过一只大象敲钹,另一些大象跳舞。这只大象演奏家的两条前腿上各拴着一个钹,鼻

子上也拴着一个,它用鼻子上那个钹敲前腿上那两个,敲完这个敲那个,节拍十分有格律。其他大象排成一圈,随着钹的节拍跳舞,两只前腿一抬一弯,一弯一抬,非常齐整。一到春天,母象的太阳穴上的某些腺孔就张开,放出气味,于是就到了交配的季节,和牛马入春交配一样。母象怀胎最少十六个月,最多十八个月。和马一样,也是一胎只生一崽。喂奶一直喂到八岁。寿命最长的大象能活到二百岁,但多数都因病早死。如果单就可能活到的岁数讲,确实能活到二百年。大象的眼睛红肿,用牛奶浸润就能好。得了其他的病,可以给它喝黑葡萄酒。受了外伤,用一块烤猪肉贴在伤口就会好。这是印度人用的一些治疗方法。

(十五)印度人认为老虎比大象凶猛得多。据尼阿卡斯记载,说他自己曾看见过一张老虎皮,但未见过老虎。印度人的记载说老虎的个子有最大的马那么大。它的速度和力气是任何兽类都比不了的。一只老虎遇上一头大象,一下子就能跳到它头上把它掐死。我们见过的所谓的老虎,实际上只是花斑豺,只不过比一般的豺个子大些。关于蚂蚁,尼阿卡斯说他自己也未见过某些作家所描绘的那种印度土著蚂蚁;他只见过别人拿到马其顿营房里去的几张蚂蚁皮。不过米伽西尼斯却曾证实关于这种蚂蚁的一些描述,说它们确实能挖金子。当然,它们并不是有目的地去挖金子,而是像我们这里的小蚂蚁挖出一些土那样,这些印度蚂蚁也习惯于在地里挖洞。不过因为这种蚂蚁比狐狸还大,所以它们挖出来的土当然也就多得多。这种土里含有金子,印度人就这样取得黄金。不过,米伽西尼斯这些话也不过是转述一些传闻而已,未必可信。因为我对这种蚂蚁的实情毫无把握,干脆把这个题目放弃不

提了。尼阿卡斯还描绘了鹦鹉，就像描写什么奇迹似的，说这种鸟是如何在印度发现的，如何发出像人的声音等等。但是因为这种鸟我还见过几只，而且我知道别人也都见过，我就不必把它当作新鲜事来详细描绘。关于印度猴子身材的大小，某些猴子有多好看以及捕捉方法等等，我也不必多说。因为这是尽人皆知的事，不用我多费唇舌。也许只有一句话可说的，就是任何地方的猴子也不见得会好看。尼阿卡斯还谈到印度人捕蛇的事，说蛇是花的、跑得快。据他说，安提吉尼斯的儿子培松抓住的那条蛇，从头到尾有十六库比特以上。他还说，印度人说最大的蛇比这条还大得多呢。任何希腊医生都没有发明治疗印度蛇咬伤的药。印度人倒常常治疗被蛇咬伤的人。尼阿卡斯还说亚历山大请了一批非常能干的印度医生跟着他，并传令全营地，凡是被蛇咬的人都要到他的皇家大帐篷里去报告并诊治。这些医生也治别的病。但因为印度的气候比我们这里温和宜人，所以一般人不会生病。印度人得了重病，就会找他们的智者诊治。据说智者能求助于神，以治疗那些能治的病。

（十六）据尼阿卡斯说，印度人穿的是亚麻布衣服。这种亚麻[①]生在树上，这种树我已在上文提到过。也许是因为这种亚麻布比别的亚麻布白，或是因为印度人的皮肤黑，他们穿起这种布来显得特别雪白发亮。他们有一种直到小腿中部的束腰上衣，肩上披一块布作为外衣，头上还包扎一块。有钱的印度人戴象牙耳环，普通人都不戴。尼阿卡斯说他们还把胡子染成各种颜色：有的人

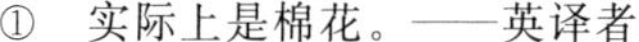

① 实际上是棉花。——英译者

染得雪白雪白，有的人染得黑黑的，还有的人染成红的、紫的、草绿的等等。讲究的印度人夏天打旱伞遮阳光，脚上穿着白色的皮拖鞋，式样很讲究。他们的凉鞋底有各种各样颜色，而且很厚，为了显得个子高些。印度人的武器装备也是多种多样。步兵持弓，长度和持弓者的身长相等。射箭时，人坐在地上，用左脚蹬着弓背，把弓弦往后拉得很远，因为他们的箭差不多有三库比特长。印度弓箭手射出的箭，什么东西都挡不住。不论是盾牌、胸铠、还是厚盔厚甲都不顶事。他们左手拿着用生皮做的小盾牌，比人还窄些，高度倒和人差不多。有的不拿弓箭而是拿着标枪。人人都有一把很宽的大弯刀，总有三库比特长。打交手仗时——印度人在内战中不愿打交手战——就用两只手拿着砍杀，这样砍更有劲。骑兵有两杆像长矛似的标枪，还拿着一个比步兵拿的小一些的盾牌。他们骑的马没有鞍子，也不给马上希腊式或凯尔特式的嚼子，而是用生皮做的套子套住马嘴下端，在这个皮套里面还安上不太尖的铜刺或铁刺，阔人用的是象牙刺。马嘴里还有一个像炙叉那样的嚼子，嚼子两头拴在缰绳上。这样，一拉紧缰绳，嚼子就使马老实多了；嘴套上那些刺也刺痛马嘴，使它听从使唤。

（十七）印度人的体形瘦高，他们的动作比别的种族都较轻灵。他们常骑马骑驴或骑骆驼，有钱的人骑大象。在印度，骑大象算是最高贵的，其次是乘坐四匹马拉的车，骑骆驼算三等，骑马算低等。最端庄稳重的女子，什么礼物都引诱不动，但如果给她一头大象，就可以弄到手。一个女子为一头大象而委身，在印度人看来并不算丢脸，反而认为是光荣，因为她的美貌竟能值得上一头大象。她们出嫁时，既不陪送什么嫁妆，也不接受什么彩礼。到了结婚年龄的女孩子们，由她们的父亲带出来。凡是在摔跤、斗拳或赛跑中得胜的青年男子，或在其他男子汉的活计中表现出色的，都可以从她们当中去挑选妻子。一般印度人种地吃粮食，山区的人则打猎吃肉。尼阿卡斯和米伽西尼斯这两位有声望的人所记述的关于印度的情况，主要写这些，想必够了。因为我这本书要写的主题并不是印度的风俗习惯，而是亚历山大的海军怎样从印度到达波斯的。这样，以上我写的这些可以说已经离题了。

（十八）亚历山大的舰队在希达斯皮斯河岸准备就绪之后，他就把曾参加过北征所有的腓尼基人、塞浦路斯人和埃及人都召集起来，叫他们上船，挑选他们当中有航海经验的人当水手或橹工。部队里还有一些熟习海事的岛民、爱奥尼亚人和赫勒斯滂人。任命了下列一些人当舰长，其中马其顿人有：赫菲斯提昂（阿明托之子）、利昂那塔斯（攸诺斯之子）、莱西马卡斯（阿伽托克利斯之子）、阿斯克利皮欧多拉斯（提曼德之子）、阿昌（克雷尼亚斯之子）、代蒙尼卡斯（阿西那亚斯之子）、阿其亚斯（阿那克西多提斯之子）、欧菲拉斯（塞利那斯之子）、提曼西斯（潘提亚狄斯之子），以上这些人都是培拉人。在安菲坡利斯人当中有下列一些指挥官：尼阿卡斯（安德罗提马斯之子，他就是记述这次航海情况的那个人）、劳采东（拉瑞卡斯之子）、安德罗西尼斯（卡利斯特拉塔斯之子）；欧瑞斯提斯人当中有克拉特拉斯（亚历山大之子）和坡狄卡斯（欧戎提斯之子）；俄尔达雅人当中有托勒密（拉加斯之子）和阿瑞斯唐诺斯（培萨亚斯之子）；皮德那人当中有梅特郎（埃皮卡马斯之子）和尼卡开狄斯（西马斯之子）；此外还有阿塔拉斯（安德罗米尼斯之子，斯提发人）、朴塞斯塔斯（亚历山大之子，梅扎人）、培索（克拉提亚斯之

子，阿科米那人）、利昂那塔斯（安提培特之子，埃盖人）、潘陶卡斯（尼科拉乌斯之子，阿劳瑞斯人）和迈利亚斯（左拉斯之子，柏罗亚人）。上述这些都是马其顿人。希腊人有迈狄亚斯（欧克森西米斯之子，拉瑞萨人）、攸米尼斯（希罗尼马斯之子，卡地亚人）、克瑞托巴拉斯（柏拉图之子，科斯岛人）、陶斯（迈诺多拉斯之子）、米延德（曼德罗格尼斯之子，马格尼西亚人）、安德戌（卡比利亚斯之子，提欧斯人）；塞浦路斯人有尼考克利斯（帕西克瑞提斯之子，索利人）和尼萨凤（尼塔高拉斯之子，萨拉米斯人）。亚历山大还指派了一位波斯人巴高斯（发那西斯之子）当一艘三排桨战船的船长。亚历山大自己那只战船上的舵手是欧奈西克瑞塔斯（阿斯台帕拉亚人）。全舰队的会计是攸阿高拉斯（攸克利昂之子，科任斯人）。任命尼阿卡斯为全舰队司令。他是安德罗马卡斯的儿子，属克里特族，但家住斯特莱蒙河上的安菲坡利斯城。亚历山大把这一切都部署妥当之后，就献祭诸神，包括他自己民族的神、所有预言家劝他祭的那些神，还有普塞顿、安菲特莱特、妮瑞伊德姊妹[①]、大洋之神，以及希达斯皮斯河神（他率部出发处）、阿塞西尼斯河神（希达斯皮斯河注入其中）和印度河神（前二河汇入其中）。祭祀后，把牺牲按部队番号分发全军。还举行了文艺和体育竞赛。

（十九）起航的准备工作都就绪之后，亚历山大就下令克拉特拉斯率领步骑兵一起沿希达斯皮斯河一边前进。赫菲斯提昂已率领另一支部队在河的另一边提前出发。他带的那支部队比克拉特拉斯带的这支还大，他还带着那些大象，总数达二百头。亚历山大

① 希腊神话中的海中仙女。——译者

本人带着所有的被称为拿轻盾牌的部队、所有的弓箭手、所谓的“伙友”骑兵部队，总共八千人。克拉特拉斯和赫菲斯提昂奉命率部先行，到前边去等待舰队。亚历山大还派前曾被任命为这个地区的督办的菲利普也带着一支很大的部队到阿塞西尼斯河岸去。到这时，亚历山大所率领的部队已经有十二万适龄的战斗人员。再加上他原先从沿海一带带来的部队，此外还有派去招兵的军官们带回来的新兵等等。因此，他这时候带的部队当中，有各式各样的东方部族，使用着五花八门的武器。随后，他就下令舰队起锚，沿希达斯皮斯河而下，驶向这条河和阿塞西尼斯河汇流处。全舰队共有船只一千八百艘。战船和货船都有，还有马匹运输船、给养和部队运输船等等。关于他这支舰队如何顺流而下、一路征服了哪些部族、在跟马利亚人作战中遇到了什么危险、他负伤后怎样躺在地上、朴塞斯塔斯和利昂那塔斯怎样保卫他等等，所有这些情形我都在用雅典文写的那部历史里说过了。现在写的这一部，是为了记述尼阿卡斯率领舰队如何从印度河口出发、通过大洋，成功地到达波斯湾（波斯湾有人称红海）的情况。

（二十）关于舰队返航这件事，尼阿卡斯有如下记述：亚历山大极其热切地希望在由印度到波斯的大洋里航行。但他又嫌航程太远，怕遇上某些荒凉地区，土地上不长东西，断绝供应；又怕没有抛锚的地方，从而导致全舰队的毁灭。万一这种情况出现，对他的伟大事业来讲，将是不小的污点，他的幸运也将一笔勾销。但他又渴望办一件不平凡的事，创造个奇迹。这个想法最后还是占了上风。不过，在物色能够胜任这件大事的人选方面，他又踌躇起来。选出恰当的舰队司令才能鼓励舰队全体官兵的士气，使他们感到他们

干的是前无古人的伟大事业,而不是盲目地被派去冒明摆着的危险。尼阿卡斯说,亚历山大曾跟他反复讨论过派谁当舰队司令合适的问题。但一个一个的名字向他提出后,他都拒绝接受,说这几个人不可能为他去冒险,那几个人又是胆小鬼,其余的又都是一心想家、无心他顾的人。总之,人人都成问题。于是尼阿卡斯就向亚历山大表示自己的决心后说:“大王陛下,让我去带领您的舰队吧!愿上帝保佑这伟大事业成功!只要这个大海可以通航,只要人力所及,我就一定要把您的舰只和人员安全地带到波斯去。”但亚历山大却回答说,他不能答应叫他的朋友去冒这个大险、受这么大罪。但尼阿卡斯仍然毫不退缩,坚决要求亚历山大答应他。最后,亚历山大才接受了他的热情和决心,任命他为全舰队总司令。舰队全体水手和被指定乘船走的那些部队听到这个消息后,都放下心来。因为他们确信,亚历山大绝不会叫尼阿卡斯去冒明摆着的危险。由此可知,他们这些人一定也都能平安地到达目的地。而且,整个起航准备工作如此热火朝天,一艘艘舰艇又装备得十分神气,各舰舰长对全体人员表现了饱满的热情,甚至把不久前还犹犹豫豫的人们的情绪也都鼓动起来。这时,大家感到精神抖擞、勇气倍增,对整个事业寄予厚望。此外,亚历山大本人还曾亲自沿印度河下驶,在两条入海的河道,甚至还到大洋里勘察,后来还献牲祭祀普塞顿和一切海神,还把许多珍贵的礼物投到海里祭奠,这些事对士气的鼓励也不算小。于是,大家都像过去那样,相信亚历山大历来的好运气。感到他对任何事情都敢干敢闯,而且干起来总是能够成功。

(二十一)整个夏季,贸易风不停地由海洋吹向大陆,因而不能起航。现在夏季已过，季风已停，于是他们就起锚开船向大海驶去。当时在雅典正值塞菲索多拉斯执政。按雅典历，他们在九月十二日那天起锚，但按马其顿人和亚洲人的说法，则是在亚历山大在位的第十一年[①]。起锚之前，尼阿卡斯也曾向保护神宙斯献祭，还进行了体育比赛，然后才起锚开航。第一天到达印度河跟一条大运河的汇流点附近抛锚，在那里待了两天，那个地区称斯屠拉，距最初开航地点约一百斯台地。第三天，又从这里出发，航行三十斯台地，到达另一条运河。这条运河的水已经是咸的了。因为海水已能灌入，特别是在高潮时灌入的更多。退潮时咸水淡水混在一起留在河里。这个地区叫科马拉。从这里出发又走了二十斯台地，在科瑞埃斯提斯抛锚，仍在河上。然后又开航，走不多远就看到印度河这一条入海水道口外有一片礁石，巨浪猛烈拍打海岸，岸上全是嶙峋怪石。他们在那一大片礁石上找到一带松软的地方，挖了一条五斯台地长的运河，趁涨潮时把船队开了进去。然后绕礁石行驶一百五十斯台地之后，又在一个叫克罗卡拉的沙岛旁边抛锚。当天和第二大都待在那里。岛上住的是一个叫阿拉比亚的印度种族。我在前一本较大的历史书里已曾提到过这个种族。他们这个种族的名称是因阿拉比斯河而起的。这条河流经他们的住区入海，形成他们的地区和欧瑞坦人之间的边界。尼阿卡斯率领舰队从克罗卡拉起航继续前进，右边是名叫伊拉斯的小山，左边是一个低平的海岛。这个岛和陆地平行，形成一条狭窄的海湾。从

① 缺月份。很可能是公元前 326 年十月。不过德卢伊森说是在公元前 325 年九月。——英译者

中驶过之后，就在一个有很好的抛锚地的海港里停泊。尼阿卡斯觉得这个海港既大又好，就命名为亚历山大港。港口以外二斯台地处又有一个叫比巴克塔的海岛，海港附近一带地方叫散加拉。比巴克塔岛横卧港口之外，这样就又形成一个海港。这里有从海洋刮来的大风。尼阿卡斯担心土人结伙前来抢劫营地，就在四周修起了一道石墙。在那里待了三十三天。据他说在此期间，士兵们曾在海里捞取牡蛎、淡菜，还有所谓的刀鱼。这些东西都特大，比我们海里产的要大得多。这些都是咸水产物。

（二十二）风力减弱后，舰队就起锚，航行六十斯台地后，就在一片沙滩外边停泊。距岸不远处有一个叫多梅的荒岛，他们利用它作防波堤，在里边抛锚。岸边无淡水，向内陆走了二十斯台地左右才找到好的淡水。第二天航行了大约三百斯台地，天黑时才到达萨兰加，在海滩外边抛锚。在距岸八斯台地处找到淡水。后来又驶抵一个叫萨卡拉的荒凉地方。然后舰队通过两座山岩之间的夹道，夹道极窄，左右两舷的桨叶划起来都能碰到两边的岩石。又走了三百斯台地，到达毛朗托巴拉港。这个海港呈圆形，很宽大，水深而静，出入口很窄。当地土人管这个海港叫“娘娘港”，因为这个地区最早称王的是一位娘娘。舰队安全通过山岩夹道后，在夹道口外遇上的是沸腾的大海、滔天的巨浪。在靠近山岩的海面上航行，危险就更大。第二天，他们又进入一个狭窄的水道，这条水道是在一个海岛和海岸之间，在这条水道里航行就躲避了外边的风浪。左舷靠岛，右舷靠陆。这条水道也极窄，看起来简直就像人工开凿的一条运河。水道大约有七十斯台地长。岸上长着许多粗大的树木。岛上也全是阴森森的丛林。天亮时，舰队驶出水道，出

口处极窄，水流湍急，因为当时仍在退潮。又走了一百二十斯台地，就在阿拉比斯河口停泊，河口有一个很大很好的海港。但无淡水，因为阿拉比斯河的淡水已和海里的咸水混合了。深入内陆四十斯台地处，才发现一个水坑，从坑里取了淡水带回舰队。港口附近有一个高高的荒岛，四外可以捞到牡蛎和各种鱼类。阿拉比亚人所住地区到这里就算到了头，他们算是这一带最靠西的印度部族。再往西则是属于欧瑞坦人的地区。

（二十三）舰队离开阿拉比斯河口沿欧瑞坦海岸西行二百斯台地之后，在帕伽拉停泊。虽然风浪极大，但抛锚还是成功了。水手们后来乘船四出，只有少数人去找淡水，找到后就带回来。第二天破晓起航，走了四百三十斯台地之后，傍晚时，在卡巴那的荒滩上靠岸。因为这一带也是巨浪拍岸，只好在距岸较远处的海面上抛锚。在整个航程中，就是在这一段遇上了由海上刮来的狂风，损失了战船两艘和大帆船一只。船上的人员都游到陆地上平安得救，因为遇难的船只当时距岸很近。半夜又起锚开航，行驶二百斯台地，到达考卡拉。船只就在开阔的海面上抛锚。尼阿卡斯叫官兵下船，到陆地上去扎营。他们在海上历经劳累和危险之后，都想休息一段时间。营地四周挖了壕沟，防备土人袭击。负责讨伐欧瑞坦人的利昂那塔斯所率部队，曾经在这一带跟他们打了一次大仗，在别的部队的支援下打败了他们。马其顿部队的那次仗一共打死了六千欧瑞坦人，包括他们所有的高级军官。利昂那塔斯的骑兵有十五人阵亡，他的步兵也有些牺牲，其中包括伽德罗西亚督办阿波罗发尼斯。这些情况我在那另一本史书里已经介绍过。我还说过亚历山大为了表扬利昂那塔斯的功绩，曾当着全体马其顿官兵

的面，把一顶金冠戴在他头上。亚历山大还曾特令为舰队准备好粮食，舰队一来就给舰上官兵食用。他们后来还把全舰队十天的口粮搬到船上。返航途中遭受风暴袭击而损坏的舰只也都修理好。尼阿卡斯还把舰队上那些消极怠工的人们清洗出来交给利昂那塔斯，又从他的部队里挑选一些人到舰队上去。

（二十四）舰队从那里又扬帆起航，一路顺风。走了五百斯台地之后，在一条叫托莫拉斯的急流附近抛锚。河口有一带环礁。岸边的洼地里有许多闷人的小屋，里边住的是当地土人。这些土人看到大批舰艇开来，十分震惊。他们在岸上摆开阵势，准备打退任何敢于登陆的人。他们的总数约有六百。个个拿着很粗的、大约有六库比特长的长矛。长矛的矛头不是铁的，但他们用淬火的办法把矛头弄得也很锐利。尼阿卡斯看到他们严阵以待准备死守，就命令舰只开到射程以内就停下来，以便把投射物打到岸上。因为，土人的长矛看起来虽很厉害，但只适用于近战，对付从远距离投射过去的箭石则毫无办法。然后，他就从部队中挑选了一批装备和武器都最轻、游泳也最好的战士，叫他们准备好，听到号令就游过去。给他们这批人的命令是这样：首先游到够得着海底的地方的人，就站在水里等待后边的战友，等人都到齐了，可以站成有三层人的队伍时，再向土人发起进攻，进攻时要高喊杀声，尽快冲上岸去。号令一下，这批人就从船上跳到水里，他们游得十分敏捷出色，然后在水里站成整整齐齐的队伍，形成方阵后，立即向战神高呼口号冲了上去；留在船上的人也高喊口号助威；船上的弓箭手和礌石器也向土人箭石齐下。这些光着半截身子的土人被马其顿人闪闪发光的盔甲和疾风暴雨般的冲击吓得目瞪口呆，再加上

从船上射下来的雨滴般的箭石，他们顶不住了，都光着膀子溜之大吉。有些在逃命中被打死，有些被活捉，还有一些逃到山里。从那些被活捉的人看，他们披头散发、满脸胡子，浑身都长毛。他们的指甲简直就像野兽的爪子。据说他们拿指甲当铁器用，可以撕开鱼肉，甚至能把不太坚硬的木头劈开。对别的东西，他们用很尖利的石头劈开，因为他们还无铁器。穿的是兽皮，有的甚至还穿大鱼的厚皮。

（二十五）就在这个地方，水手们把船推到岸上，把损坏的都修好。第六天又从这里扬帆起航，走了大约三百斯台地之后，就到达欧瑞坦地区的边境。这一带地方叫马拉那。在距海较远的内陆居住的欧瑞坦人，衣着近似印度，作战用的装备也与印度相仿。但他们的语言和风俗则不同。从返航开始至今，舰队已沿阿拉比亚海岸航行了一千斯台地，沿欧瑞坦海岸航行了一千六百斯台地。据尼阿卡斯说，舰队沿着这一带的印度海岸航行时——从这一带再往西，沿岸居民就不再是印度人了——人们在阳光下的影子有不同的变化。当朝着大海的方向向南走时，影子看起来也向偏南方向投下。一到正午，什么东西好像又都没有影子了[①]。他们过去在天上看到的星星，这时有些消失了，有些则比过去低得多，靠地面很近。过去整夜都能看见的星星，这时则看到落下地平线，不一会儿又升了起来。我认为尼阿卡斯说的这些现象是很可能的。因为在埃及的塞尼一带，一到夏至，正午时从井口往下看，一点影子

---

① 尼阿卡斯——也许是阿里安——搞糊涂了。在靠南的纬度上，正午时各种物体似乎都站在自己的影子上，从而把影子遮起来。这种现象很普通，在别处也可看到。——英译者

都看不见。在迈尔欧伊也是这样，一到夏至，也是正午不见影子。由于印度很靠南，发生这种自然现象也是合理的。特别是在印度洋中，因为那里更靠南，当然更是这样。这个问题就谈到这里。

（二十六）靠内陆方向跟欧瑞坦为邻的就是伽德罗西亚。亚历山大带领部队通过这个地区时吃的苦头可真不小。实际上，他们在这段路上受的罪，比在整个远征过程中在其余一切地区受的苦加在一起还大。所有这些情况我都在另一本较大的史书里叙述过。沿这里的海岸再往前走，那里住的就是被称为"食鱼者"的人。舰队在这个地区沿海岸通过。头一天二更时就解缆起航，走了大约六百斯台地之后，就在巴吉萨拉靠岸。那里有一个安全的海港。在距海六十斯台地处，还有一个叫帕西拉的村子，附近的居民也叫帕西拉人。第二天舰队起锚较早，绕过深入海中很远的一个又高又陡的海角，然后就靠岸，在岸上挖井。得到的水不多，处境窘迫。因为那天岸边浪大，舰队就在海面抛锚停泊。第二天又走了二百斯台地，在考塔靠岸。拂晓时又出发，走了六百斯台地之后在卡利巴抛锚。岸上有一个村庄，附近长着几棵椰枣树，上边长着的椰枣还绿呢。距岸一百斯台地处有一个叫卡宁的海岛。村民弄来羊和鱼给尼阿卡斯送礼。尼阿卡斯说那羊肉都有鱼腥，就像海鸟肉那样。因为这里的羊无草吃，只好吃鱼。第二天又航行二百斯台地，在滩外抛锚。距海岸三十斯台地有一个叫西萨的村子。这地方沿海一带叫卡比斯。舰队上的人在这里找到几只小船，像是穷渔民用的那种小船。但他们未见渔民，因为那些渔民看见舰队抛锚后就都吓跑了。这个地区无粮食，部队存粮又已大部分用完。他们在岸上逮了一些山羊弄到船上就走。绕过一个伸入海中一百五十

斯台地的很高峻的海角后，进入一个平静的海港内停泊。那里有淡水，附近也住有渔民。这个海港叫毛萨那。

（二十七）据尼阿卡斯记述，从那里起，有一个名叫希德拉西斯的伽德罗西亚人给他们领航。他答应把舰队一直带到卡曼尼亚。因为从那里再往前走不会有困难，一直到波斯湾，那一带都算是熟路。从毛萨那起，夜航七百五十斯台地，到达巴罗马斯海滩，然后又走了四百斯台地到达一个叫巴尔那的村庄。那里有许多椰枣树和一个花园，里边长着爱神木和许许多多鲜花，土人用这些花编成花环。他们一路航行了这么远的路，到了这个地方才算头一回看见果树，住在这里的人也不完全像野人那样。后来又走了二百斯台地到达顿德罗包萨，舰队在抛锚地停泊。半夜又出发，走了大约四百斯台地到达科发斯港。这里住的是渔民，他们的渔船又小又不坚固。他们不是像希腊人那样把桨安放在桨架上划，而是像人们在河里划小船那样，在船这边划一下，那边划一下，就跟劳工掘地一样[①]。这个海港有充足的淡水。一更前后舰队又起航，走了八百斯台地到达苏伊扎，那里一片荒滩，大浪拍岸。于是在舰队抛锚后，各舰就自己起伙开饭。从那里又走了五百斯台地，到达建在岸边小山上的一个小镇。尼阿卡斯估计这一带一定种地产粮，于是就对阿科亚斯（培拉人，阿那克西多塔斯之子，他是马其顿一位有名的人，这回跟尼阿卡斯一起航海。）说，他们应当偷袭这个小镇夺取粮食，因为不能指望土人会发善心主动把粮食送给他们。不

① 意即用短而宽的桨“掘”水。在煤港里的煤船上，人们有时真地用大平锹当作桨来拨水前进。这就使阿里安的比喻更有了根据。——英译者

过，假如他们开始就用武力强攻，万一攻不下，就要围困，这样就要拖延很长的时间，而他们当时就已经没有什么可吃的了。所以，此计未必可行。他们看到这一带确实产粮，海滩附近就有大批已割下来的谷子堆着，可以去抢。他们决定这么办之后，尼阿卡斯就命令舰队作起航准备，好像马上就要开走的样子。阿科亚斯代替他率领舰队起航。只有尼阿卡斯那一只船留在后边，驶向小镇，似乎只是要靠近小镇看一下。

（二十八）尼阿卡斯到达围墙跟前时，土人客客气气地从里边出来送礼。其中有用瓦盆烤熟的金枪鱼。因为这里住的是最靠西的食鱼部族，也是希腊人第一次看见的吃熟食的人。他们还献出一些椰枣和烙饼。尼阿卡斯说，他接受这些礼物时曾表示感谢，并表示希望能参观一下小镇。土人答应了。但他一进入围墙的大门，立即命令两名弓箭手占领边门，同时他自己带着另外两名弓箭手和通译爬上这边的围墙，在墙上向阿科亚斯和部队发信号。这是事先就安排好的，规定尼阿卡斯发信号，阿科亚斯看明白之后，就按原订计划行事。于是，马其顿部队在看到信号后，立即把舰艇全速冲到沙滩上，上边的部队急忙跳到水里。这时，土人对这一招大吃一惊，都跑回去取武器。这时，跟尼阿卡斯在一起的那位通译就向土人大声喊叫，说他们要想保存他们的市镇，就必须交出粮食。土人们回答说他们没有。这边就同时攻打围墙。但墙上的尼阿卡斯和弓箭手往下射箭，很容易地就把他们顶住。这时，土人发现他们的小镇已被马其顿部队占领，眼看自己就要当奴隶，于是就乞求尼阿卡斯把他们的粮食拿走，但不能毁坏市镇。尼阿卡斯不睬他们，只顾叫阿科亚斯占领城门和附近的围墙。同时也派了些

士兵跟着土人去检查他们的粮食，看看他们是不是还想捣鬼。土人把他们用鱼干磨成的粉取出让士兵任意查看。但他们只有少量的小麦和大麦。实际上，他们是以鱼粉为主要食物，把用面粉做的面包当成珍贵的点心。当他们把所有吃的东西都取出来之后，希腊人只好有什么吃什么。随后就开走。又在一个名叫巴吉亚的海岬旁边抛锚。当地人把这个海岬看成是太阳神的圣地。

（二十九）半夜起锚，又航行了一千斯台地，到达塔米那港，港内有很好的抛锚地。从那里出发又走了四百斯台地，到达一个叫作卡那西斯的荒村。在那里发现了一口井。附近还长着一些野椰枣树。部队把芽芯[①]挖出来吃，因为这时他们已无食物。实际上，他们已经是饿得够呛。于是又起航，日夜兼程，又在一带荒凉的海滩外边抛锚。尼阿卡斯因为担心士兵们心情太沮丧可能离船跑掉，所以故意叫船只在海面抛锚，不靠岸。从那里又走了七百五十斯台地到达卡那特。这地方有海滩和浅沟。然后又走了八百斯台地，在特罗亚抛锚。海边有一些破落的小村。住在小屋里的人们都跑了。部队在村子里找到少量的粮食和椰枣。还把村民未带走的七头骆驼宰吃。天亮时又起航，走了三百斯台地到达加塞拉抛锚。这地方住着一些游牧部族，从那里出发，又日夜兼程走了一千一百斯台地，才算走完了食鱼者所住地区。这一段航程因缺粮，部队真吃了不少苦。由于这个地方有很长的一大段海岸都有大浪拍打，舰队只好在海面上抛锚。在食鱼者所住地区沿岸航行，一共走了有一万斯台地之多。这一带的人吃的是鱼，所以叫食鱼者。不

① 一簇嫩叶中间有一个“心”，就像莴苣那样，可食。——英译者

过他们当中只有少数人下海捕鱼，因为有适用渔船又会捕鱼的人是很少的。大部分人都是趁退潮时捕鱼。有些人为这种捕鱼方法织了一种网。这类渔网多数都有二斯台地长，是用椰枣树的皮搓成像麻线似的东西织成的。退潮后，光地上一般无鱼。但在一些洼地里积存一些水，水里有很多鱼，但多数是小鱼，也有少量大鱼。他们的网就是撒在这些水洼子里捞鱼。捞上来的那些又小又嫩的鱼，当时就吃。那些大的、咬不动的鱼就晒起来，直到晒得干透，就砸成面做成面饼。有人甚至还用这种鱼粉做成糕点。甚至他们的羊群也是以食鱼为生，因为这个地区无草地，不长草。他们还到处捕捉蟹、牡蛎、贝类。这一带产天然食盐。从这些鱼[①]里炼取食油。那些住在既无树木又无庄稼的荒地上的土人，只能靠捞鱼维持生活。但也有少数人种一点地。用出产的粮食作为下饭的佳肴，而以食鱼为主。他们当中最富裕的人盖小屋子居住。把从大海里冲到岸上的大鱼骨头搜罗起来作栋梁，门是用拣来的扁平的鱼骨作的。大多数穷人都住在用鱼脊骨造的小屋里。

（三十）[②]离陆地较远的大洋里有大鲸鱼，还有比我们内海产的鱼大得多的各种鱼类。据尼阿卡斯说，他们离开苏伊扎之后，天刚亮时，就发现有一股儿海水往上蹿，就像海里的龙卷风掀起的水柱那样。部队大吃一惊，他们就问舰上那些领航员这是什么东西，是怎么回事。领航员回答说这是鲸鱼在喷水，它们在海里游来游去时，能把水喷得很高。水手们却吓得连手里拿的桨都掉了。尼

① 可能遗漏了某种鱼（可能是金枪鱼）的名字。——英译者

② 这一段里的故事也出现在斯特拉波的书里（725 页）。这里的希腊文体也不像阿里安一贯的文体。——英译者

阿卡斯赶紧乘船到各舰艇去鼓励部队，给他们打气。每到一只舰艇旁边，就发信号叫他们把船头对准鲸鱼，全速向前冲去，就像要跟它们干一仗似的。在滔天巨浪的咆哮声中，船上的部队又高喊口号飞奔战场。于是部队的劲头上来了。在信号的统一指挥下，各船一齐向怪物扑去。接近目标时，水手们更是提高嗓子大声叫喊，喇叭也一齐吹得震天响，橹工们也用桨拼命拨水，真是翻江倒海、惊天动地。于是这些在船头上已经看得见的鲸鱼害怕起来并钻到深水里。不久之后，它们又在舰队后边浮出水面，喷起高高的水柱。于是整个舰队对这次意外的得救欢声雷动，赞扬尼阿卡斯的勇敢和英明，喝彩声犹如疾风骤雨。这些鲸鱼，有的有时也游到某些海岸边上，一退潮就搁浅了，有的甚至困在一点水都没有的沙滩上动弹不得，后来就死了，肉烂了。剩下的骨头，正好叫土人用来盖房子。因为这种鱼大多个子特别大，多数都有二十五呏长，所以它们的肋骨可以作栋梁，小骨头可以作椽子，颚骨可以作门柱。

（三十一）当舰队还在食鱼者地区沿岸航行时，他们听到有关一个海岛[①]的传说。据说这个岛就在距离这一带海岸不远处，大约只有一百斯台地。岛上无人住。土人说这个岛叫瑙萨拉，是太阳神的圣地。任何人都不愿意在它一旁靠岸。因为，如果有谁不经意地把船驶到那里，和岛岸一经接触，立刻就会消失不见。尼阿卡斯记述，说他的部下有一艘由埃及人当水手的战船，在离这个岛不远处，连船带人都一起损失了。于是领航员们就一口咬定，说他

① 这个岛在（二十六）段已说过了。在这里，阿里安显然是根据另一位史家的记述编写的。他有时前后不能一致。——英译者

们准是无意中接触了那个岛，因而消失不见。后来尼阿卡斯派了一艘三十桨大船绕岛航行，命令他们别靠岸，但可以大胆地尽量靠近那个岛一些，一面绕岛行驶，一面高声呼喊那只损失了的船上的舵手名字或者他们知道的水手名字。但他们喊了半天也无人回答。尼阿卡斯说，于是他本人就又乘船驶到那个岛那里，船上的水手们不愿靠岸，但他强令他们靠了岸，然后他本人就登上岸去。于是，关于这个岛的神话就这样给打破了。关于这个岛，他们还听到过另一个流行的故事。说是妮瑞伊德姊妹中有一个住在这个岛上。但不知道她叫什么名字。任何水手到岛边去，她都表示十分友好，但紧接着就把他变成一条鱼扔进海里。于是太阳神就生她的气，叫她离开这个岛。她同意搬家，但要求太阳神把加在她身上的符咒去掉。太阳神同意。太阳神感觉被她变成鱼的那些人太可怜，于是就又把他们变回来，又成了人。因而就出现了食鱼者这个民族，一直繁衍到亚历山大的时代。尼阿卡斯表示，这些都只不过是传说而已。我对他所费的心血和他的学问并不赞赏。因为这种神话极易识破。我认为，把这样的人人皆知故事讲出来，然后又证明它是假的，未免太无聊。

（三十二）从食鱼者所住地区往内陆去，就是伽德罗西亚人住的那个贫瘠的沙漠地带，也就是亚历山大本人和他的部队大吃苦头的那个地方。这些我在另一本书里已经叙述过。现在再说舰队。他们离开食鱼者地区刚刚进入卡曼尼亚境内时，由于沿海岸很长的一段都有大浪拍打，所以他们就在开阔的海面上抛锚。从那里往前走，舰队就不是向正西行驶，而是改变了航向，朝西北方向前进。和食鱼者地区比较，卡曼尼亚有更多的树木，产更多的水果，有更多的草地，灌溉条件也不错。舰队在卡曼尼亚一个叫巴地斯的有人烟的地方抛锚。这地方的居民种植各种果树，还有很好的葡萄，也出产粮食，只是没有橄榄树。舰队由这里出发，又走了八百斯台地，在一片荒岸外边抛锚。看到一个海角远远伸入大洋里。看样子单是这个海角就有一天的航程那么长。了解这一带的情况的人说，这个海角叫马塞塔，属于阿拉伯半岛。亚述人从那里进口肉桂和其他香料。舰队在海滩外边的海面上抛锚，看见海角就在他们对面伸入大洋中；而海湾却从这片海滩开始向内陆方向回缩。（这是我的看法，尼阿卡斯也这么认为。）看起来这似乎就是红海[①]。他们看到这个海角之后，欧奈西克瑞塔斯就命令舰队改变航向，直向海角驶去，免得沿海湾岸边航行绕大弯要费很大劲。不过，尼阿卡斯说他是个傻瓜，忘记了亚历山大起初派遣舰队的用意。他原先派舰队运兵时，并不是因为他没有本领率领全军由陆路行军安全走完全程，而是为了让舰队一路考察沿岸情况，抛锚地点和岛屿情况，遇到海湾就要彻底调查，还要了解沿岸城镇，什么地方物产丰富，什么地方荒凉等等，这些都要搞清楚。因此，他们绝不应当破坏亚历山大的事业。特别是眼看大功即将告成，而且沿岸航行已不再有供应上的困难的时候，就更不应当这么办。他自己担心的是，因为那个海角从尖端往南还有很远很远的路，上边可能无水。在烈日之下，土地可晒焦。他的论点说服了大家，于是舰队仍照旧沿海湾北岸航行。我认为尼阿卡斯这个决定很明显地挽救了远征舰队。因为一般都认为这个海角和附近地区完全是一

① 意即阿拉伯湾。——英译者

片荒沙，滴水难得。

（三十三）于是舰队又从这里出发，紧靠海岸航行。大约走了七百斯台地之后，在一带叫作纽普塔那的海滩外边抛锚。天亮又起航，走了一百斯台地，在一个叫作哈莫即亚地区的阿那米斯河口停泊。这里的人都很友善，还拿出各种水果招待，只缺橄榄，因为这里不长这种水果。经过长期劳累之后，他们庆幸能在这里下船休息。在海上和在食鱼者地区所受的那些苦难，大家记忆犹新。在交谈中，互相诉说那一带地方多么荒凉，住在那里的人简直像野兽等等，还谈到他们自己受的那些罪。有些人离开大部队往内陆走了相当远，有的去找这种东西，有的去找那种东西。就在这时候，他们忽然发现了一个穿着希腊斗篷的人，又看见他身上穿的别的衣服也都是希腊式的，而且还会说希腊话。最先看到他的那几个人说，他们当时就哭起来。长时期在异域受了这么多苦难折磨之后，突然看到一个希腊人，听见他说希腊话，怎不叫人百感交集呀！他们问他是什么人，从哪里来的。他说他离开亚历山大的营地之后就失散了，还说亚历山大本人和营地离这里并不太远。于是，他们一面高声喊叫，一面鼓掌，把这个人带到尼阿卡斯那里。他把一切都讲给尼阿卡斯听，说国王本人和营地离海岸只有五天的路程。他还答应把本地区的总督带来跟尼阿卡斯见面。后来他真这样做了。于是尼阿卡斯就跟这位总督商议如何向内陆行军去见亚历山大。后来尼阿卡斯就回到船上。第二天一早就下令把船都推到岸上，把在航行中损坏了的那些进行修理。因为他决定把大部分部队都留下，只带一小部分去见亚历山大。还在岸上的船只周围筑起双重栅栏，又从河岸到拖船上岸的海滩处修了一道土

墙，挖了一条深沟。

（三十四）正当尼阿卡斯忙着办理这些事情的时候，这个地区的总督因为听说亚历山大极其担心远征舰队的安危，于是他打了个如意算盘：心想，如果他能把远征舰队平安无事的情况和尼阿卡斯不久就要来谒见国王的消息抢先报告亚历山大，那他本人一定会得到极大的好处。于是他就选了一条最近的路，急忙赶到亚历山大那里对他说："您知道吗？尼阿卡斯很快就要从舰队到您这里来了！"亚历山大听后，虽然不大相信，但这消息本身就使他很高兴，这是很自然的。但是，后来一天一天地过去了，尼阿卡斯还未来。亚历山大屈指一算，自从听到消息之后，日子已经不短，看来这消息未必可信。而且，还曾一批接一批地派人去接尼阿卡斯。但这一批批人里，有的在走了一段路后什么人也没有遇到就毫无结果地回来，有的往前走，但因为跟尼阿卡斯那些人走的是两条岔道没有碰上，结果连他们自己也回不来。于是亚历山大就把那个官员抓起来，说他是造谣。这位总督大人空欢喜了一阵，反而落得这个下场，可谓乐极生悲。从亚历山大的外表和情绪都可以看出，剧烈的痛苦正在折磨着他。这时，有一批带着车马去接尼阿卡斯的人，半路上真遇上尼阿卡斯、阿科亚斯和五六个别的人（从海边到内陆来找亚历山大的只有这几个人）。不过他们见面时，却认不出是尼阿卡斯和阿科亚斯，因为他们的面貌已经完全变了样：老长的头发、脸也没有洗、又黄又瘦、上边还有盐渍。这是长期的磨难和失眠造成的。他们问亚历山大在什么地方，那些寻找他们的人把地点告诉他们之后，又赶路去了。这时，阿科亚斯倒是灵机一动，对尼阿卡斯说："尼阿卡斯，你看这些人，在一片这么荒凉的地

方,跟我们走的是一条路。我猜,他们准是特地派来找我们的。至于他们没有把我们认出来,这我一点也不奇怪。你看我们都折磨成什么样子了。谁还认得出来?我们告诉他们我们是谁,问问他们到这儿来干什么不好吗?”尼阿卡斯同意了。于是他们就问那些人要到哪里去。他们回答说:“去找尼阿卡斯和他的舰队。”尼阿卡斯紧跟着就说:“我就是尼阿卡斯。他就是阿科亚斯。请你们带路,我们准备向亚历山大汇报舰队远征的详情。”

(三十五)于是这些士兵就请他们上车,把他们拉回营地。有几个急于把好消息尽早去报告的人,急忙跑到亚历山大面前说:“尼阿卡斯马上就要来见您。跟他一起来的还有阿科亚斯和其他五个人。”但当亚历山大问他们舰队如何时,他们却回答不出来。于是亚历山大就以为远征的舰队已经全军覆灭,回来的就只有这几个人,他们只不过是奇迹般的幸存者而已。他为舰队的覆灭而心痛难忍。即便尼阿卡斯和阿科亚斯安全归队也使他高兴不起来。士兵们还未说几句话,尼阿卡斯和阿科亚斯就来到。亚历山大费了很大劲才认出是他们。他亲眼看见他们那老长的头发、破烂的衣服,就更加相信舰队和全体官兵都已覆灭。于是也就更加痛心。他伸出右手拉着尼阿卡斯,离开他的伙友和近卫,走到一边去,哭了很久。最后才镇静下来说到:“你活着回来,阿科亚斯也活着回来,这就让我经受得起这场大祸的考验了。不过,舰队和全体官兵究竟是怎样毁灭的呢?”尼阿卡斯回答说:“陛下,您的舰队和官兵都安全无恙。我们就是为了亲口向您汇报这个情况才来的。”亚历山大听了这话,反而哭得更厉害。因为,这个消息太好了,哪能一下子就能相信呢?后来他就问舰队现在停在什么地方。尼阿

卡斯回答说:"在阿那米斯河口。船都拖到岸上,现在正进行修理。"于是亚历山大就喊着希腊的宙斯和利比亚的阿蒙二位神明的名字,请他们作证,说这件事比他占领了全亚洲还使他高兴。因为他已经假定舰队覆灭,这个痛苦已把他一切其他的幸运全部勾销。

(三十六)那位因造谣罪被亚历山大抓住的总督,当场看见尼阿卡斯,就匐伏在他脚下说道:"您瞧,我把您平安返回的消息报告了亚历山大,反而叫我受这个罪。"于是尼阿卡斯就替他求情,亚历山大就放了他。然后,为了庆祝舰队安全返航感谢诸神,亚历山大献牲祭祀了救星宙斯、赫丘力士、逢凶化吉的阿波罗、普塞顿和其他海神。还举行了文艺体育比赛和庆祝游行。游行时,尼阿卡斯走在部队的最前列,人们向他扔鲜花和丝带,真是五彩缤纷。游行完毕,亚历山大对他说:"尼阿卡斯,这回我可不能像过去那样,再叫你去冒那么大险、受那么多罪了。我要另派一位海军司令把舰队带到苏萨。"尼阿卡斯打断了他的话说道:"国王陛下,我有义务服从您的一切命令。但是,如果您想恩赐我什么好处的话,千万别这样做。还是让我把您的舰队司令当到底,把您的舰艇一直平安地带到苏萨为止吧。别说您现在交给我什么艰难而危险的任务,您是在把这轻松的差事和唾手可得的荣誉从我手里抢走送给别人哩。"亚历山大打断他,不叫他再往下说了,并热情地对他表示感谢。然后就叫他回舰队去。还派了部队护送。因为一路都是友好地区,所以派的人不算多。但尼阿卡斯返回大海的路上并非太平无事。因为卡曼尼亚督办被亚历山大处决后,这一带许多要塞都被附近的土人占领。新派去继任督办的特莱坡利马斯还未树起权威。因此,每天总有两股甚至三股各式各样的土人武装陆续前来

跟他们这批人冲突。在这种情况下，他们连一点点时间都不敢耽搁，勉勉强强回到海岸。然后尼阿卡斯向救星宙斯献祭，并举行了体育运动会。

（三十七）[①]尼阿卡斯举行了例行的宗教仪式，然后就又率舰队出发。顺着一个叫作欧伽那的怪石嶙峋的荒岛边沿航行。后来在另一个叫欧拉克塔的有人烟的大岛外边抛锚。从出发地点到这里有三百斯台地。这个大岛有八百斯台地长，上边生长葡萄和椰枣，也出产粮食。岛上的总督马梓尼斯当了舰队的志愿领航员，答应把舰队带到苏萨。据说这一带地区最早的一个首领的坟墓就在这个岛上，谁都可以去看。他的名字叫伊瑞斯瑞斯。附近的海也因他而命名。然后舰队又起锚继续沿这个岛岸走了二百斯台地，再次在岸边抛锚。这时看见距这个大岛约四十斯台地处有另一个海岛。据说这是普塞顿的圣地，不许人上去。快天亮时，舰队向大海驶去。正赶上退潮，因为海水退得太急，结果有三只船搁浅、动弹不得。其他舰只也勉勉强强地破浪驶入深水，幸未出事。搁在滩上的那几只船等又涨潮时才漂起来，第二天才赶上舰队。又走了四百斯台地之后，在距大陆大约三百斯台地的一个海岛旁边抛锚。天亮时又起航，左舷对着一个叫皮罗拉的荒岛。后来又在一个叫西西多那的小镇抛锚，这里除鱼和淡水外什么都没有，极其荒凉。居住在这个地区的人，不管愿意不愿意，都只能是食鱼者。舰队从这里取了淡水，航行三百斯台地，驶抵一个径直伸入大海中的

① 从本段往后，《印度》一书就成为纯粹的旅行指南。句子松散，文体写来似很仓促。——英译者

塔西亚斯海角。从那里出发，又走了三百斯台地，到达一个地势低洼的荒岛卡塔亚，据说是赫耳米斯和阿芙罗黛蒂[①]的圣地。附近的土人每年都把山羊和绵羊送到岛上，作为献给这两位神的祭品。现在在岛旁驶过的人还能看见这些羊，由于多年无人照管，都成了野羊。

（三十八）卡曼尼亚地区到此为止，再往前走就是波斯。舰队沿卡曼尼亚海岸一共航行了三千七百斯台地。当地人的生活习惯和他们的邻居波斯人相似，军事装备也相同。希腊舰队从那个圣岛出发后就开始沿波斯海岸航行，走了四百斯台地之后，在一个叫伊拉斯的地方靠岸。有一个叫塞坎德拉斯的荒岛横卧岸边，形成一个海港。天亮时又驶抵一个有人烟的海岛抛锚。据尼阿卡斯说，这里的人也捞珍珠，就和印度洋沿岸一样。舰队在岛端航行四十斯台地又抛锚。然后又在一座很高的叫欧卡斯的小山脚下的避风港里抛锚。这一带沿岸住有渔民。从那里又走了四百五十斯台地，在一个叫阿波斯坦那的地方的海边抛锚。这地方有许多船只停泊，在距海六十斯台地处还有一个村庄。舰队夜间起锚，走了四百斯台地之后，驶入一个海湾，四围的岸上有许多村落，舰队在一座大山脚下抛锚。那座山上长着许多椰枣和其他果树，跟希腊长的这类果树一样茂盛。起锚后大约又走了六百斯台地，到达一个叫高伽那的有人烟的地区，在阿瑞昂急流口外抛锚。这里的抛锚地很不好，因为退潮，附近形成许多浅滩，使河口处船只出入的水

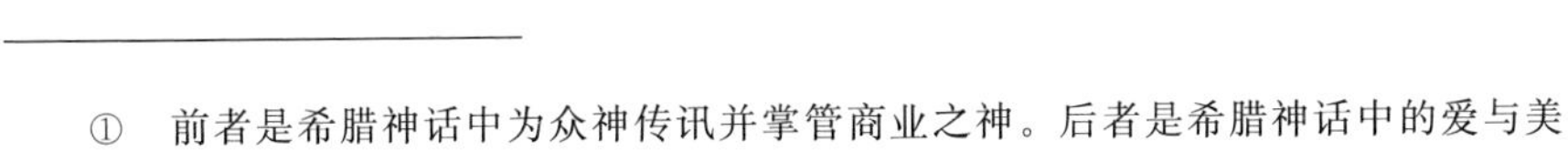

① 前者是希腊神话中为众神传讯并掌管商业之神。后者是希腊神话中的爱与美女神。——译者

道太窄。从这个地方出发，大约又走了八百斯台地，在另一条叫西塔卡斯的河口处抛锚。这里的抛锚地也不好。事实上，整个波斯沿岸都是这样，不是浅滩就是拍岸的大浪，再不就是环礁挡路。在这个地方，国王曾命令为舰队集中了大批粮食。他们得到这些给养后，就住下来，一共待了二十一天。在这期间，他们把船只拖到岸上，修理了那些破损的，其余的也都进行了检查整修。

（三十九）舰队从那里出发，走了七百五十斯台地，到达一个叫希拉提斯的人口众多的城市，在一条由河通海的叫希拉提米斯的运河里停泊。太阳出来以后，又沿海岸驶到一条叫帕达格拉斯的急流处。这一带地方叫迈萨布瑞亚，整个地区形成一个半岛。上边有许多果园，种有各种果树。从迈萨布瑞亚又走了大约二百斯台地，在格拉尼斯河上的陶斯抛锚。从河口往内陆大约二百斯台地处，就是波斯王族的一个住地。尼阿卡斯说，在这次航行中，他们看见一条大鲸鱼搁浅在海滩上。有些水手从旁边驶过时还量了它一下，足有九十库比特长。它的皮上有鳞，皮厚足有一库比特。身上还沾着许多牡蛎、帽贝和海草，这些东西还都是活的。尼阿卡斯说，他们在鲸鱼周围还看见许多海豚，比地中海的海豚大。从那里出发，又走了二百斯台地后，在一条叫罗戈尼斯的急流口外一个很好的海港里靠了岸。然后又走了四百斯台地，在另一条叫布里扎那的急流边上露营。那地方很难抛锚，既有大浪拍岸，又有浅滩和露出水面的礁石。但等潮水升起时，舰队就能抛锚。不过，潮水一退，船只就都搁浅。等潮水再来时，舰队才起航。后来在一条叫欧若提斯的大河里抛锚。据尼阿卡斯说，在这一带入海的所有的河流当中，这一条算是最大。

（四十）波斯地区到此为止，再往前便是苏西亚地区。由苏西亚往北的高地上住的是另一个独立的部族攸克西亚人。我在上一本历史书里曾把他们说成是土匪。沿波斯海岸的航程共有四千四百斯台地。据说波斯大陆按气候不同可分为三个地带。红海沿岸一带因为太热，土地都是沙漠，什么都不长。再往北是温和地带，有的是丰美的草地，还有许多葡萄和各种果树，只缺少橄榄。各式各样的园子很多，又有清澈的河水横贯其间，还有湖泊。非常适合爱在河湖地带栖息的各种鸟类，对于马和其他家畜的放牧也极相宜。有许多林木，也有野味，可供猎取。再往北就是冰天雪地的寒带。尼阿卡斯说，有从黑海来的代表团，他们未走多远就遇上正在波斯行军的亚历山大，使他大吃一惊。他们曾向他解释，说走这条路非常近。我也曾说过，攸克西亚人和苏西亚人是邻居，就像马地亚人——也是土匪——挨着波斯、科萨亚人挨着米地亚一样。所有这些部族亚历山大都降服了，因为他是在冬天出其不意地去的，这些部族却以为冬天谁也到不了他们那里。他一路还修建了一些城镇，为了把他们从游牧部族变为定居的庄稼汉或培育果树的人，使他们和土地发生利害关系，免得互相抢劫。从这里开始，舰队就沿着苏西亚地区的海岸航行。关于这段航程的情况，尼阿卡斯除了抛锚地和每日的航程之外，未能述及其他细节。因为这一带地区大部分是沼泽，而且这些沼泽伸入海中很远，又多风浪，很难找到好一些的抛锚地。所以，舰队大部分时间要在大海航行。因此，舰队从波斯边界上那个河口附近的营地出发时，带了五天的淡水，因为领航员说再往前就无淡水可得。

（四十一）舰队又走了五百斯台地之后，到达一个叫卡塔德尔

比斯的湖，在湖口以内抛锚。这个湖里渔产丰富，湖口还有一个叫马伽斯塔那的小岛。天亮时，舰队起航，成一列纵队通过浅滩。滩两边可以看见木头标桩，就像留卡斯岛和阿卡那尼亚之间的海峡里打的标桩那样，为了让通过的船只不致搁浅。不过，留卡斯岛附近的浅滩是沙滩，搁浅的船只很容易摆脱。但这里的这条水道两边都是淤泥，泥深且黏，船只一旦在上边搁浅就很难脱走。因为用篙撑时，篙插入泥中吃不上劲；水手们跳到水里去推船也不可能，因为水底的烂泥会把他们陷下去，一直陷到胸部。因此，他们费了九牛二虎之力，克服了极大的困难后才开了出去。每只船上的全体水手都坚守岗位，小心翼翼地又走了六百斯台地，这才想起吃饭的事。不过，到了晚上，幸而驶入对行船较好的深水，一直到第二天一整天和傍晚，一路都还好。又走了九百斯台地，才在幼发拉底河口的一个小村子附近抛了锚。这个小村子叫地瑞多提斯，在巴比仑地区以内。这地方的商人收集这一带出产的乳香和阿拉伯半岛出产的各种香料贩卖。据尼阿卡斯说，从幼发拉底河口到巴比仑的航程是三千三百斯台地。

（四十二）舰队在这里听说亚历山大这时正在向苏萨推进。于是他们就回航，准备沿帕西底格里斯河上驶去迎接亚历山大。回航时先在底格里斯河注入的那个湖里行驶，苏萨地区就在他们左边。底格里斯河发源于亚美尼亚，流经一座曾经一度极其繁华的大城市尼那斯之后，就形成了它本身和幼发拉底河之间的地区。这个地区因此就叫“两河流域”。从湖里走了六百斯台地就到达河道。那地方有一个叫阿吉尼斯的属于苏萨地区的村落，距苏萨城五百斯台地。从苏萨地区航行了二千斯台地就到达帕西底格里斯

河口，从河口沿河上溯，沿岸一带都很繁荣。行驶大约一百五十斯台地后就抛锚，等待尼阿卡斯派去寻找国王所在地点的侦察兵回队。尼阿卡斯向诸保护神献祭，又举行了体育运动会。海军全体官兵都尽情欢乐。当消息传来说亚历山大已离此不远时，舰队又沿河上驶，在一架浮桥附近抛锚。亚历山大就是计划通过这座桥把部队带到苏萨。陆海两军就在这里会师。亚历山大为他的舰艇和海军官兵安全返回祭神，也举行了体育比赛。尼阿卡斯在营地，不论走到哪里，部队就往他身上扔鲜花和丝带。亚历山大还给尼阿卡斯和利昂那塔斯各戴上一顶金冠，因为尼阿卡斯率领舰队安全返航；利昂那塔斯打败了欧瑞坦人和附近的土著。就这样，亚历山大终于迎接到他那支从印度河口出发的舰队平安归来。

（四十三）巴比仑地区以远的红海右边，就是阿拉伯半岛的主体。其一部延伸至腓尼基和巴勒斯坦叙利亚沿海地带。但在西边，直到地中海，则有埃及与阿拉伯交界。沿埃及边界，有一个海湾[①]从大洋伸入内地。这就清楚地说明，由于海湾和大洋相通，人们准可以从巴比仑驶入伸到埃及的这个海湾里。但事实上，至今还无人航行过这条海路。这是因为这一带太热，而且沿岸大都极其荒凉。只有少数人从大海到过这里。但曾由埃及平安地开到苏萨去的坎比西斯的部队，以及由托勒密（拉加斯之子）派出并经过阿拉伯半岛到巴比仑塞琉古（尼卡诺之子）那里去的部队，都曾用了八天的时间通过一个地峡和一带无水的沙漠地区。他们骑在骆驼上，带着饮水趁黑夜迅速通过。因为白天太热，人不能离开荫

① 红海。阿里安写的这一段很混乱。原稿也可能有毁损。——英译者

凉。在这一大块陆地的另一边，就是我先前已经指出过的由阿拉伯湾到红海那一带，是个地峡，上边荒无人烟，北部则全是一片大沙漠。但有人曾从埃及边上的阿拉伯湾出发，沿阿拉伯半岛海岸绕行一大部分，希望到达距苏萨和波斯最近的海。但只走了全程的一部分，后来因为他们船上携带的淡水不够，就又回去了。亚历山大由巴比仑派出的人们曾尽可能沿红海右岸向前航行，打算查看这一边的地区。这些探险的人一路看到一些岛屿，他们很可能在阿拉伯半岛靠过岸。但尼阿卡斯所说他舰队上的人在卡曼尼亚对面看到的伸入海中的那个海角，却从来没有人能够绕航，绕一段只好又转回较远的那一边去。我倒是认为，假如那一带能够通航，有一条航路的话，那么，凭着亚历山大那股不怕困难的劲头，早就会证明它能通航、找到那条航路。而且，利比亚人韩诺还曾从迦太基出发，通过赫丘力士石柱驶入大洋，一路上利比亚在他左舷，他继续向东航行，一共走了三十五天。但当他最后转而向南时，就遇上各式各样的困难：缺水、炎热、沸腾的溪流注入海中，等等。但地处非洲较荒凉地区的西瑞尼一带，土地却很肥沃，灌溉也不错，长着茂盛的绿草，还出产各种水果和动物。这个地带一直延伸到生长西菲桠[①]的地区。过了这里，这一地区的较高处就是一片什么都不长的茫茫沙漠。

我所写的这部关于腓力的儿子、马其顿国王亚历山大的历史，连同另一部，到此就告结束。

① “Silphium”，古时非洲北部生长的一种药科植物，早已绝迹。汉语中估计不可能有这种植物的名称，姑且音译为西菲桠。——译者

索　引

——这个索引只收集了重要人名地名，偶尔出现的不重要的专名从略。专名后所附数字表示该名出自何卷何段，如“三 8”表示出自卷三(八)段。“遍”表示许多卷段都有。译音除约定俗成者外，主要根据“新世纪名称全书”。

① 亚历山大战马的名字。——译者

① 兴都库什格劳卡西姆(普利尼一书，六 50)的土名，这可能就是叫错了的原因。——英译者

② 正文为 Cleitus，无 Clitus，故不译为克利塔斯。——译者

① Κύρου πόλις。希腊文只在第二级形成复合字；一个市民可写成 Κυροπολί της. ——英译者

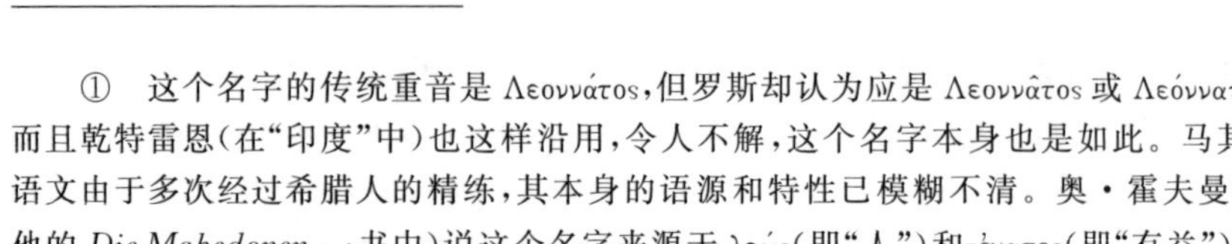

① 这个名字的传统重音是 Λεοννάτος,但罗斯却认为应是 Λεοννᾶτος 或 Λεόννατος,而且乾特雷恩(在"印度"中)也这样沿用,令人不解,这个名字本身也是如此。马其顿语文由于多次经过希腊人的精练,其本身的语源和特性已模糊不清。奥·霍夫曼(在他的 *Die Makedonen* 一书中)说这个名字来源于 λεώς(即"人")和-ὀνατος(即"有益"),从而得出"恩人"之义。但这样探索语源是困难的。——罗布出版社编者

① 有人读作'Αλκίμαχον。——英译者

① “坡利坡康”这个字很不像是希腊人名。这两种人名可能是因为某一个名字现在无法恢复原状了，因而尽量搞了这么一个类似希腊人的名字。不幸的是，我们现在对马其顿语言知识还只是一知半解。参见前边关于“Leonnatus”的注释。——罗布出版社编者

① 正文为“Tenedos”。——译者

图书在版编目(CIP)数据

亚历山大远征记/(古希腊)阿里安著;李活译.—北京:商务印书馆,2017
(汉译世界学术名著丛书:120年纪念版:珍藏本)
ISBN 978-7-100-14218-2

Ⅰ.①亚… Ⅱ.①阿… ②李… Ⅲ.①亚历山大大帝(前356—前323)—生平事迹 ②古希腊—历史 Ⅳ.①K835.407=2 ②K125

中国版本图书馆CIP数据核字(2017)第137930号

汉译世界学术名著丛书
(120年纪念版·珍藏本)
亚历山大远征记
〔古希腊〕阿里安 著
〔英〕E.伊利夫·罗布逊 英译
李 活 译

商 务 印 书 馆 出 版
(北京王府井大街36号 邮政编码100710)
商 务 印 书 馆 发 行
北京中科印刷有限公司印刷
ISBN 978-7-100-14218-2

2017年12月第1版　　开本710×1000 1/16
2017年12月北京第1次印刷　　印张22¾　插页1
定价:110.00元